# 鸿爪雪泥

李东文◎著

南方日报出版社
NANFANG DAILY PRESS
中国·广州

**图书在版编目（CIP）数据**

鸿爪雪泥 / 李东文著．— 广州：南方日报出版社，2016.7
ISBN 978-7-5491-1425-2

Ⅰ. ①鸿… Ⅱ. ①李… Ⅲ. ①李东文 – 自传 Ⅳ. ① K825.46

中国版本图书馆 CIP 数据核字（2016）第 155273 号

出 版 人：周洪威
策划统筹：谭庭浩
责任编辑：阮清钰
装帧设计：邓晓童
责任技编：王 兰
责任校对：王 燕

**鸿 爪 雪 泥** HONGZHAO XUENI

作　　者：李东文
出版发行：南方日报出版社
地　　址：广州市广州大道中 289 号
经　　销：全国新华书店
印　　刷：佛山市浩文彩色印刷有限公司
开　　本：787mm × 1092mm 1/32
印　　张：10.75
字　　数：220 千字
版　　次：2016 年 7 月第 1 版
印　　次：2016 年 7 月第 1 次印刷
定　　价：38.00 元

投稿热线：（020）87373998-8503 读者热线：（020）87373998-8502

网址：http://www.nanfangdaily.com.cn/press http://www.southcn.com/ebook

1953年在甘肃教育厅工作，被派到河西工作组时的照片，后排右是作者

● 这是到兰州不久（1953 年），中南支援西北一起来的部分同志在兰州雁滩公园的合影，前排左是作者

● 大哥李东亚参加抗美援朝志愿军，摄于朝鲜前线（1952 年）

● 大哥李东亚赴朝参战，部队回东北丹东休整，母亲前去看望带回的照片（1952 年）

● 1951年大嫂年轻时的照片（怀中是2岁的大女儿申申）

● 大妹李东芝、妹夫陈山英合影（1954年）

三弟李东山在西安上高中时的照片

小妹李东秀在武汉上小学时的照片

● 1960 年于兰州，我和爱人陈懿、儿子李炜

1962年母亲罗朝青来兰州全家合影，左一为李旭，母亲怀中抱着为李炜

● 李炜 1966 年于兰州

● 1973 年张克明老师（右二）在榆中县和平公社苏家庄十四中农场与学校老师及工宣队合影

● 1975年李炜在兰州市青年京剧团现代京剧《苍山红梅》中扮演白族青年

● 1979年李炜在兰州东方红广场悼念周恩来总理

● 1987 年李旭在兰州机床厂学校当老师的照片

● 2006 年金婚合影

● 2015 年春节与大嫂合影

● 2015 年春节在西安与家族晚辈合影，我们兄弟姐妹五人除了我，都已故去

● 2016 年陈懿老同事潘爱莉来家做客

● 2016 年清明节当日，李旭、李炜代表家族赴紫云山拜祭尚书爷

# 序

父亲的这部书稿完成于17年前。这部书为读者打开了一扇特别的窗户，从这里可以窥见自1944年至1976年一位普通知识分子眼里的中国。

这部书稿我是一口气看完的，我给几位好友看，他们也是一口气看完。它不像史书那么理性，又不像小说那样感性。它以真人真事贯穿始终，有血有肉有“体温”，有哭有叹有感悟，更是有情有义有思想！我认为这是一部极具文献价值和文学价值的佳作。我敬佩我的父亲，他是一位有家国情怀的人，他是一位有社会担当的人！

我是父亲的小儿子，生于1960年，也是这书中的一个小角色。记得我8岁那年父亲的老友王起雷叔叔（书中多次提到他）有次来我家，他用浓重的河南口音问我：“炜炜，你说这世界上啥最可怕？”我回答是鬼，被他否定了。他说：“木（没）人见过鬼，鬼长啥样那都是编哩。”我又说是狼，又被他否了，他说："那狼多好看呀！浑身那毛可漂亮。"最后我说是蛇，他又说："蛇也不可怕呀，那蛇皮多美，还滑溜溜哩！"我无语了，他最终的答案是："这世界上人才是最可怕的动物，还长哩可难看，一会儿有毛，一会儿木毛……所有的动物都怕人。"当时我半信半疑，但没过多久发生的一件事让我对起雷叔叔的观点深信不疑。事情是这样的——

有天早上我们二年级照例"天天读"（背诵"老三篇"），不知哪根筋搭错了，我问前排座位一个小眼睛（比我眼睛还小）厚嘴唇姓王的同学："你说伟大领袖拉不拉屎的？"不料这家伙突然大呼："啊哟！这个反革命！"吓得我失魂落魄，慌忙捂上他的嘴。后来"讲数"的结果是我以后要给他当马骑。这是当时兰州娃娃们的一种游戏，俩人打架或摔跤，赢家骑在输家的肩上，一只手搭在输家头顶，另一只手在空中挥舞口中大声吆喝着"驾！"，在人群中招摇过市。很侮辱人的一种游戏。这小子真他妈狠，愣是让我给他做了整整一学期的马！一旦不从他便大呼："啊哟！"我就立马吓怂了，乖乖听命。从那时起我开始防这世间最可怕的动物——人。

那时中华传统道德被当作"四旧"扫进所谓"历史的垃圾堆"。脑子里天天被灌输的就是"阶级斗争""无限忠于""造反有理"。记得当时妈妈所在的学校兰州女师有一个头号"走资派"叫宋兆芳，她是女师校长，她备受折磨，天天扫地扫公厕，许多小孩一见她就向她扔石头吐唾沫，其中不乏本身也是"黑五类"的孩子。她"平反"后不止一次对人说："陈懿（我母亲）的两个儿子从来没打过我，别的孩子打我他俩在场就会护我。"我不大相信"人之初，性本善"，我觉得人都是善恶的综合体，只是由于本性不同善恶比重也会不同。

从这本书中可以看到这样一种现象，在“阶级斗争天天讲”的年代里，那些保持良善不变明辨是非者往往更多是普通工人和农民。

比如主动收留我保护我的陈妈妈一家，在她家时她和她八级钳工的丈夫陈伯伯经常跟我说：“你爸妈都是好人。”还有那两位主动送探监的孩子（我哥哥和他的小伙伴）回家的工人师傅，他们用默默的行动说明了他们的立场。再讲一件对我触动极大的事。我 1981 年第一次随母亲到广东过年，见到了我的四位舅舅，大舅叫陈慰盛，大舅母叫黄健英。直到二十多年后我大舅去世时，我才知道了一个秘密：大舅同我没有血缘关系。大舅是我外公陈凤祥买来的长工，大舅母则是我外婆张丽卿从潮州买回来的童养媳。进入这个家庭后，我外公外婆完全把他俩当作自己的孩子，还给他俩取名，大舅的“慰”字和大舅母的“健”都是外公外婆亲生孩子的字辈（我母亲以前叫陈健华），他俩长大后，我外公外婆又撮合他俩结了婚，组建了新家。

20 世纪 50 年代末，我外公蒙冤入狱，外婆含冤自尽无人敢收尸，是大舅和大舅母将外婆遗体偷偷埋在一个只有他俩知道的地方，而且在三年后又秘密将外婆遗骨“起金”用“金罂”二次葬。(按：此“金”为骨头之意，“罂”是容器名称。“起金”二次葬即挖开泥土取出全副骨头放入“金罂”二次埋葬。客家人的历史是迁徙的历史，为了方便带着祖宗的遗骨一起迁徙，客家人创造了起金二次葬的风俗。) 直到外公“平反”后，他们两口子才说出这个秘密。1990 年我外公去世后，我们将外公外婆合葬在一起，这事也主要靠大舅大舅母来张罗。过了几年大舅又去世了，我们把他葬在了我家墓地里，这里有外公外婆，还有外曾祖母（当地人叫“婆太”）。这块墓地在竹园村东面的山顶上，风景极美。在这块洁净的墓地上“阶级斗争”显得苍白无力。

我常常想为什么人性的光芒总是能闪烁在这些最底层的工农大众身上？也许正是因为他们受教育程度低读书少（或没读过），所以他们只“认死理”，而这些“死理”恰恰是中华传统价值观中最基础的部分，这些“死理”千百年来仅凭长辈们的口耳相传便可传承下来。所以底层的工农大众正是用这样的最普通的认知再加上他们没被污染的本性“屏蔽”了那些横行的邪说歪理。因此，“苟不教，性乃迁”，也得分教什么，教的是邪恶那还不如不教。

马丁·路德·金说：“一个国家的繁荣不取决于它国库之殷实，不取决于它城堡之坚固，也不取决于它公共设施之华丽；而在于它的公民的文明素养，即在于人们所受的教育，人们的远见卓识和品格的高下。这才是真正的厉害所在，真正的力量所在。”

是为序。

李　炜

2016年5月16日

中山大学中文堂

（本文作者系中山大学中文系教授、博导）

# 目　录
Contents

# 家乡沦陷

我们县城是1944年春天沦陷的。当时是杏子黄的时候，也就意味着麦子快熟了，汝河一带有一种说法叫“麦黄杏”。春天的汝河特别清，可以说是清澈见底，游鱼可数。那天早上，家里人起得特别早，五更天已把昨天准备好的东西装上了胶轮马车，三辆马车装了东西连坐人满满的。前面走着一辆轿车，里面坐的是母亲、大妹、三弟和怀中抱着小妹的奶妈——王嫂。再前面走着三匹马：父亲骑的是棕色蒙古马“千里一盏灯”，大哥骑的是“四蹄踏雪”大青马，我骑的是黄色小川马。这一行人浩浩荡荡穿过县城的石板路，街道两旁所有的店铺封门闭户，整个县城像死一般寂静，显得马蹄踏着红石板的声音“踢踏、踢踏……”地格外响。出得城来，过了汝河大桥，回首北望，汝水缓缓从西门绕南门而过，宛若玉带，晨雾中依稀可辨红石基青砖砌成的城郭。不知怎的，生我养我的这汝水边的小城，我无数次看过她，为什么今天她是那么美，虚无缥缈，犹如仙境？！这一刹那的景象使我终身难忘。远处村庄的雄鸡报晓，此鸣彼应。本来是田园闲适的乐章，而今听来却揪心地难受。“国破方知山河美！”“哪年哪月才能够回到我那可爱的故乡？”

到南岸福音堂附近，碰上了金立时先生、金师母和可爱的“贝里”。我就在这所名叫斌英中学的教会学校读初中二年级。金先生是加拿大人，出生在杭州，其父母都是传教士。后来金先生回国读了大学后，又到此来任教。金先生是我见过的洋人中，汉学底子极厚的一个，而且学识渊博，为人正直善良。由于我和哥哥两个人都是金先生的学生，所以父亲与金先生交往甚密。父子三人见了先生纷纷下马，行礼过后，父亲问金先生何往，先生曰：去漯河乘火车南下。先生很动情地说：“保重，保重！”从他那绿眼睛的泪花中，看出了他不愿说的话。此一去何时见也，就不得而知了。

天大亮了，中原大地一片丰收的景象，麦浪滚滚，由绿变黄，无边无际。公路两旁柳丝长挂，时不时能够听到几声鸟儿清纯的叫声：“布谷、布谷……”“不如归去！不如归去！”农夫依旧在忙碌着田里的活计，对“日寇”之将至，“亡国奴”的滋味，似乎是无可奈何的。可爱的伟大的可怜的中国千千万万农民们，他们上有老下有小，若不去顾这眼前快要成熟的小麦，可怜一家数口，张口吃饭靠什么呢？

我们整整走了一天，这样的景色在中原大地，没有多大变化。从汝河边走到湛河岸，我们进的第一个村子叫“孙寨”，后来真正住的时间长的村子叫“洪庄杨”，一个在湛河南，一个在湛河北，都在河岸边。距此不远有一个渡口，古槐之下，有块石碑，上刻“子路问津处”。究竟孔子去楚国时，是否在此处渡河，就无法考证了。但这里是叶县境，即春秋楚国叶邑倒是真的。据我的启蒙老师戴石斋先生讲，襄城（战国为襄城邑）因周襄王避难于此筑城而得名，叶县则是叶公问政于孔子的地方。可惜至今我都没看过这两县的县志，不敢说是否有据可考。

“洪庄杨”是个寨子，寨东西的两门是主要通道。寨里居住着百十户人家，房舍多半是青砖青瓦，很少有麦草房。看来杨家是多年的书香门第。最显眼的是那寨中间的“花门楼”。这“花门楼”是名副其实的，雕木镂砖，金碧辉煌，颇像个宫殿庙宇。“花门楼”是杨家何人为官所建，我就不知道了。不过今天住在这里的少掌柜杨耀瞻先生，却是少年时期对我极有影响的启蒙老师。我们就是冲着“花门楼”来避难的。据母亲讲这杨家的祖母曾是我远房姑奶，论辈分我该称这杨先生为表哥。可是彼此年龄相差甚远，那时的杨先生已是三十岁左右的人了，加上后来真正成了我的老师，所以我一直以“杨先生”相称。他家住在靠西门的一院房子里，一进三院，过厅厢房，很是整洁，但不知为何空无人住。这院房比起我家是差了些，可这“逃难”时期，能有这住处也就很不错了。主仆能分开，厨房、马厩一应俱全，对我们这一家几十口人讲，实在是不容易找到的好去处。

这寨子很像个样子，寨门、寨墙、寨楼都很牢固。寨壕还可以通水，很像护城河。壕外高出两米多是个堤，堤上可以拉牛车，堤岸栽种着杨树、槐树、柳树，郁郁葱葱，煞是好看。河是在寨南淌过，离寨子大约还有半里路。这堤、这壕、这寨是为了防洪水，或是防土匪，或是兼而有之，我倒没有探究过。

我印象最深的是寨西的那个乡学，距寨门三四百米，坐北向南，从建筑看显然是个庙宇改建的，但供过什么神已无从查考。院内苍松古柏，方砖铺地，甚为整齐。这乡学本是一所完小，由于抗战来了一批我们这些城里的中学生，也就成了“戴帽儿”中学了。中学班的学生基本上由两位杨先生教：杨耀瞻先生主教英语、代数、几何；另一位杨先生是耀瞻先生的堂哥杨敬斋先生——大杨先生，博学多艺，主教古文、历史、地理。大杨先生寡言而不修边幅，衣着颇似老农，秋冬之季毡帽、长衫、布鞋而已。他长于音律，二胡、板胡拉得极好。我听过他演奏的岳飞《满江红》，甚为悲壮。他也教我们音乐课，那“怒发冲冠，凭栏处、潇潇雨歇。……壮志饥餐胡虏肉，笑谈渴饮匈奴血。待从头、收拾旧山河，朝天阙！”几乎成了我们早晚集合站队时的校歌。

两位杨先生的国文底子，应该说都是很好的。他们都教过我们语文，只是敬斋先生偏重打基础，耀瞻先生更重视思想性。我跟敬斋先生学了《古文观止》的名篇如《秋声赋》《赤壁赋》等，皆能背诵如流。敬斋先生给我开讲的第一篇是李密的《陈情表》，当讲到“行年四岁，舅夺母志”时，他说：“长到四岁时，他舅逼着他娘嫁了人。”不知为什么，我把他这句通俗易懂的译文一记就是几十年。先生懂不懂训诂我就不知道了，但他把关键词“夺”讲成“强迫”“逼”是很好的。他和几十年后的国学大师赵荫棠先生，对我走上大学古典文学讲坛无疑都是有着重要影响的恩师。

耀瞻先生从选文上重视教育孩子们的抗敌救国精神，实为难能可贵。我在他的教导下，第一次读到了文天祥的“人生自古谁无死，留取丹心照汗青”，陆游的“王师北定中原日，家祭无忘告乃翁”等催人泪下的爱国主义名篇。

沦陷区能有这么一块“避风港”，原因是多方面的：其一是抗战后期，侵略者已经成强弩之末，加上日寇战线拉得过长，其兵力只能侵占一些县城，且侵略军多是蒙古兵、朝鲜兵这些“二狗子”和少部分汉奸。乡镇地方个别时候有鬼子白天出来骚扰，太阳一落山这些家伙就要回城退缩到“乌龟壳”里去了。再则，伏牛山一带地主武装很强，长枪、短枪、手榴弹均有，专门保护自己村寨，小股鬼子是不敢轻易进犯的。所以大敌当前是很少听到有土匪打家劫舍的。洪庄杨地处襄城、叶县、舞阳的三边地带，也就成了谁也管不了的“游击区”了。

有一次例外，那是那年秋天的一个夜晚，月明星稀，秋风萧瑟，从东边百宁岗方向传来了阵阵枪声，说是鬼子要从这里渡河。全寨男女老少都跟着民团出了寨。我也辨不清方向，只是跟着大人钻进了高粱地。中夜月光时隐时现，露水很大，鞋全湿了，趴在高粱地里又潮又冻。说也奇怪，几百口子人，连怀抱中的婴儿，都吓得没有一点声响。地边田垄上趴着端枪的百十号丁男：有父亲、表哥，更有杨家的家丁、佃户。鬼子真的来了，他们骑着高头大马，约摸有几十个人，走的是大路，离我们有三四百米。连他们“叽里呱啦”说话的声音都听得一清二楚，但他们不敢进寨，而实际上虽寨门紧闭，亦不过是一座“空城”。这算是我第一次见到的日本侵略军。

这里消息闭塞，只能听到个别进城去的人带回来的一些传闻：有人说鬼子在平顶山一个山洞里，放毒气毒死了几十口子人，有老人，有妇女，连怀中吃奶的婴儿也不放过。又有人说：鬼子在颍河边一个村子找水喝，打一家的门没有开，跳墙过去一刀砍死了八十岁的老汉，进屋又把孙媳妇怀抱的娃娃用刺刀挑了，然后十几个鬼子像野兽一样轮奸了这个媳妇。我听得咬牙攥拳，恨不得快快长大，端起枪，杀一个鬼子抵一条命！

这时期，我最好的朋友是二表哥王柳松。少年时期，我就认为他很神气。那年他好像是国民党军校七分校毕业，穿了一身陆军军装呢，脚蹬黑皮鞋，腰系武装带，佩了一把短剑，威风凛凛走进了我们家门，端端正正向我父亲行了个举手礼。我站在旁边爱不释手地摸那短剑，只见那剑柄上还刻着“蒋中正赠”四个字。表哥善意地用手捏了我一把，这我才意识到当父亲的面是不能提“蒋介石”的。

后来表哥一直在抗日部队里供职，家乡沦陷时，他是刚刚打了仗，赶回来找我们才到了洪庄杨。表哥受过正规军事训练，骑马、打枪很有一套，所以我特别喜欢和他在一起玩。我能抓鬃跃上那没鞍没辔正在奔跑的赤条马；我能用左臂托着驳壳枪，单打那树上的横枝条，都是跟着二表哥苦练出来的。日落西山，放学回家最大的乐趣，就是跟二表哥到湛河岸边骑马、打野兔。东坡当年密州出猎，是“左牵黄，右擎苍，锦帽貂裘，千骑卷平冈”。我也发发少年狂，策马奔驰，如疾风闪电，又习练骑射，待他日报国杀敌，驰骋疆场。

初秋的一天下午，忽有一守寨人来报：从西边来了一匹黑马，马上一大汉，举枪打落了一只正飞着的乌鸦。父亲听了忙说："快快请来！那是魏大炮。"这"魏大炮"的雅号，我是听董连三给我讲的。那是蒋、冯、阎大战时，冯玉祥的部队在中条山进攻一个庄子，有一个碉堡，火力很猛，久攻不下。冯玉祥在前线气得高声吼："谁拿下这个碉堡，我封他为团长！"一名大个子士官跑到司令面前敬了个礼，用迫击炮三发炮弹，彻底摧毁了这个碉堡。仗打胜了，"大汉"升了团长，威名"魏大炮"也由此远扬。

我对"魏大炮"是久闻大名，如雷贯耳，但无缘相识。此时此地，他来造访父亲，我得以相见，自然是一大快事。他乡遇故知，尤其在这战乱时期，父亲表现出少有的喜形于色，摆酒设宴，款待宾客，并传子侄堂下拜见。我见那"魏大炮"，面如紫铜，声若洪钟，快人快语，笑声朗朗。谈笑间，只听那"魏大炮"说出了一段新闻，原来是那县保安团的英祁山投降鬼子，当了汉奸。话音未落，只见父亲将酒杯摔碎在地，怒不可遏，嘴里直嚷："乡村野夫，寡廉鲜耻，竟向倭寇屈膝投降！"那"魏大炮"放低声音劝道："老兄，息怒。只看那小子，对待众乡亲如何行事。国之将亡，总得出个别这种人物吧？"

这英祁山的故事，我是听爷爷讲过的。英祁山的父亲是外乡人，来自何方谁也说不清。有一年农忙他偷了郭庄的一头黄牛，竟敢明目张胆地耕地使。被人家认出来，还厚颜无耻说是从茨沟镇亲戚家借的。过后不仅还了牛下了跪，还被郭庄人剥光了衣服打了一顿。从此大人、娃娃都喊他“英牛”，他也直答应。后来，他有了儿子，取名“祁山”。于是，村子的老师取笑说：“原来诸葛亮‘六出祁山’就是为了偷牛？”其实，他这个大字不识一个的白丁，怎能理会这笑话的含义？

古人说：有其父必有其子。英祁山很像他爹，从小游手好闲，后来专门替人家“卖壮丁”，卖了跑，跑了卖，不知多少次。之后也算是在警察局、自卫队当差，投机钻营当上了个头目。这种比下九流都不如的人物，世家乡绅是看不起的。自从当上了县保安团副团长，不知是谁给他出的主意要改姓，说他父辈不识字，误把“颍”字写成了“英”字。这下可激恼了众人，大家议论纷纷，说这个无耻之徒想高攀，把自己说成是颍考叔的后人，还叫他拿家谱来。多少年，这事成了众人茶余饭后的话题，他也始终没敢改姓。

酒过三巡，父亲不言语，只听客人讲话，似乎情绪平定了下来。忽地，只听他高叫一声：“备马来！”我们跟着客人离席走出院门，那“千里一盏灯”早已英姿勃勃、昂首待命。众人待看他如何发落，只见他看了我一眼，挥手指指马“哼”了一声。这突如其来的命令，使我又惊又喜，跃马扬鞭，一溜烟地跑出了西门，又转头跑了回来。这也算“路考”吧！下得马来，规规矩矩站到那里，我心里嘀咕着，等候父亲发话。他微笑着对客人说：“此吾家之千里驹也！”这是我平生第一次，也是唯一的一次听到父亲对我的嘉奖。

一天近午时分，学校那边走来了三个人：一个担挑子的，后面跟着一男一女。那男的是商人打扮，有四十多岁；

那女的打扮似乎是个“村姑”模样，说是我们的亲戚。父亲打发二表哥去看。只听二表哥叫道：“月如叔，快请，快请！”原来是我哥哥的岳丈，送姑娘到公婆跟前来了。县城沦陷后，兵荒马乱，刘家一家东躲西藏，在乡下辗转了几个月，总觉得这么大的姑娘叫人放心不下。打听到我们住在洪庄杨，所以索性送过门来。那村姑打扮的人，竟然是我没过门的“嫂子”？我实在不敢相信。我上小学的时候，曾经见过一次我那漂亮的嫂子。那时我是跟二表姐一块儿，到红庙小学去见过的。她和二表姐中师毕业后，都当了小学教师。记得是一个夏日的下午放学以后，我们在一丛低矮的桃林里见到了她。她穿了一件浅蓝色的阴丹士林旗袍，白布做的透空鞋，长发披肩，前有刘海儿，一条黑缎带扎头。瓜子儿脸白里透红，一双有情的大眼，高高的鼻梁，引人注目的是她开口讲话，牙齿又白又整齐。略显不足的是个子有点矮，约摸一米六。她大我哥哥三岁吧，这门亲事订得很早，因为我刚上小学的时候就听大同学冲着我哥哥喊：“女大三，抱金砖！”

刘家也是县城的书香世家，上辈的读书人有刘月如、刘子彬，他们是孪生兄弟，这老大就是我哥哥的岳丈。下辈有刘淑贞、刘大学、刘大赖等，叔侄辈里读书人很多。

如今大嫂的打扮，不过是“化了装”路上安全些。大嫂的到来，给这战乱时期沉闷的生活带来了点喜庆气氛。虽然两家说定是先圆房等战乱结束后再择定良辰吉日正式办婚礼庆典，但总还是喜事吧。我和二表哥骑马带上家人，跑了方圆几十里路买东西，鱼虾海鲜俱全，鸡鸭禽肉样样都有。

寨子里搭了席棚，亲友来了许多，手下背枪的、看寨门的，划拳行令着实热闹了两天。只是有两个不准：一是不准挂红彩，不准放鞭炮；二是母亲特地把我们这些弟弟妹妹叫到一起，郑重其事地宣布了一条规定："只许叫大姐，不许叫大嫂，因为没有'上头'。"我心里暗想："嘿！奇怪！明明是我哥的老婆，却偏不让喊嫂嫂？"

大姐，就大姐吧！由于她待人好、心地善良，逢人少言多微笑，所以这"大姐"，在我家的上下人等中，很快建立起了她的威信。"大姐"的到来，使我改变了居住地方，原来我是和哥哥一起住的，现在只有另找住处，肩上披被子到处喊："游击队，没有地方睡！"只好到东院去和表哥他们住在一起。这样倒给我两个方便条件：一是睡觉没有人管，相对找人"说古"的时间长了；二是易于接近下人。这董连三就是我这个时候的朋友。听口音他是关外人，但他自己说，他不清楚自己的家在哪里，还有没有父母亲人。他只说自己是个流浪汉，从小吃粮当兵流落在冯玉祥的队伍里。他最自豪的一段是跟我父亲当马弁。我至少三次听他这样讲："那是民国十九年的时候，蒋、冯、阎中原大战。也就是你出生的那一年。那年夏天，我们行军到中条山下，进村的时候是黄昏，由于天阴，什么也看不见。天气闷热，大家都露天睡觉，人困马乏，睡得好香。半夜里，天晴了，老爷突然惊醒来，喊叫大家：'雨来了！快起来！'其实他看到的是月光下的中条山，好高，好高！……两个月后，我们同蒋介石打了一次大仗，双方动用了上百万兵力。仗打得好惨啊！我们经河南向山东转移。我的马被打死了，在山路上，我硬是拉着老爷的马尾巴跑了三天三夜，紧紧跟随……”怪不得，早听十叔说：“董连三、董连三，就是拉着马尾巴连续跑了三天三夜，因此得名，还自以为是功臣呢！”爷爷叫他“董汉”，别人可得叫“董叔”，或叫大号“董连三”。这位传奇式的人物，在我家有特殊地位，很像《红楼梦》里的“焦大”，平时重活没人敢派他干。老家的大门，每天早晨开锁、卸门闩、下门槛是他的事情。（注意他是掌握内宅大门钥匙的“重臣”）门槛很高、很厚，还做了四条腿，分两层，有八十厘米，每层放下来，是一条厚重的长条凳，就摆放在门楼里供人休息。门槛旁边常年放着米、面缸，遇上吃饭的时候，厨房还把多余的馍馍送来。只要过路行人、行乞讨饭的站到门外，都要给粮食、给吃的，这是爷爷给董汉安排的活儿。董连三忠于职守，干着“积德行善”的事情几十年。后来，在我家娶妻生子，一直到养老送终。

这年的中秋节，董连三从老家到洪庄杨报信，说是农历八月十三鬼子进村了。爷爷、奶奶和众家人都躲到首山南麓皇沟去了，只留下胆大的董汉守家看门。那董汉将院门大开，从大门、二门、穿廊、过厅，一直开到老太爷住的正堂。鬼子和二鬼子，一共有七八个人，个个骑马。他们来到门前，下得马来，将马拴在门前老槐树下，又奇怪又警惕地进得院来。这种门户大开的场面，可能他们少见，所以只是到处瞅瞅看看，倒显得很“规矩”。董汉只是跟在后面，一言不发。那领头的鬼子，董汉认出是一个“尉官”。鬼子到得正堂上，抬头望见中堂挂着“先祖户部尚书恭靖公李敏”的画像，正一品朝服，威严端坐。那帮鬼子也不知道这位是什么神人，只管跪下，磕了三个头，转身就走了。

董汉说了这段有惊无险的故事，其意有二：一、尚书爷确实是神灵，能保佑全家平安、逢凶化吉；二、恐怕多少也有点显示自己智慧、胆量的意思。那天正逢中秋，父亲特意请了杨家的两位先生来饮酒。趁着酒兴，父亲就向二位贵客说起我们的尚书爷来。尚书李敏，祖籍山东冠县，自幼家贫。祖父是个石匠，在山东、河北、河南方圆几百里，走村串户，磴磨为生，最后流落在这中原地界。李敏从小读书勤奋刻苦，胸有大志。明代宗景泰五年（1454年），中进士，授御史。明宪宗时，破格提为浙江按察使，后转湖广按察使，历任山西、四川左右布政使。成化十五年（1479年），奉召回朝任兵部右侍郎，成化二十一年（1485年），官拜户部尚书。

明孝宗弘治四年（1491年），李敏患病请求归故里休养。途中病逝，皇帝追授他太子少保（正一品），死后封号“恭靖”。

《明史·卷一百八十五·列传第七十三》，对其有很高的评价。其文曰：“李敏一生忠实信义，品行端正，刚直不阿，清正廉洁。家居时，在紫云山麓盖有房舍，藏书万卷，用于学者在此讲学，皇帝下诏赐名‘紫云书院’。尚书亦葬于紫云山麓。”

父亲李恺存为尚书嫡系十三代孙，又是李氏家族的族长，所以尚书遗像，一直供奉在我家正堂。

幼年时，每年秋九月，全家必到紫云山祭祖。秋山红叶，风景宜人。尚书祠堂的两旁苍松翠柏，功德牌坊的两侧石人、石马、石羊等夹道相对而立，从山脚向上，红石台阶，足有半里路远。山涧尚有汩汩清泉，山水环抱，气势恢宏。用迷信的说法，真是一块“风水宝地”。

1997年10月《中华老年报》登了一篇《秋赏红叶觅佳处》。其文曰：“深秋红叶，如火似霞。华夏大地，可观红叶的名胜，以十处最为著名。一、米亚罗：四川理县的米亚罗风景区；二、岳麓山：湖南长沙湘江两岸；三、天平山：苏州西十五公里处；四、香山：北京西北部；五、栖霞山：南京东北部；六、龙首山：辽宁铁岭市区东部；七、紫云山：河南襄城县西南十公里，山中枫林成片，霜降过后，枫叶丹色，火红鲜丽，艳若霞彩，风景宜人；八、蟒山：北京北部十三陵水库边；九、太鲁阁峡：台湾花莲县北境充雾溪谷内；十、龙洞山：山东历城县东南。”

我更没想到，尚书逝世五百年后，2006年襄城县委、县政府还倡议社会各界捐资修建李敏塑像，其倡议书提到：“李敏是明代中叶著名的政治家、赋税改革家和教育家，官至户部尚书，赠太子少保，是‘襄半朝’名臣之首。他在紫云山创建了明代八大书院之一‘紫云书院’，弘扬儒家文化，为当时中原理学中心。”只是我担心，经过那场浩劫以后，很可能这“紫云红叶”的美景依旧，而尚书的陵墓恐怕早在“破四旧”中夷为平地了吧！呜呼！我有个心愿，有生之年，将携二子李旭、李炜回乡祭祖，不知能否实现？！

# 逃亡流浪

过了春节，父亲命我跟大哥一起出外读书。大哥是头一年秋天跟他的同学到南阳内乡上了流亡中的开封高中，而我这时正读初中二年级。

从叶县洪庄杨出发，其实直线走不过百里路，就是国统区。但这一段两不管的地界，常有土匪出没。不管你带有多少钱，都会被一抢而空。母亲倒是在我的棉背心里缝了一些钱，但是不能太多，据说多了等于一无所有。我们兄弟俩随着几个商人，徒步向南走，提前筹划好是走小路不走大路。谁也没有想到，中午时分，在叶县城南翻一道岗时，碰到了日本鬼子。这是我第一次面对面地看见“倭寇”。他们凶神恶煞，头戴王八帽，前有遮檐，两边有护耳的两块布，脚穿黄皮靴，胸前端着上刺刀的长枪。这群狗杂种，一共只有五六个人，他们嘴里“叽里呱啦”吼叫些什么，我一概不懂。只听一个翻译在盘问大人们。我这时没有怕，只有恨。

这是平生第一次受此天大的侮辱。中华大地，岂能容得强盗在此逞凶，盘问中国人！“亡国奴不如丧家犬”的味道，实在是生不如死！眼前发生的一切，我似乎全然麻木了，只觉得浑身的热血往头上涌。我们这一群人，究竟是怎么离开此山冈的，我什么也不记得。我只知道两脚是下意识地跟着别人走，而脑子里却不停地想八九岁时听从北平逃难到我家的张英甫叔叔讲的东北父老抗击日寇的故事。在义勇军抵抗日寇的战斗中，曾经有几个老奶奶助战，这些老奶奶煮了大锅的稀饭，倒到战壕里，烫死鬼子。我什么也不想，只想快快长大，到前线去和日本鬼子拼命。

这天晚上，我们一行人住在方城。我和哥哥住在方城北街的小旅店里。不知怎的，这夜月特别明，很有些从“鬼界”到“人间”的感觉。这小城如此静谧，远近的几声犬吠，却给人带来几分安全感，真有点“犬吠夜更幽”的感觉。方城是楚长城的地界，地处江北淮南，虽是早春二月，但已见冬麦青青。

次日，到达南阳，这里的落脚点是父亲的朋友张端成家。张端成的父亲在上海做生意，张完全是少爷派头，但为人仗义，颇有爱国热情。当时张的夫人不在身边，有一个“扬州班”的妓女小玉相随。小玉当时不过十八九岁模样。张叔在场，我勉强叫她姨姨，一般情况，我都直呼其名。小玉心地善良，上街从不坐人力车，见了讨饭的难民，她都出手很大方地给钱给东西，想她原来也是贫家女子。

张叔见我兄弟二人到来很是高兴，收拾了厢房让我们住下。晚饭时，他特地给哥哥说：“你先去内乡开封高中报个到，也替弟弟在开封初中报个名，让他先留在南阳住一段。”大哥只得从命。

这南阳算是豫南重镇，春秋时秦穆公得百里奚于宛，就是指的这个地方。秦以后为南阳郡，城墙以青砖砌成，保存完好，白河从城南流过。抗战时期它是豫、鄂、陕的一条交通要道，成为各类货物的集散地，市井显得非常热闹。入夜以后，十字街头，电石灯、汽灯明如白昼。夜市摊档甚多，烧鸡、酱牛肉、芝麻饼、银鱼汤叫卖声不绝于耳，很有点“承平”景象。到南阳不久，一日上午，我在街头看到了欢送“青年军”的场面，实在令人激动。只见几辆美制十轮卡车，徐徐穿城而过。车上站着一些情绪激昂的学生模样的青年人。街道两旁人如潮涌，车到之处，鞭炮声、口号声此起彼伏。群情激奋，人们自发地往车上送东西，吃的、穿的、用的什么都有。只见一小贩，将自己卖的烧饼全部拿来往车上扔。这无人组织、全为群众自发的送行场面，使我几十年后，仍记忆犹新。我当时激动异常，我似乎看到了中华民族的希望，中华民族的抗敌决心。日本帝国主义的侵略烧杀激起了我们全民族团结抗敌，人无贫富，性无男女，都在这场血与火的洗礼中，齐声呐喊：大刀向鬼子们的头上砍去！

说到南阳，很自然地想到诸葛亮的《出师表》“臣本布衣，躬耕于南阳”。这传说中的卧龙岗，当然是我向往已久的地方。阳春三月，风和日丽，我独自出得城来，渡过白河，徒步向西南踏上了去卧龙岗的路。这次游卧龙岗，很是特别。因为是“独游”，所以半个世纪过后，景物犹历历在目。一个十二三岁的少年，战乱时期，独自游历了一处名胜古迹，当然会铭记在心；另外，无向导、无师长，这“独游”就特别留心。快到卧龙岗时，路两旁最多的是卖南阳玉的小贩。那玉白里泛绿，文彩如云霞轻烟。有玉制成的手镯、耳环、戒指、玉簪、盆景、人物、鸟兽、镇尺等，不一而足。南阳玉应该说历史悠久，早在秦统一前，李斯的《谏逐客书》就提到“宛珠之簪”，大概指的就是这种玉器。遥望这卧龙岗，地势缓高，倒像卧牛背，烟笼雾绕，郁郁葱葱，气象大观。岗下农民已在策着黄牛拉犁耕地。进得山门，迎面是苍松翠柏间的高大青石碑，上刻“汉武侯躬耕处”几个大字。在它的下面买了一份从石刻拓下来的卧龙岗布局示意图，这就算是我的游览指南了。这个诸葛亮故居，占地颇大，有石碑、武侯祠、诸葛庐、三顾堂等古迹。记得最清的有两处。一是武侯祠正面塑的羽扇纶巾的诸葛像比真人还大。走廊内镶有传为宋岳飞所书的前、后《出师表》刻石，龙飞凤舞，我就不辨真伪了。另一处是三顾堂，主要有三尊塑像：刘备躬身垂手立于帘前，后边是拿大刀的红脸关羽，那黑脸张飞却跑到堂后去放火，甚是可爱。这恐怕是受了《三国演义》及后代戏曲艺术的影响，未免有些附会夸张。

我在卧龙岗整整逗留了一天，坐在平整的石阶上，喝着南阳农民卖的“大叶茶”。思绪仍然会想到这战乱的年代，国家正处在危急存亡之秋，如能有诸葛再世，“奖率三军，北定中原”，“兴复汉室，还于旧都”，则民族幸甚，万民幸甚。

后来读书，才知道这诸葛躬耕的南阳实为现代的湖北襄阳。南阳郡在汉代时，管辖地方很大，不仅包括豫南、邓县、新野等地，还有湖北大洪山以北襄阳、郧阳一带。故后来有南阳卧龙岗的传说，诸葛其人是值得凭吊的，虽然这个地方有出入，但我想这问题不是主要的。苏东坡贬黄州时，因写《赤壁赋》而流传千古。这就是湖北地方所谓“文赤壁”和“武赤壁”的来历。一假一真，这“假”的名声倒超过“真”的甚远了。

斜阳如血，我就照原路漫步回城了。白河清澈见底，点点渔舟，站满正在捉鱼的鱼鹰。细看那鱼鹰颈上系着一圈绳子，据说是渔夫让鱼鹰在水中捉到鱼后，不让它吞下肚而设的圈套。苦也，自己辛苦一场，美味到嘴，而不能下咽，却让渔翁得利，想来这人世间，如是之事，比比皆是。白河上这幅“夕照渔舟图”甚有情趣，游子异乡漂泊，流离失所，怎不油然涌起思乡之情。

转眼之间，即将开学，仍不见大哥返南阳。张叔怕我误了功课，就让我在南阳中学借读。南阳中学算是河南省的第五中学，校址在城北，距张叔住处尚有一段路，小玉为我准备了被褥行李、日常用品、课本、文具，我就开始住校了。

大概是四月的一天吧，大哥请假从内乡来接我。当时到底是继续在南中借读，还是去内乡上开封初中，一时也定不下来。老实说我已习惯了南中生活，不太想走。就在这当儿，有一日天快亮的时候，突然听得炮声隆隆，全城惊恐万状。我只穿了单衫裤，两手空空在城里跑着找大哥。满街的人南北乱蹿，我在北街迎面碰见了急匆匆前去找我的大哥，真是喜出望外。大哥见我光身一人，只问了句：“什么也没带？”我很窘，当时一句话也说不出来。他拉着我向南跑，路上又遇上张守义等三个同乡同学。我们在南门里看见了一辆卡车，正在往上装纸烟箱子。哥哥和一个同学过去对老板央求道：“先生，行个方便，我们是流亡学生，有个小弟弟年纪小，跑不动路，能否乘您的车到西边去？”只见那位儒商打扮的先生，痛快地说了声：“上车。”哥哥他们四个大同学帮助老板装车，我在路边照看大家随身带的东西。车装好了，我等待着老板指定我坐的地方。谁知老板冲着哥哥们大叫一声：“还不快上车！”这分明是让大家都上车。我们一行五人快手快脚地递东西上车。情况很急，上车后发现还有一位“眼镜先生”也是搭车的。“眼镜先生”四十岁左右，很有书卷气。他招呼大家把中间的烟箱搬开一个两米多的方形空间，然后用粗麻绳把货捆牢实。整车装的都是老板的香烟，重量轻体积大，车装得老高。这“中心地带”确实是个避风遮阳的好地方。原本以为老板只以我小为“理由”让我一个人上车，没想到这位老板如此“开恩”，“命令”大家一起上车，自己坐在驾驶室里，却不再跟大家说什么。这部车是老“万国”牌，速度很慢，正常情况下大概时速也不过三十公里，且常出些毛病，不时抛锚修理。但无论如何，我们总算可以车代步，万幸，万幸。

头一天由于动身晚，只到镇平就住下了。车停在一个车马店的院子里。老板开了车门，径直走到店里去，不一会冲我们喊道：“下车！”他像个指挥官，我们也愿意听命。下得车来，走进前堂，“堂倌儿”已打了洗脸水来。老板对我们讲：“学生们吃过饭，就在东屋休息。”天啊！我们这些流亡学生，身无分文，敢吃这饭，敢住这店吗？我年龄最小，到了这步境地，也管不了那么多了。只管猛吃、猛睡，有哥哥他们在，我愁又有何用？吃过饭，天已黑下来，却不见“眼镜先生”。哥哥他们在屋子里，谈论着今后的打算。我独自一个到院子里，爬上车去看看大家带的那点“可怜”的衣物。结果发现“眼镜先生”竟抱了被子在车上，他见我来，很高兴，忙拉我进了他的“安乐巢”。先生乐得有个人跟他说话，便问及我的家庭及上学情况。我都礼貌地回答先生，只是姓名得遵照父亲之命说自己姓罗，叫罗霄。这初次相识的谈话，知道了“眼镜先生”姓林，老板姓赵，二人算是朋友，都是从北平逃难出来的。林先生原在一家报馆工作，赵先生早年在北平教书。二人路遇相识，从河北、山东到河南，一路以教书谋生，城里乡里，中学小学，只要给碗饭吃，什么都干。这次到南阳是因为赵先生在重庆的舅舅有一批纸烟要他押车从陕西运往四川大后方，结果巧遇我们这些流浪儿。我把这些情况告诉了哥哥们。大家判断，从老板赵先生招呼我们上车的情况看，一路之上，绝不会不管我们。何况这赵先生教师出身，老师爱学生，国难当头，定会鼎力相助。因而，这夜大家也就放心地睡了个安稳觉。

第二天早上，东方鱼肚白的时候，哥哥就叫我起床洗脸，每人在前厅拿了些卤鸡蛋、烧饼，就匆匆上车了。吃着烧饼夹蛋，我才想起了这住店、吃饭付钱的事。看看哥哥他们很坦然，我也就猜出了十之八九。既然有了第一次，以后的这段路程，碰上掏钱的事，大家也就心照不宣了。这天的目的地是过淅川往西豫、鄂、陕交界的西峡口。翻山过涧，景物大同小异。在车上，大家很自然地问林先生这位仗义轻财的赵先生的情况。林先生用手推了推他鼻梁上的眼镜，慢条斯理地说："我也知道得不多，赵先生寡言，我只觉得他很侠义。我们逃离北平，在德州邂逅相遇，住在一个小旅店里，他见我囊空如洗，就替我付了店钱。此后我们相依为命，颠沛流离，已好几年了。偶然才发现赵先生为满族。先生少言家事，只说他原是满清正黄旗，姓爱新觉罗，后改姓赵。"我想那清亡以后，皇亲国戚，改姓者不乏其人，姓赵倒是很有意思的。赵是《百家姓》第一姓，与"天子"同室，改姓赵是合适的。在这社稷将倾的时候，无论过去的王室，还是庶民百姓，都应该同舟共济、同仇敌忾。林先生口中介绍的赵先生太简单了，但听其言者少，观其行者多。经过两三天接触，我对赵先生由敬畏变成亲近。这车上同"车"共济的人中，我最小，所以赵先生吃饭、住店特别关心我，别的他也很少同我说什么。

淅川、西峡口地处丹江沿岸。车子始终是绕着丹江行驶。这秦岭以南汉江支流的丹江流域，风景秀丽，气候宜人。身临此境，不由得想起了欧阳修的名篇《醉翁亭记》来："野芳发而幽香，佳木秀而繁阴。""树林阴翳，鸣声上下。"如此美景，我怎的在逃亡流浪中才一饱眼福。这美景哀情，似乎十分不协调。大抵这人世间事，林林总总，就是在这"不协调"中发生、发展的吧？

半个世纪过后，从电视上看到此处出土了很多恐龙蛋，一时蜚声中外。中生代的古爬行动物恐龙能在此处聚居繁殖，可见此处是个"地灵人杰"的好地方。这条消息勾起我五十年前对此地的特殊感情。

再往前走，就进入秦岭南的商洛地区了。商为商县，或叫商州，又因古代治所设在上洛，故一直沿袭，叫它商洛地区。这里景色比西峡口内又绿了一些，说她是绿色的世界，恐不为过吧?

商洛地区我们经过了商州、商南、龙踞寨、黑龙口。当夜住在龙踞寨，这里是商山地区，古地理书称“地形险阻，景色幽胜”。到这里已经黄昏，周围看不清什么。这天晚上，我和张守义要求替换“眼镜先生”，在车上过夜。气候虽暖还寒，但空气清爽。一床棉被盖上睡觉，特别舒服。第二天拂晓，我被一阵整齐的跑步声惊醒，抬头看去，细沙铺面的公路上，跑过来一队中学生。前面是女生，后面是男生。女的身穿白衫黑裙，齐耳短发；男的一律着黑色中山装。英姿勃发，精神抖擞。我实在羡慕他们平静的读书生活，触“彼”生情，心中酸楚。“爹、娘啊！爹、娘啊！哪年哪月才能够回到我那可爱的故乡？”晨雾轻烟中，依稀可见路旁小溪翠竹，远近山峰，挺拔秀丽，郁郁葱葱。阡陌纵横，赶牛背犁的农夫已开始下田劳动。似乎这里就是陶渊明所向往的“世外桃源”。这幽美的田园风光，实在令人陶醉，忽地使我想起古人诗句“国破山河在”。这美丽的祖国山水，不久的将来是否也会沦入敌手呢?

第二天，经黑龙口开始爬秦岭南坡，南坡道路曲折，经常过溪翻岭，一层层盘旋而上。植被茂密，灌木乔木丛生，枝头不时可见长尾巴锦鸡，寻食觅友。鸟鸣山幽，人迹罕至。再往上攀就要经过“陡伏岭”“十八盘”了。司机为防有危险，让车上人都下来，徒步登山。我也乐得欣赏这大自然的造化。沿小路向上爬，登登停停，遥望东方，云海滚滚，远山时隐时现。痛别中原，行将入秦，忽地想起了东坡身贬海南，圣上下诏归来时写的诗句：“杳杳天低鹘没处，青山一发是中原。”我一生仰慕东坡先生，想来颠沛流浪之后，我定能回到中原的。

由于年少，登这段山路，并不吃力。到达顶峰时，不觉有些寒意，峰顶有几家山人开的茅店，“眼镜先生”已在呼喊我。那店卖一种苞谷糁子，熬的粥实在是香甜可口，热乎乎的。若干年后，我还在想着这种食品。八国联军进北京时，光绪西逃，吃过农民给他煮的小米粥，可见那东西在特定环境下，皇帝也会赞不绝口曰“珍珠汤”。

下山很快，只记得经过陕西蓝田。我的同宗汉李广大将军遭贬之日，曾在这山中射猎。本来应当停一下，可这“老牛破车”爬山很慢，下山却如风掣电闪。当万家灯火的时候，我们已从西安东门进入东大街了。

西安是我到过的第一个大城市。司机告诉我，车是由南而北进城，加上天黑不辨方向，这样就导致我几十年的“转向”。半个世纪以后，我乘火车由西向东进西安，过了咸阳、三桥就立在车门口，强制自己纠正方向，也是徒然。只要望见北城墙，就神使鬼差似的变成由北向南了。

当夜住在东大街华兴货栈。货栈的规矩，我也弄不清，是否货进栈就要每日付钱的？我只知道华兴货栈是打铃开饭，有点像学校。一日四餐（晚上有夜宵），听见铃声，客人就去饭厅，吃饱喝足为止。抗战时期，我能有这样的福分，实为天赐。那时的西安真是一座古城，因为“古”了就破旧。从钟楼分成东、西、南、北四街，整整齐齐，只是不像我在电影和幻灯片中看到的外国都市的高楼大厦。就以尚仁路、东大街这些最热闹的街道为例，也多是两三层的门面房，有的仅是平瓦房，迎街高起的一面山墙，人们叫它“洋式门面”。北大街的“同济坊”，倒有点洋式建筑的味道，这是哪位大官富贾的私产，我也就不得而知了。

从东边过来的流亡学生太多，政府不得不把西北中学、西安高中等学校的教室腾出来让外地学生住。我去这些学校找过同学，听他们讲大批流亡学生准备被安排到汉中、城固、安康、宝鸡一带去读书。我的两位姨家表姐就在这流亡学生队伍中。天气渐热，我离开南阳时只身一人，两手空空，连换洗的衣服都没有，真可谓“老虎下山一张皮”，二表姐就把“洋面袋”洗净，为我做了短衣短裤，倒也凉快。

我在西安是第一次见到电灯，虽然西安人当时说“电灯不明，马路不平”，但对我来说，这“洋玩意儿”还是新奇的。我听同学讲了个笑话，说某“愚夫子”竟然在路灯下呆呆地观察，要找这灯油在哪里存放。这对学过物理的中学生来说恐怕也讽刺得过火了。倒有一件小事是真的，说的是某位同学穿衣时不小心碰了灯泡，灯泡又撞在墙上，突然之间，屋里特别亮。于是好事者为求房里光亮就故意用手拍灯泡。学校训导处的老师就给大家开会，批评这种行为。哪里晓得，他不讲则已，讲完之后，全部灯泡都受到了拍打。身为训导老师，却只会“训”，而不懂“导”，根本不懂得青少年的好奇心理，而“因小失大”，欲止愈发。

我虽然身穿“洋面袋”衫裤，但在吃住方面，还是比别人强，所以我也就借此机会游历了古都西安的名胜古迹：钟楼、鼓楼、大雁塔、小雁塔、碑林等。那钟楼气势雄伟，但红柱绿瓦，已灰灰蒙蒙，门洞青砖，腐蚀残缺。那碑林只有院中的几棵青松，历尽沧桑，蔚然挺拔。几座高大的牌楼，瓦上生满杂草，那碑文显然多次被人拓过，颜色黑青斑驳。周围的房屋大都上了锁，门窗上糊的纸已发黄、破烂。隔着破窗探头望，里面堆放了些断碑残石，已蒙上了一层黄土，看来战乱时期国家已无更多的钱拿来保护这些文物。那南边的大雁塔，乃是玄奘为贮藏印度取回的经像而建，从唐至今，一千多年来已成为这长安的象征。

向南走是一条黄土大道，笔直笔直，两边全是农田。路上走着几辆牛车，那秦川牛倒很壮实，不由让人想起了白居易的名诗《卖炭翁》来："卖炭得钱何所营？身上衣裳口中食。"你看那赶车的农夫，风吹日晒，脸膛紫黑，可真像后来出土的兵马俑人物。从秦至今中国农民何时过过舒心的日子？朝代更替，分分合合，只有一点没大变化——"兴，百姓苦；亡，百姓苦！"

远观这大雁塔，地势渐渐高突。真的走近了，也不觉得这地方是陡起的山冈。周围是村庄，中间是大慈恩寺。寺内香火不旺，兵荒马乱，百姓求神又有何用？这寺僧人真懒，院内到处是牛羊粪便。大雁塔建在一个高台上，沿梯登塔盘旋而上。这塔是实心的，倒像个城堡。每一层东西南北都有个城门洞似的通口，走到尽头有个木栏杆把着，可以眺望四方。我在第七层站的时间较长。南望终南诸山，倒还清楚，向北俯瞰西安城，则一片灰蒙蒙的分辨不清。东西只是阡陌交错，一块块农田荒地青青黄黄，似被人用尺子划过，整整齐齐。远处一线流水明灭可见，大概是渭水吧！触景生情，此时此刻，我又站在这古塔之巅，看什么？望什么？这是何苦呢？还是回去吧！

人说好景不长，虽说赵先生待我不错，但我总不能赖在这华兴货栈不走吧？为了继续读书，哥哥他们决定先把我带到宝鸡。安顿下来以后，他们再向南经汉中到四川去看看情况，看是否可以到四川读书。这样我就第一次坐上火车到了宝鸡。

宝鸡市算是去西南、西北的要道口。到四川去，到甘肃、新疆去都要经由此地。当时，宝鸡恐怕是从来没有过的人口膨胀，外来人口绝对超过本地人口好多倍。宝鸡是个山城，又紧靠渭河。这依山傍水的小市，挤得满满堂堂的。似乎这外来人口，也根据地势分了高下。二马路住的是官宦富豪居多。渭河滩倒形成了难民区，一个挨一个的席棚成了劳苦大众的栖身之所，从河北、河南、安徽、山东来的难民都聚在这个昔日的荒滩上。拉黄包车的、卖水饺包子胡辣汤的、卖旧衣的、卖膏药眼药大力丸的、说书的、唱曲儿的、唱莲花落的、打铁的、木匠、叫花子，三教九流，应有尽有。

临时安置流亡学生的地址在西关青年会。我们被分配在距此不远的一座古庙里，学生们打地铺，一个挨一个地睡觉，由于是春夏之交，气候温和，倒也过得去。每人发了一个表格，上面说明每月领白面和生活费的日期。我们这一批正好是每月15日领钱物。哥哥他们领到了安置费后，给我留够到下月15日的伙食费，就启程入川了。临走那天，哥哥千叮咛万嘱咐要我牢记15日去青年会领面票和钱。

哥哥走了以后，我确实不会生活，不会洗菜，不会做饭，哪有那么多钱整天买着吃。我索性扒着火车去兴平县，开封女师学生驻地，找二表姐。反正对于流亡学生，火车又不收票。

二表姐和她的同学们非常高兴，来了这么个小弟弟，可以跟他们一起玩。到了二表姐处，有人洗衣，有人做饭，我也特开心。晚上她们也是“打通铺”，中间给我空了个位置睡觉。这一玩就是两个礼拜，突然记起了“15日”，就往宝鸡赶。

回到住地是16日下午。问高中同学能不能补领，多数同学认为去给说说看就行，但也有人说，领票的老师要求很严，恐怕挨了训斥，也不一定给补。我从小自尊心特强，心想陶渊明“不为五斗米折腰”，我又何苦去为五十斤面挨训呢？我决定不去碰钉子。

可这吃饭的问题如何解决？身上的钱所剩无几，这可咋办？开始大同学做好饭都来叫我，实在推不过，就勉强去吃一顿，但日子还长着呢。这并非“嗟来之食”，但我也不愿下肚。后来每到同学们做饭，我就向外走。遛大街逛马路，一天买两个烧饼，上午一个，下午一个，艰难度日。忽一日，发现口袋的钱仅够买一个烧饼，这可真的要断粮了。漫步街头，四处流浪，不知不觉走到了渭河滩，在这贫民区，心理上好像找到一点什么。前面一大群人正围成一团，我挤进圈子里，发现说书先生正在绘声绘色地说大本评书《说岳全传》。我挤到最前排，索性席地而坐，正对着先生的桌子。那先生四十岁左右，穿一件蓝布大褂，虽是件蓝衫，可已经洗得有些发白了，但也整洁合身；红面膛，大眼睛，左手握着“惊堂木”，右手摇着竹骨白纸扇，神气十分潇洒。一张大方桌上放着一把紫得发亮的宜兴茶壶，别的再没有什么“道具”了。

先生说话不紧不慢，声音不大，却字字珠玑，掷地有声，边说边用眼睛扫着听书的众人。听众都被他那高超的技艺所吸引，嘈杂的渭河滩，似乎其他什么声音都听不到了，专心倾耳，静如课堂。只听他说道：“那牛皋因吃醉了酒，误落贼手，被那花普方擒了，带回洞庭山，启奏杨虎道：‘我于昨夜擒得一将，乃是岳飞的先行官，名唤牛皋，听候主公发落。’杨虎吼道：‘带进来。’两边军士将牛皋推至面前。杨虎道：‘牛皋，你既被擒，见了孤家怎不下跪？’牛皋两眼圆睁，大骂：‘无名草贼！我老牛爷昨晚吃醉了酒，是自家跌下水的，才误落贼手。你不下跪于我，反要我跪，岂不是个瞎眼的毛贼？’杨虎道：‘也罢，孤家不杀你。你若降了我，也封你做先行官，去取宋朝天下，如何？’牛皋道：‘放你娘的驴屁！我牛老爷是堂堂正正的朝廷命官，来降你这偷鸡摸狗的贼了？你若肯听我的，把老爷放了，烧了这山寨，收拾粮草人马，去投降我岳大哥，一同去捉金兀朮，自然奏请圣上，封你做个大大的官；若不听我的，就快快把老爷我杀了。等我大哥到来，少不得拿你碎尸万段，他倒肯饶了你吗？’杨虎听了大怒，吼叫道：‘拿下去砍了！’”说到正是关节眼上，只听“啪”一声“惊堂木”响，四座震了一下，那先生提高嗓门道：“要知牛皋生死如何，细听下回分解。”先生起身长揖，拿了个“簸箩”向众人走来，面带笑容，边走边说：“有钱的帮钱场，没钱的帮人场！”“诸位平安！”

我是个穿“洋面袋”衣裳的学生，先生自然不会把“簸箩”伸到我面前。我不紧不慢地离开书场。抬头望去，日正中天，突然间觉得饥肠辘辘。看来听书神情集中，倒是个解饿的好办法。我垂头丧气地走到渭河边。绵绵的细沙，甚是洁净。先到河边洗了个脸，痛痛快快撩起清澈的河水，往头上泼，顺势捧起甘甜的河水，痛饮了几大口。润口滋胃，洗肠荡气，顿觉周身清爽。平躺在柔软的沙滩上，任日光沐浴着身体的各个部位，不知不觉进入了梦乡。

一觉醒来，寻思仍是无计可施，还是去听书吧！挤了进去，先生并没有注意我，似乎他已认准是“白听”的常客。正听得入神，忽觉后面有一只大手搭在我肩上，我回转头来，只见一位先生正在招手示意我出去。挤出书场，先生一声不响地在前面走，我竟顺从地紧紧相随。先生走到一个饭铺前，张口对掌柜说：“一斤肉包子，两碗榨菜肉丝面。”转头对我只说了一个字“坐”。我茫然，却一句话也说不出。看那先生三十多岁，穿一件竹布白大褂，戴一顶巴拿马草帽，方圆脸，鼻梁不高，突出的是那副黑边圆砣近视镜，眉宇间深沉善良。依我的判断，他是个有爱心的知识分子。

饭端上来了，真香！但我还是拿出“饿死不失节”的态度，充好汉说：“我吃过了。”先生微笑着，开口道：“学生，有骨气，可民以食为天，今天上午我就注意了你，不说了，吃罢！”这好像是父亲的口气。我只得含着泪咽下这顿饭。先生无语，我也无语，只是先生不时地给我夹包子，他倒吃得很少。

饭后我身不由己地随先生漫步渭河边。平静的渭水，缓缓东流。我脑子却是不知下一步该咋办。“滴水之恩，涌泉相报。”就是小说中也没有这样的解我饥渴之人从天而降啊！四只脚踏在河滩上，沙沙作响。这声音我一辈子也忘不了。沉默呀！沉默！还是先生发话：“我们认识一下吧？我有个要求，要讲真话，你先说说吧？”“我姓……李。”先生紧接着发问：“为何说自己的姓，停了下才出口？”“我是山东冠县人，本姓李。只因父亲是冯玉祥的部下，但冯向蒋交了兵权，父亲不满，下野后，坚决反蒋。临别时家父有言：到了后方，任何情况不能说真实姓名，只随母姓叫罗霄。”下面我就将当前的尴尬处境一五一十都倒了出来。先生说话了。他说：“我名田雨，种田的田，下雨的雨。我如今在河南南面的干训团工作。可我不是军人，也不是国民党，只是个教书的。我家两口人，夫人刘玉芝，身边无子女。但我可不是骗你给我当儿子。”我赶紧接话：“叔叔说哪里话。叔叔是个好人，如不嫌弃我，当儿子也是我的福分。”话又转到我的处境上，叔叔提出，暂时接我到他家去住。我当然是喜出望外。难道说真的是天无绝人之路，贵人相助，逢凶化吉吗？

看天色渐晚，日头偏西，我们一同来到我的住地。叔叔向大同学留了他的地址，等哥哥回来去接我。我就跟随叔叔，天黑前过得渭河桥，走进南山根儿，一个小村庄。

进得门来，叔叔忙叫姨姨：“快来了！看我给你领回一位小客人。”刘姨看上去小叔叔十来岁，很年轻，白白肤色，高鼻大眼，温柔善良。听叔叔讲话时只是搓着她那正在和面的双手，一个劲儿地笑着看我。天啊！这么好的人家，不以我为负担，倒似乎觉得我给这个家庭带来了欢乐。在这炮火硝烟、颠沛流离的年代，我一个孤儿，做梦也不会想到能享这天伦之乐，岂非天意？

一盏有玻璃灯罩的煤油灯，也只能照着桌子附近，方圆五六米处有亮光。桌上放着一盘炒豆角，一盘调黄瓜，刘姨还做了北方常吃的汤面条。三人对坐，真香甜，真温暖啊！

晚上，刘姨在书房靠墙处给我铺了一个单人床，兰士布的床单，红格土布被子，都洗得干干净净。叔叔要我早睡早起。剩我一人的时候，我才端灯看了看叔叔的书。呀！真多啊！可能这个清贫的家庭唯一的财富就是书。但奇怪的是，外文书籍特别多。叔叔催我睡觉，我只得熄灯上了床。不知怎的，今夜的床特别柔和，不冷不热，柔柔软软。天上掉下来的幸福，我反而觉得不踏实。反反复复，回忆着这奇特的一天经历，我想到刚直寡言、从心底里疼我的父亲，今夜星光，他是否又在与日寇、汉奸周旋？我想起了唠唠叨叨、什么事都管着我的妈妈。我哭了……父亲好像推了我一把，让我在这形形色色的人流中，去闯荡，去磨炼，去学着做人。可他怎知，我今天一天，大落大起，好像小说虚构的这段离奇的情节呢？是苦是甜我说不清。“男儿有泪不轻弹”，但是我哭了……

第二天早晨，叔叔有课，大家都起得早。早点是小米红薯稀饭，外加刘姨烙的薄饼。一边吃着，一边听叔叔讲：

“学业不能荒废太久，学如逆水行舟，不进则退。”“你没有课本，今天我设法借。上午就在家里，看你能看懂的书，完了写篇作文，我看看。”“下午跟你姨姨上山拾柴，好吗？”我一一答应。

叔叔走后，刘姨要给我洗衣服，拿出叔叔的衣、裤要我换上。我不好意思，但又说不出口。瞧这身打扮，袖长裤大活似农田地里的“稻草人”。这一来，我倒真的走动不得了，规规矩矩坐下来翻书。刘姨给我洗净了衣服，又在那里翻箱倒柜，找叔叔早年的衣服，忙着给我改缝。我细细地翻了一遍叔叔的中文书，这子书、史书，我家都有。我五岁时，父亲给我们兄弟请了一位清末的秀才，圈在书房里，只叫我们高声朗读、背诵，根本不去讲解书中说了什么。我们也不敢问，有的似懂非懂，有的根本不懂。这种教育方法，恐怕是中国有史以来最落后、最愚蠢的。小学六年，及至进入初中，我都是等于上了两种学校。白天是“洋学”，晚上是“家学”，真苦啊！小学高年级开始读《左传》《国语》《战国策》《吕氏春秋》。总是背呀，读呀，读呀，背呀，没完没了。所以今天看到这些书，引起我的只有反感。猛地发现了一本《浮生六记》，这书是清代沈复作的。我在叶县洪庄杨的杨先生家翻过。这书很有意思，只是先生当时说：“小孩子，不宜看。”今天叔叔不在，我何不读它一读？翻着想着，这作文的题目在哪里？哎呀！有了，这《坎坷记愁》上说：“人生坎坷何为乎来哉？往往皆自作孽耳。”我何不以“人生坎坷何为乎来哉？”为题呢？于是问刘姨要了纸墨，就爬起格子来。我写我的处境，我的坎坷，不同意这

“坎坷是自作孽耳”。胡乱地写了五六百字，如释重负，总算能够交卷了。

中午，叔叔回来，顾不上洗脸、喝茶，就要看我的作文，边看边高兴地说：“是个有出息的孩子。人生的坎坷能和民族、国家的大难联系到一起，写得好！”

吃过午饭，叔叔提议我俩去渭河游泳，这下可难住我了，但又不甘示弱，只说了声“我会骑马”。叔叔笑着说：“南船北马，艺不压身。人要生存就得什么都学，不会游泳，就洗个澡吧！”

渭水不冷、不急，跳进去倒很惬意。我只是在浅水岸边“狗爬爬”。叔叔游得很远，时而潜水，时而仰泳，不知什么时候，又游到了我身边。站在水里，他对我说：“你是个聪明的孩子。中国从八国联军进北平到现在，多灾多难，没有太平过。如今更是倭寇入侵，民不聊生，据你考虑，中国之命运将如何？我给你出个大题目：‘中国向何处去？’你慢慢思考，也许它会让你思考几十年，再回答。”

我哪里能预想到，这个题目，真的牵动我几十年。在特定的历史事件下，我认为可以“交卷”了，可时过境迁，形势变化，又使我迷惑不解，让我继续探求、思索。

以后的日子，生活很规矩。上午学习功课，下午跟着刘姨上山拾柴。刘姨叫刘玉芝，原是个小学教师，对我特别关心，边拾柴边给我讲讲故事，拉拉家常。一天的生活中，我最高兴的是下午。晚上上灯以后，白天布置的作业，不论英语、代数、语文，叔叔总是耐心地给我批改，细心地给我讲解。

日子久了，从多次的谈话中，我也了解了一些叔叔的身世。叔叔出身贫寒，早年丧父，靠母亲给财主家洗洗缝缝挣点钱供叔叔读书。中学以后，叔叔属于半工半读。叔叔刻苦学习，考上了北大西语系。抗战时期叔叔教过中学，也教过大学，后来遇上了与自己同命运的刘姨，就结婚成了家。逃难到陕西经友人介绍进了这干训团当教员。

有一天，快吃中饭的时候，听得房东讲有人在门外问田先生的家，原来是哥哥回来了。我当然很高兴，哥哥只对叔叔、姨姨千恩万谢，叔叔留哥哥在家吃饭，哥哥望着刘姨给我做的衣服只是笑。席间哥哥说：他回来听得消息，要在宝鸡办国立联合中学，地址初步选在北塬上。叔叔、姨姨和我相处有感情，不想让我走远，所以听到这消息特别高兴。他们要哥哥回宝鸡报名，让我继续留下，等一切办妥，直接接我到学校去。

哥哥走后，刘姨就着手给我收拾行李。自离开南阳到现在，由于刘姨对我的“武装”，我才算重新又有了自己的“行李”。

走的日子定下来了。头天，叔叔借了房东一头驴，而且说好是房东亲自送我到北塬上，大韩村。其实这一天起得最早的是刘姨，鸡叫两遍她就起来了，她再轻手轻脚我也会知道。因为要离别了，我心里也不好受。今天的早点与往日不同，是白糖荷包蛋，还是两个蛋；今天的烙饼是油烙饼，而且做得很多，说是剩下的要我带在路上吃。可房东说：“大韩村离这里十二里路，再说，宝鸡人‘不讲里’，也没有三十里路。”半晌就到了，还带在路上吃？恭敬不如从命，我知道这是她的一片“母爱”之心啊！叔叔这天上午没去上班，早饭后一家三口人各行其是。刘姨往一个中号旧木箱里放东西——笔、墨、纸、本子、墨盒、铅笔、小刀、橡皮，各种文具一应俱全。上面放着她给我亲手改制的衣服、裤子，买的鞋、袜，连毛巾、肥皂、牙膏、牙刷、吃饭的碗筷都装上。叔叔给我用白麻绳打行李卷。我则在院子里一根树桩上用斧子劈我和刘姨拾来的山柴。三人各干各的，“啪、啪”的劈柴声中，只听刘姨唠叨：“不劈了，够烧了。”我全然不理会她，我知道她这是疼我。“睡觉前要洗脚，……宝鸡狼多，天黑不能在外面……北塬上井深，可不能在井台上玩……”就是这些看似不连贯的语言，正表达了“慈母”之心。

哥哥来得早，上午九十点钟就到了。房东也将驴子备好，拴在门外的槐树上。叔叔掏出了五块大洋交给了哥哥，说这是备用的。哥哥只说：“太多了，学校有吃有住，要这么多钱干什么。”叔叔不说话，只往哥哥衣兜里塞。驴背上搭着的是一边一只箱子，一边一个行李卷。房东赶着驴在前面走，叔叔、姨姨都送出了门。我一个劲儿地只会重复一句话：“叔叔，姨姨，回去吧！”走到村口，刘姨将一个布袋子递给我，热乎乎的，里面装着煮熟的鸡蛋和油馍，好像她还要说什么，可只是张张口，说不出来。她哭了！她掏手绢儿擦泪，我看得清清楚楚。我离家的时候，为了不在最后一眼看见妈妈哭，来了个径直走不回头。可这次，我是亲眼看见“母亲”送别时的眼泪啊！我向她鞠了一个躬，就在这一瞬间，我的眼泪落在了脚下的黄土上。叔叔坚持要送到渭河桥上，他边走边说：“环境再苦，学习要抓紧。……记住每周六下午争取回家来……你姨姨等着呢！”渭河桥到了，桥上人来车往，田叔在这里和我分手，倒冲淡了别离之情，我只是多次回过头来和他招呼。留给我的是永生难忘的站在渭河桥的正面“父亲”形象，还是那副黑边圆砣的近视眼镜，还是那样深沉、善良的眉宇。

渭河啊！你无语东流，但你和我感情却如此深厚！我在渭水边邂逅解我危难的田雨叔叔，又在渭河里聆听“父亲”耳提面命的教诲。

没有到过西北的人，不可能理解什么叫作“塬”。把塬叫作高山平地，也许是可以的，人上塬与爬山无区别，但等赶上去则是平平坦坦一望无际，与鲁豫平原无大差别。眼前这大路、麦田、村庄、树木会使你忘记了你比别人高出了一层。宝鸡的北塬有多大，我就不得而知了。20世纪50年代，我到甘肃常听陇东人夸自己是塬上人：“八百里秦川，顶不上俺董志塬一个边。”看来西北的大塬，方圆几百里总是有的。

从上塬到大韩村还要走七八里路。这大韩村在一条大路旁边，冠以“大”字，当然是因为村子人口多，总共有几百户人家，要不几千名学生往哪里住呢？

这大韩村远望近观都是黄土高原上一丛树林，黄的背影中一团绿。你可记得唐代孟浩然的《过故人庄》“绿树村边合，青山郭外斜”吗？颜色单调得很。林木茂密，绿树掩映之下很难看见农舍。我们住在南头的一户人家，门前紧靠平坦的打麦场，大门口几棵古槐绿荫如盖，树的干、树的枝，七折八叉，枝头有几个大的乌鸦巢。树皮粗糙，裂纹很深。最有特色的是树根隆出地面，牢牢实实抓住地层，伸向四面八方，一棵树根延伸的面积有五六间房子那么大。杜甫诗曰：“县古槐根出，官清马骨高。”清官历代是极少的，但这宝鸡县古，倒是真的。宝鸡就是三国时诸葛亮“明修栈道、暗度陈仓”的陈仓。

这家房东姓陈，家里三口人，住着东、西、南各三面房子，南屋东头是他的大门道，这就成了四间。房东住在东房，南房三间腾出来给我们住。西房两间一间为房东的伙房和堆放杂物之处，一间给学生做伙房。北面靠墙盖了一排棚是饲养驴、牛和放农具、车辆用的。我初到时，觉得这院子不符合北方农村的居住习惯，一般来说，坐北朝南的房子是最好的，为何却圈了牲畜？后来仔细观察才发现这是俩兄弟分家后从中间隔了道墙，哥哥占了堂屋，从东边另开了门，弟弟占了南房，保持了原来的门。我们十二个人外面住八个，里面住四个。我在里屋，其实我很特殊，是初中学生，由于哥哥的原因，住在高中部宿舍。所以从各方面看，我又成了“照顾对象”。十二人相处非常好，彼此互敬互让，真是风雨同舟。这个集体真的是食用不分，相帮相助。哥哥和张凌霄算是大家推选的管家。这凌霄兄细高挑儿的个儿，白细面皮，说话也细声细气，很像个大姑娘，见人总是笑眯眯的。他特别喜欢我，遇事总是偏护我。大家开玩笑说我：“你现在有管的人啦！凌霄，凌霄，凌驾罗霄之上嘛！”做饭的“伙头军”叫陈敬源，妥实憨厚，膀大腰圆，圆脸大眼，黝黑黝黑。抽烟抽得凶，厚厚的嘴唇发紫。我记得最清楚的是他身上的两件东西，腰前是用破布裤子做的围裙，腰后插着一杆旱烟袋锅儿。他要真化装成为这宝鸡农民，谁也分辨不清。他不见得是这中间年龄最大的，但一定要我叫他“大哥”。和面、做饭，脏活累活他不吭不响地干，劳苦功高，大哥就大哥吧！其余的大哥们都很勤快，和房东关系也处得特好。每日天亮打扫院落、房前屋后、牲口圈。每天有三个人专门打水、挑水。扫院子的不挑水，陈大哥做饭又挑水，我是免挑水。房东场上有活儿，大家都到场上帮手。下大雨了，大家抢着排水。房东大娘嘴边上总挂着一句话：“这些后生，识书知礼，真是好。老话说‘宁跟戏子隔邻，不与学生对门’。俺村婆姨，都说这话不对。”

这大韩村有两“景儿”。一是井深得很。红石井台上架着一架大辘辘，井绳只在辘辘上绕了一圈，井绳两头吊着两只木桶，空桶下去满桶水上来，就这样来回绞。汲一桶水着实要好多分钟，实在令人着急。井有多深？农民说“几十丈”。陈老汉给我说了个笑话：“老辈子有弟兄两个早起，二弟到十里外的斗鸡台去赶集，大哥到井上去挑水，二弟赶集回来，大哥一担水都没担回家。”又说：“俺这大韩村，村周围种了一圈儿树，有个讲究，那是晒井绳用的，你说井绳有多长？”我可真的跟陈大哥到井台上去看过，爬到井口上往下看，黑洞洞的什么也看不见。找了个小石子儿，撂下去，等几分钟后才听见“咚”的一声，而且这声音很深很远。凌霄不许我一个人在井台上玩，可其他大哥哥都非常喜欢摇辘辘把时带我去给他们说话、唱歌，否则太乏味了。

另一“景儿”是家家户户黄土院墙上洒满的白石灰圈。听说这是防狼用的，宝鸡南山、北塬狼实在多。听说狼怕绳套，这白石灰圈狼看见就不敢翻墙进院子。宝鸡人还有一个忌讳，就是走路时不许从后面拍人的肩膀。据说狼很狡猾，立起身子拍人肩膀，人要转头，就卡你的咽喉。于是，只要拍肩膀，人就不回头，拔出刀子就从肚子上捅过去，管你是人是狼。狼闯入人宅的故事，不久我就听到了。我们初中部的同学，天热开着门打地铺，在房里睡。谁知进来一只老狼，咬着最里边一个小同学拖着走，碰到门边睡的同学脸上，他惊醒来，大叫，左邻右舍同学都醒来打狼，才算救了这小同学的命。

学校开学了，王云青先生任校长，郭伦先生任教导主任。学校办公也不过是在财主家的大院。各年级的教室，那就五花八门了。有的在祠堂里，有的在庙宇中，也有的找个大敞院，在几棵大树下，学生各自带着各式自做的小板凳，黑板挂在树上，就上课了。条件非常艰苦，但讲的听的师生都非常认真。谁也不会叫苦，谁也不会说漂亮话，可人人心里都装着一个“愤”字，就能“发愤”读书。下午一般没课，树荫下，麦场边，到处都是读书的学生。只有夜晚油灯太少，大家就常聚在麦场上乘凉。我们的“伙头军”陈大哥，经常拿一把胡琴坐在石磙上拉《三潭印月》《梅花三弄》，我最爱听凌霄兄躺在麦垛边讲故事。他说那崇祯皇帝很讲迷信。一日微服私访，只见前面围着一大堆人，原来是个“活神仙”在那儿测字算命。崇祯圣心一动，也想测个字，预测一下国运。崇祯写了一个“友”字，让先生测。先生道：“客官你可不要见怪。这个‘友’字，乃‘反’字出头。你看现在李闯王已攻陷洛阳，这不意味着造反的要出头了吗？”崇祯十分不乐，还故作镇静：“这不怪你，原来是我搞错了，实际上我想测的是‘有’字。”那先生面色为难，边收摊子边说：“我实在不敢讲。”崇祯说：“但说无妨。”先生说：“哎呀！更不妙，你把这‘有’字折开来，一‘ナ’一‘月’，大明江山，不失去一半了吗？”崇祯心上蒙了一层倒霉的阴影，更加不悦，但又不认输，强笑道：“先生莫见怪，我今天有点心不在焉，连讲错两次，实际上我想要你测的是‘酉’字。”那先生神气紧张，东张西望，然后附耳低语：“可了不得！‘酉’是‘尊’字去掉首尾，万岁至尊，不是会去头去脚吧？”说罢那先生分文不取地跑了。

听这种故事，我心里明白，不过是说的人、听的人聊以消愁解闷而已。夜深人静，那如泣如诉、低哀幽怨的胡琴声，奏出的是游子天涯、思念故土亲人的哭咽。蓝天如海，星光闪烁。仰望星天凝神静思，我好像又听到老祖母坐在竹榻上对孙儿说：“天河南北，小孩儿不跟娘睡。”东坡云：“但愿人长久，千里共婵娟。”今夜无月，星光灿烂，只愿这南箕北斗，把我的心愿带给敌后的父母，保佑二老平安吧！

每逢星期六下午，吃了午饭睡午觉的时候，我都兴奋得睡不着。因为午休后哥哥或凌霄兄他们要送我下塬，然后我一个人回田叔家去。我只躺在那里装着睡觉，装睡觉非常难受，用一个固定的姿势躺着都不敢动，等听到大家都打鼾的声音，才敢翻身。而且越睡不着，越感到时间特别长。等他们逐渐起来时，才发现我早早就坐在那里等他们。一到塬边上，就能看见渭河，听见火车叫，看见宝鸡市的袅袅炊烟。只要见到这些景物，我就异常高兴，因为它意味着我就可以一个人箭步如飞地往田叔家奔跑了。古人创造了这“归心似箭”之词，实在是妙。我多么想三步并作两步就能见到我的刘姨。过宝鸡东关，穿铁路洞子，走渭水河滩，我都无心留恋，见到渭河桥时，我就一路小跑。远远地望去，村前的香椿树下红石板上肯定坐着牵挂我的刘姨。她手边放着针线篮子，脚边放着一只黑釉陶罐，里边是给我装的凉茶。女人天生就具有“母爱”，到了她这年龄，身边无子实为遗憾，所以见到我以后，她就把积蓄已久的母子亲情，一股脑地倾注在我身上。我拾篮提罐跟着她往家走，一路上她只是问我“饿不饿，渴不渴”。进得门来她喜欢听迎面房东婆说的那句话“回来啦”。这话似乎是对我说的，又似乎是对她说的，在替她高兴。

进门后，不管叔叔在家不在家，刘姨第一件事就是叫我洗澡换衣服。一个大木盆，放在里屋，水是大锅里烧好的，不冷不热，她还要放进手去试试温度，盆边放个小凳子。她把门虚掩着，临出门说一句：“不上门，洗吧。我在外屋，小孩子怕什么。”

晚饭给我做的是豆子面条。田叔边吃边问我学校生活，功课做得怎么样。

夜晚乘凉，我最喜欢听田叔讲故事。从司马迁到林则徐焚烧鸦片，就算是过去读过的文章，经他一讲，感情色彩就特别浓，这些历史人物，民族英雄，仁人志士，似乎都或多或少地与他血脉相通。

夜幕降临以后，刘姨就忙着在屋子里点燃艾绳，把竹帘子卷起来，熏烟赶蚊子。她熏过的房子，晚上就是听不见蚊子叫。

第二天是星期天。早上鸡叫三遍，叔叔就叫我起床去赶集。宝鸡的集是逢单或逢双，农民完全按农历算。单日东村集，双日西村集，世世代代不知传了几百年。农民是不过礼拜天的，所以头天晚上要向房东问清楚。

集就在一个大村子的村头，大路两旁黑压压的两排人。卖菜、卖肉的居多；也有货郎担，“啷咚、啷咚”摇着拨浪鼓卖针头线脑儿；也有铁匠卖农具、锅铲什么的；中间夹杂卖吃的。集市尽头的树上拴着驴、骡、牛、马等，叔叔说这是骡马市，买卖大牲口的地方。我总喜欢在这儿看一会儿。买主走过来，用手摸摸牲口的皮毛，再掰开嘴看看牲口的牙口。双方说的话我都不懂。“几个牙啦？”“四个牙了。”这是说牲口的年龄，怎么计算我可不知道。然后，只见两人在大袖筒里互相摸什么。叔叔告诉我，那个“大袖子”是“牙子”。他为买卖双方撮合，从中取得佣金。他怕买卖双方当面把价说破，他就无利可图了，所以就来个“袖筒交易”——摸指头。

赶集总是吃一顿。咸豆腐脑儿很好吃，白花花的豆腐脑上，放了黄豆、花生，再拌点辣子油、葱姜蒜汁儿，吃起来很可口。

我提着大竹篮，跟着叔叔边走边买——割两斤肉，豆角两把，芹菜、菠菜、小葱，总之是什么季节，吃什么应时菜。可从来不买鸡蛋，因为鸡蛋是农民把鸡刚生的蛋拿来卖给刘姨的。刘姨心肠好，总比货郎担给的钱多。

礼拜天的饭总是“改善生活”，自不必提了。房东的孩子上不起学，久而久之，懂得了看见我就是礼拜天，我们家就要吃好的了。如果刘姨蒸包子，第一笼总要给房东家送去一大盘，而且是让我端去。房东家几个光屁股娃娃只要听见我们家灶房拉风箱，就眼巴巴地站在门口往里看。唉！怪可怜的。这群我叫不上名字的孩子，似乎在他们的大脑皮层中，形成了这样一个固定的“动型”：“我回家——星期天——吃包子。”

星期天下午，一般我不愿回学校，原因有二：一是下午我可以尽可能帮姨姨拾些柴；二是无论如何我总想多住一宿。姨姨嘴上说，应该早点回去读书，可她内心里也不愿我走，只是当面说给叔叔听而已。只要定下来，我俩上山拾柴，她就特别高兴。她最喜欢我走在山路上，给她讲北塬上的井有多深，北塬上的狼有多大。

星期一一大早，摸黑叔叔就要叫我起床。姨姨早准备了一包吃的，要我边走边吃，还要给哥哥他们带些。远近的犬吠，夹杂大公鸡领唱、众鸡和唱的鸡鸣曲，越发显得这山村的幽静。叔叔一直送我送到天大亮，送到路上来往行人很多了，他才转回去。

如此的日子，又过了两三个月。一个星期四的下午，突然有个陌生的人到大韩村找我。来客个子很高，头戴一顶大草帽，身穿一件白绸子大褂，装束打扮很不协调，而且，我在叔叔家从来没见过这个人。哥哥一面热情地端水倒茶，一面不时地看我的表情。那客人急忙从口袋里掏出了刘姨的字条：“速与来人回家。”这字迹我很熟悉，当然就打消了顾虑，赶快下塬回家。

进门发现家里很凌乱，箱子两三只已装好，还有几位我不认识的人正在打包行李。刘姨看见我很不自在，但她屋里屋外忙，也就没说啥。叔叔很镇静，忙把我叫到里屋坐在小凳上，停了一停说："要到西边去，走得急就请人把你叫回来见一面。"之后又低头不语，过了片刻说："大人的事，小孩子不能问。到了那边，安顿好了，我自然会写信给你。你也可以到那里上学。"我似乎感觉到了这"不能问"的言外之意，强忍着泪和我这"再生父母"告别，刘姨在外屋拉着我轻声说："不许哭！到了就会来信给你。"

就这样，匆匆地离别，那位接我的叔叔，当即又把我送了回去。这回去的路，我觉得特别长，特别难走。脑子里七上八下，只得胡思乱想："来也匆匆，去也匆匆。""相见时难别亦难。""大人的事不能问？""他们为什么走？""他们到哪里去？""去干什么？""叔叔、姨姨是好人，干的是好事……但又不能让外人知道。"几次我都想开口问大个子叔叔，可话到嘴边，又克制住了。我只怨自己命苦，为什么这人间离别的痛苦，都让我给遇上了。特别是这一次，这道不清楚的分离就更苦。

叔叔走后，我牵肠挂肚的事就是盼远方来信。亲生父母，一国两地，书信断绝，我已无可奈何。而这"再生父母"早应该有信来了。我三天两头往校部跑，却一次次地失望，拿到的是其他同学的信。等啊！盼啊！依旧是"黄鹤一去不复返，白云千载空悠悠。"

一日近午时分，我正在房里闷闷地读书。忽听得沉闷的旧式土炮——铳子，"咚、咚、咚"响了三下，接着是"噼噼啪啪”的鞭炮声。原以为这是谁家娶新媳妇，结果出得大门，才发现喜事就出在我们房东家。村上男女老少聚了几百人。房东的儿子骑了一匹明光发亮的大黑驴，胸前斜叉十字佩了个大红绸花。墙上贴了张大黄纸，纸上写：“陈金堂，高等小学堂，修业期满。”宝鸡人说这是中了“洋秀才”，是一家的大喜。房东婆笑盈满面地招呼我们不要做饭，一同吃酒。事情来得突然，大家也没有什么“礼”可送。只是吃饭的时候，凌霄兄、陈大哥代表大家去给房东和“洋秀才”敬了酒。回到座位，陈大哥指着我说：“我给他们讲了，我们中间最小的弟弟，还是初中二年级的大秀才呢！”塬上人的文化落后，由此可见一斑。

伏里天，哥哥生了病，高烧不退。起初房东婆说是着凉了，让他喝姜汤发发汗。后来看治不好，而且水米不进，嘴唇都起了泡。大家说要到宝鸡去看大夫。房东家套了驴车，用床单撑了个篷，让他躺在车上，由凌霄兄、陈大哥陪着我们进了城。举目无亲，囊空如洗，这可咋办呀？一路之上，老想着田叔、刘姨，要是他们在宝鸡有多好啊！老天为什么老是跟我过不去，祸不单行地折磨我？突然想起哥哥曾经说过，有一次他们到十里铺面粉厂拉面，路过宝鸡东关，无意中碰上了父亲的朋友卢子和叔叔。他说他们住在东街欧亚饭店，事到如今，也只得厚着脸皮去找找看。驴车直接拉到了欧亚饭店门上。我问茶房，茶房顺手向上指了指。我上到临街木楼的第二层大房，竟真的找到了子和叔，他听了我兄弟二人的处境，二话没说就站在楼梯口喊茶房，要房间。茶房开了院子最里边东楼二楼的一个房间。房间虽小，但有两张床，一张桌子，一把椅子也就够了。

子和叔亲自下来安排病人进了房，和凌霄、陈兄见了面，他们就走了。凌霄兄掏出法币四十元给我，说这是大家的伙食费省下来的。我知道这是大伙的情，但这钱我执意不要，他俩临下楼还是放在桌子上，就走了。

我正在给大哥洗脸、洗脚，茶房来叫我，说是“卢先生有请”。我又从长长的木梯登上了南楼。子和叔的外间多了一位叔叔。子和叔开口就说：“吃饭的事安顿好了，就到中间东面小院的伙房里去打。每顿你哥想吃什么，可提前给伙房言传一声。”“病要看。”这时他才转头向我介绍：“这是王叔叔，我的好朋友。他有一位挚友中医许大夫，就住在二马路。饭后叫小玉陪你去请来诊脉。”

吃过晚饭，这伏天火辣辣的太阳还没有落山。我早就来到饭店门庭的柜台前等这位“小玉”。我猜想她到底是什么人。不一会儿从后院走出一位十四岁出头的女子，身穿一件浅青阴丹士林旗袍儿，脚下一双手工做的白布透空鞋，有点像南阳的“小玉”，我赶快站起来迎上去，可她看也不看我一眼，径直出了门。好没趣，我后悔不该这样冒失。正在这时，听得一声少女的搭话：“走吧，请大夫去。”哎呀！她才是小玉。我站起来不好意思地跟她走。她倒大方，索性等着我并肩走。我不知见了她怎么那么害羞，从年龄看，我们说不定是同庚。这姑娘穿了一件无领方形开口短袖衫，白底儿，大小匀称的黑圆点花纹。黑绸短裙，齐耳学生发，圆脸白里透红，很是丰满，鼻子、眼睛、嘴巴摆放得特别协调。不知怎的，我好像在哪里见过她，也许是梦中？一路都是她主动说话，问这问那。我心里总是毛毛的，看来这“两小无猜”的词不巧当。断断续续的谈话中，我初步了解到她是那位王叔叔的侄女儿，家在东北沈阳，父亲是位中学教师。家里姊妹四人，她行四，因为和三姐是双胞胎，所以起名“小珏、小玉”。流浪到关内，她幼小，啥也不知道。叔叔是位教师，最后再跑到西北时，叔叔只带了她一人出来。现在去找的许先生是她叔叔的中学同学，关系极好，可称知己。许先生只身一人，住在二马路一位当官的家里，算是清客，也算他家的家庭医生。这许先生甚是喜欢小玉，老要小玉叫他“干爹”。

小玉似乎是这家的常客，进得客厅非常随便。我倒拘束得像个木头人，手脚都放得不自在。那小玉大方开朗，三言两语就哄许先生快点走。路上许先生突然开玩笑地问：“你为什么对他那么好？”我不敢正视地瞟了她一眼，只见她“唰”的一下微红了脸，笑着说：“我们两家早就认识。”这明明在说谎，但这谎撒得很漂亮。

许先生诊脉、问病情、看舌苔、开药方，都很仔细，只说病的时间长了一点，要好好吃几剂药才能好转。

天已经黑了下来，宝鸡东关距火车站近，旅社、饭店多，夜市也特别热闹。道口烧鸡、德州扒鸡、茶叶蛋、馄饨、小笼包子，摆了一街，甚是红火。药铺尚未关门，我要抓紧去取药。宝泰堂药铺距此不过百米，就在路对面，过来时，我已留心了。但小玉执意要跟我同去，说我不熟悉。

第一次开了三剂药，老药工像摆积木一样将一个个药包由大到小堆得像座小山，然后用纸绳扎紧。账房先生戴了副铜腿儿老式石头眼镜，“噼里啪啦”地打着算盘，对我说“三十六元钱”，我把仅有的四十元钱递上去，找了钱，我们就一路回去。她直接领我到东院找到茶房宋大爷，借来药锅，就在煮茶的煤火炉上煎了第一剂药。她似乎很内行，中药加多少水，开了以后用文火煎，熬好以后，怎样滤药，都是她手把手教给我的。煎药离不开人，怕药溢出来。我俩就坐在宋大爷的小板凳上待了半个小时，此时我和她在一起就自然得多了。谈话中才知道我们果然是同年生，只是她小我几个月，我是7月生，她是11月生，我们都应该上初二。只不过她说她不打算在宝鸡读书，因为叔叔还要带她到重庆去。

第一剂药，哥哥喝下去就睡了。我似乎也认为哥哥的病找到了救命的良医，那一夜睡得特别踏实。

第二天，我要早晚熬两次药。早上的那一次，一直不见小玉来，我总觉得心神不定，空荡荡的，不时抬头看那中楼的木楼梯。宋大爷走过来说了句，“不会了，就问我。”

下午午休后，我去熬药。刚走到东院门上就看见她的背影，在等我。一下子，我感到自己有个依靠似的，蛮高兴。“早上不见你。”“啊！有点儿事。”药煎开以后，她说：“你哥哥醒来没有？时间长了你应该去看看。”我上了楼见哥哥已有了精神，可以自己坐起来洗脸了，也就放心了。转身回来，发现盛药的碗底儿压着三十块钱。我说：“这是谁的钱？”她说：“我也不知道，我刚才上了厕所，转来就发现……”我说：“那我交给宋大爷，叫他问问这是谁的。”她急忙说：“看你这个人，人知道你买药没钱，特地放下的，你为什么要交给茶房？”我听了这话，心里已明白了七八分，这笨拙的伎俩实在是可爱。“此地无银三十元”的做法，我到底没勇气“揭穿”，只能心照不宣。

第二天熬药，依旧是她陪我，我嘴里只说：“我会了，一个人就可以了。”但心里不想让她走。她说：“我已向叔叔讲了，在这帮你熬药。”她还想说什么，这时宋大爷走过来了，夸我们这两个“小人”“真有心”。宋大爷坐下来，跟我们聊天，说他是开封府的，只身一人逃难出来。宋大爷一提“开封府”就眉飞色舞，掏出他那白色烟卷，边抽边说：“俺汴梁城，有个大相国寺，可热闹了。瞎子孙二的河南坠子，唱得特别中听。”说着就得意地哼起来：“洞宾老祖，下江南。他不驾云头，想坐船。……往东看，一眼望不尽，尽是水。往西看，树木丛林，都是山。普天下人民真可怜，三山六水才一分田哪。”我们俩只是相视而笑。觉得经他一唱，倒蛮有味道的。

第三天，我睁眼醒来，正待起床，小玉进来了。我顿时一慌，不知咋个是好。她倒好，大大方方地说：“大哥好些了吧？我路过这里见昨夜你们没上门就进来了。”我实在不自在，怎的一个女娃娃走到床前，我还没起床，她倒很机灵，说起床吧，就转身出了门。我抓紧时间穿衣服，拿脸盆去端水的时候，又发现她站在楼下等我，走过来对我说：“今天要去请大夫了。”我不好意思地答应。

第二次诊脉，看的方子是抓五剂药，看来这天上掉下来的三十元钱肯定不够。送走大夫，路上她就对我说：“看病，不想到吃药的钱怎么能行呢？你不妨去找找卢叔叔。”我说：“吃、住都是他管的，我已经知足了，咋好意思再张口？”她说：“我想来想去，他是忽略了。你不妨上楼说说吃药以后的情况，他自然会提及的。”不知为什么，她没有提出和我一起去。

天井院中央立着一架长长的木楼梯。我在下面徘徊许久，眼泪往肚里流。这十八个台阶，真比攀秦岭十八盘都吃力。真的见到了子和叔，他的微笑让我打消了一半顾虑。他先向客人介绍：“这是个聪明的孩子，我很喜欢他。”听话听音儿，我好像又增了点勇气，果不出小玉所料，他关心地问哥哥服药后的情况，我像学生背书似的，按照事先想好的往下说：“……今天大夫又开了五剂药……”再往下这“乞讨”的话，我已无法出口，他接过去说：“哎呀！我忘了给药费。”顺手在抽屉里拿出四百元给我，瞬间我觉得小玉真聪明，怎么都给她猜对了！我嘴里说着：“多了，够了。”临出门，子和叔还说：“没有了，再来取。”我听得很真切是“取”。我出得门来，真想不顾一切地高声唤“小玉”。我低头下楼，不想她竟在楼梯口等我。见我手中拿了那么多钱，她也高兴地说：“怎么样？”我亦无回话，快步跑到房间里告诉哥哥：“放心看病、吃药，有钱了。”

哥哥的病逐步好转，除了吃药之外，生活已能自理。有一天，晚饭后不见小玉，甚是无聊，和宋大爷聊了一会，九点左右就回了房，进门不久就听见小玉的脚步声。她进了门微笑着对哥哥说：“大哥，今晚卢叔叔请客，买了票在狮吼剧院看戏。有多的票，卢叔要我来叫他，可以吗？”大哥同意，我们就一块儿下了楼。这晚楼梯口路灯坏了，我没有料到，她竟拉住我的手下楼。我一下子像触电似的电流通向全身。平生第一次被一个少女拉住手，心里只是“嗵嗵”地跳。到了剧院，戏早已开演，当晚常香玉演《穆桂英挂帅》。卢叔订的是雅座，前面摆有桌子，放着茶水、瓜子、花生。还有两个碟子，放着湿毛巾。台上一边唱戏，台下一边茶房在撂手巾把子，飘来荡去，满天飞舞。卢叔开玩笑地瞧着我俩说：“这下可以安静地看戏了吧！”原来他们开演前就到了剧院，只是小玉坐立不宁，她叔父看出心事来，对卢叔说：“少了个人。”这才同意她去叫我。

半个月的时间，哥哥病彻底好了，只等凌霄兄他们来接我们回去。可万没想到，由于房东家的车进城有事，提前两天就到了欧亚饭店。我们拜谢了子和叔，又去向王叔叔辞行，可怎么也找不到他们二人。这也许是天意吧！我和她连一句告别的话也没说上。

原想回校后，赶快再进城去找她，但一周以后，再到欧亚饭店，卢叔叔说他们已经去了重庆。我听了真的觉得是天旋地转，但还是故作镇定地站在那里，呆呆地听卢叔讲话，可他说了些什么，我全然没听见。我在想：“我走的时候没找到她，她走的时候没见到我，这该是天意……”

没想到这一别竟是终生不能再会，漫漫人生路，这奇特的“遇”和“别”也许是早由天定吧？东坡先生诗曰：“人生到处知何似，应似飞鸿踏雪泥。泥上偶然留指爪，鸿飞那复计东西。”半个世纪过去了，那“雪泥”上的“指爪”早已被风吹日晒得无影无踪了，可留在我心上的“指爪”则无法忘却。

八月的一天，午休后，我和凌霄兄进城去买生活用品。

刚下塬就听到城里断断续续的鞭炮声。我说："今天是什么黄道吉日，怎么这么多家办喜事？"再往下走，就看见成群结队的盟军飞机在宝鸡上空低空盘旋，这情况极为奇特。平时，宝鸡北塬上有个盟军机场，如有军事行动，飞机起飞，多是向东向北飞去，但今天的事让人疑惑不解。行至东关，见街头行人，来去匆匆，交头接耳，前面还有一群人正围在一起，看墙上贴的东西。我们挤过去一看，我简直不敢相信自己的眼睛，一张32开的黄纸上油印着"日本无条件投降"的号外，哎呀，这是天大的新闻！八年抗战，艰苦卓绝。胜利却来得如此令人意想不到。再看一遍，大致意思是美军在广岛、长崎扔了两颗原子弹，日本侵略军在太平洋战场上全线崩溃，日本天皇裕仁宣布无条件投降。我们赶快往城里走，只见倾街倾巷塞满了各色人等，一阵阵欢呼，一阵阵狂叫。有些单位干脆自己印了传单、号外在街头散发，黄的、红的、绿的、白的纸片满天飞舞。我和凌霄兄各抓到几张，顾不上看，就随着人流往前涌。"噼噼啪啪"又是一阵鞭炮。街中央过来了一辆美式吉普车，没有篷子，挡风玻璃也放了下来。上面坐了三个美国兵，其中一人高举卡宾枪对天"嘟嘟嘟"地打，以此代鞭炮，其实是没有真弹头的。这吉普车缓缓而行，两位美国兵竟将人行道上的一位老者请到吉普车上，坐车参加这自发的大游行。群众鼓掌欢笑。

凌霄兄对我说："我们不能再看热闹了，得赶快回去。"挤出人流来到东关，顾不上再买什么煤油、酱油了，只买了几个烧饼，边吃边走，往大韩村赶。实际上我们不知不觉在人流中逗留了很长时间，还没到塬底下太阳已落山了。那夜没有月亮，塬上的路是摸着走的，烧饼早已进肚。凌霄兄在路边拾了两个土块，给我一块，以防有狼来。他让我走在前，他在后。我不知哪里来的劲头，简直是脚下生风在小跑。

快到了，远远望去，已有那么多的人影在倾听那宝鸡传来的不太清晰的声音。原来在我们到达之前不久，已有同学从城里回来，口传了这一喜讯，但人们对这突如其来的胜利总是将信将疑，大家在议论着、猜测着。

我们带来的这些号外、传单像是一石激起千层浪。“轰”的一声，同学们回到住处拿来了脸盆、瓷碗敲打，有的抱来柴草燃起篝火，欢呼、跳跃、欣喜若狂。不知是谁领头唱了句“九一八，九一八，从那个悲惨的时候，脱离了我家乡……”，几千人应声齐唱，一唱则哭，悲壮之极。一首又一首地接着唱。真成了抗日救亡歌曲演唱会。欢、跳、哭、唱，一直这样持续下去，通宵达旦。这一群热血沸腾的爱国青年，好像要把多少年来积压心头的仇恨悲苦都一股脑儿地倾泻出来，一吐为快。哭吧！几千人哭号，真是“痛定思痛，痛何如哉！”

# 抗战胜利

抗日战争胜利的捷报，使整个中华民族沉浸在欢乐之中，举国欢腾。这一历史性的转折，关系到每个人的命运与前途。当我还是个刚满周岁的婴儿时，1931年“九一八”日寇在几个月之内就占领了我东北三省。当我七岁入小学的时候，1937年，七七卢沟桥事变发生。中华民族八年抗战，刚好是我从小学到初中二年级的八年。我是在这血与火的洗礼中成长起来的，因而也必然成为特别爱国的一代人。

一个失去了国家、失去了民族、失去了家乡、失去了爹娘，这些人生最宝贵的东西的人，一夜之间失而复得，转危为安，能不珍惜吗？这样重大的历史事件，是有史以来，五千年中华民族历史上所从未经历过的。此时此刻，每一个人的心境，也是极其复杂的。南宋爱国诗人陆游的临终绝笔写道：“王师北定中原日，家祭无忘告乃翁。”诗人一生刻骨铭心的只有一件事，就是“收复失地，北定中原”。但他临死也未曾看到，遗恨终生。中华民族的历史上，有多少民族英雄，仁人志士，流血牺牲，前赴后继，毕生为之奋斗，就是为了这一时刻的到来。八年抗战，在中华大地上牺牲了三千五百万血肉之躯，才换来了“胜利”这两个字。这胜利该是何等的宝贵！何等的来之不易啊！

从我出生到1945年，我一直生活在多灾多难、炮火连天的中国。从这个意义上讲我是“不幸的一代”。而我有幸亲身经历了这千载难逢的全民族的伟大胜利，应该说又是“大幸的一代”。

悲喜交集之后，冷静下来，人们想到的第一件事就是“归家”。学校出了布告，让每人领取一个月的伙食费，各自设法回家。9月份原开封高中、开封初中的同学还须先到内乡下关镇报到，听候通知。

同学三五成群下宝鸡，筹划回家的事。当时火车只能到西安。潼关以东是敌占区，洛阳没失守时，还有一段“闯关车”，因为黄河北岸山西地区已被敌人占领。鬼子不时隔河用炮打火车，潼关这段铁路，乘车很危险，所以百姓叫它“闯关车”。火车什么时候通行河南、山东、安徽，当时国统区乱乱哄哄，百废待兴，谁知道何年何日？但工农兵学商各界人等，人心思归。谁都想早一天回家，谁都想早日和阔别多年的父母妻儿、骨肉亲人团聚。这样大量的人流都涌向了宝鸡、西安这些交通要道城市。

我和哥哥到了宝鸡，见到了卢子和叔叔，商定先走一步到西安再说。西安这座后方的大城市，乱糟糟的，沿街摆满了各种物品大减价的地摊，叫卖声不绝于耳。比起宝鸡各种新闻就更多了：有达官贵人，争抢“接收大员”的“肥缺”的；有发国难财的奸商，上吊自杀的；大量的小商小贩则是大降价销售手中存货，准备快快回家。军事方面的消息则是哪个部队马上要开赴河南，哪个部队要过黄河东渡山西，日本兵哪一天要举行投降仪式。众说纷纭，真假难辨。

我们在尚仁路交通旅社遇上了一批行商，要骑自行车回家，怕路上不安全就找我们结伴同行。我们雇了马车，有两位表姐，男女同学近二十人与这帮商人自行车队一起走，互相有个照应。恰好多了一辆自行车，我这个生性好动的人，就自告奋勇地加入了自行车队。骑车人把所带行李衣物都放在马车上，自行车先行，每天规定好宿营地，负责提前安排食宿。

战争年代的自行车，现在的青年绝对想象不来。有的脚踏子坏了就找两块木板，中间用铁条烧红，烙个洞，串进脚蹬轴就行了。有的车座坏了，就用棉花破布包一包，缠上麻绳就得了。

一行九辆自行车，当然还是准备了些修理工具，带了打气筒、补胎胶、木锉、扳手、锤子等。

第一天只走到华阴，平安无事，自不必细说。第二天的目的地是潼关。第一天我的精神状态主要是兴奋，第二天就感到特别吃力，蹬的时间长了，两脚痛得难以下自行车。那个时候所谓的“公路”，路况之差实在叫人难于想象。平路上，下过雨之后的路面被那乡间牛车深深辗了两道车辙。车轮进了辙，骑车人必摔倒无疑。另有些路段自行车干脆在半尺深的尘土中骑过，尘埃飞扬，土浪滚滚，人们耳朵、鼻孔、头发全蒙上了一层黄土，真成了个土人。这还不算，那过涧涉河、翻山越岭呢！我后来常给年轻人讲，骑过那样的自行车，走过那样艰难的路，若干年后，再在这平坦光滑的柏油路面上骑车可真的像展翅飞翔。

第二天中午过后，骄阳似火，我正吃力地踏着自行车赶路。只听得“嘭”的一声巨响，哎呀！我的车子后胎放炮了。这响声惊动了大家，纷纷下车调转头来招呼我。幸好前面大柳树下有一个卖茶的老太太，路左边不远处有一条小溪，流着碗口大的一股水。大家把车子放定，先去溪边洗了头，洗了脸，又来喝这老太太的大碗茶。

我们这一行人，临行前推举一位姓张的山东老乡当“头儿”。此人原是济南府人，早年跟随父亲跑德州，上泰安做小买卖。后来用自行车载东西，下安徽亳州、河南周口做买卖。闯荡江湖多年，虽文化不高，但见多识广，乐于助人。所谓“头儿”也不过是遇事出个面，替大家多服务点而已。他年龄大我一倍，但他坚持要我叫他张哥，这样随便一些。

我们的修车工具就是张哥带着的。张哥喝过茶就去取补胎工具，可怎么也找不到木锉，检查布袋才发现，锉尖扎破了布袋，它可真叫“脱颖而出”了。我的同姓李大哥说：“我给老太太讲一下买她个大黑碗，打破了锉胎。”谁知事与愿违，说死说活那老太太就是不卖碗。理由有二：一是这穷地方买个碗要跑几十里路去赶集；二是碗破了不吉利，给多少钱也不卖。

在这前不靠村、后不靠店的地方，买碗的事成了僵局，这可咋办？你一言，我一语，六七个人去说服老太太，没用。只听张哥走过来说道：“算了，算了，不买了。”于是又要了一碗茶，端到远一点的地方去喝，众人正无计可施，坐着休息，只听“啪”的一声，张哥手中的碗掉到地上打破了。那老太太扭着脖子，生气地看了一眼，那张哥连连道歉：“失手，失手！赔钱，赔钱！”

众人心照不宣，以目示意，偷着笑。我也佩服他的机智多谋，略施小计，技高一筹。

进入河南境，路过陕州、灵宝，有个几里长的大下坡，转过一个弯，我的车子一下子失灵了。原来前后闸的闸皮都脱落了，车子像脱缰的野马，一个劲儿往坡下冲。只听后边唤的还是那位张哥：“不要慌……掌好把……”车轮飞滚，他紧追在我后面。再转一个弯，发现下面有一片开阔的沙滩，栽着一些低矮的枣树。只听他唤道：“往沙窝里冲！”我也顾不得一切了，是凶是吉全没想，只觉得像梦中掉进了万丈深渊，一闭眼睛我就扎进了沙窝里。车子前轮陷入绵沙一半，人就等于躺在沙滩上，皮肉一点没受伤。这两次骑车遇险，我是忘不了这位仗义的张哥的。

我们到了洛阳，住在十字街北的一个旅馆里。这是我们一路上住的条件最好的一处地方。四合院，连院子也是青砖铺地，十分清静。大家准备在这里多住一天，休息一下。奇怪的是，没有发现国民党一兵一卒进驻这座城市。第二天，就赶上日本鬼子在东宫举行投降仪式。洛阳居民围观如堵，我们中间也有人去看。回来只听说鬼子队列整齐，也有个别鬼子当场剖腹自尽的，袒胸露腹，盘脚打坐，自己拿刀在肚子上划个十字，五脏六腑顷时外溢，最后自己照心脏狠刺一刀死去。一个侵略者，不愿接受这战败的结局，用自尽来“效忠”他的天皇主子，这种愚忠的“武士道”精神，中国人实在是无法理解的。

战后的洛阳，破破烂烂，只有十字街竖着一座不大的钟塔，有三米高，四面各镶有一座钟，不理会这岁月的变迁，依旧在“嘀嘀嗒嗒”地走着分秒。街上行人，依然如故地生活着，也看不出有什么喜，有什么悲。

洛阳是我国古都之一。东周、东汉、三国魏、西晋、北魏、五代后唐均建都于此。东汉、魏晋、隋唐时代洛阳更是当时全国乃至全亚洲的经济、文化中心。东汉就有太学生三万人集中在洛阳。汉明帝时建的白马寺，为我国最早的佛寺。北魏盛时，全城佛寺多至一千三百余所。城南的洛水、伊水之间是外侨的聚居地。当年武则天还修筑洛阳城池周围约七十里。

这昔日繁荣昌盛的景象，如今在敌人占领之后，实在是一点痕迹也找不到，真叫人惊叹这沧海桑田的巨大变化。南街的一溜门面，一块块木板红漆脱落，色暗如土。这显示着市井萧条，民不聊生。我漫步街头，非为吊古。胡思乱想，还是会想到历史上有关洛阳的记载。东汉班固写《两都赋》，张衡作《二京赋》，均歌颂了当年洛阳经济繁荣，物产及文化生活等盛况。后来到晋代左思作《三都赋》，由于众人争相传写，竟留下了“洛阳纸贵”的佳话。现在古都洛阳的遗迹，我却一点也发现不了。

长途跋涉七天以后，我回到了自己的故乡。由于事先无法通消息，我的突然出现，使家人又惊又喜。妈妈泪流满面地笑着，重复一句话："变了，声音变了！"她是指我由少年步入青年的声音变化。父亲平静地说："回来就好，我知道总有这一天的。"我和哥哥都长了一大截，母亲吩咐人把裁缝叫到家里，赶快裁衣制服。又通知浴池换水，让我们洗浴。亲朋好友，闻讯而来，客人络绎不绝地祝贺，以至于我们都无法与亲人坐下来倾诉这别后之情。直到深夜才向父母大概讲了这几年备受艰辛的流浪生活。

第二天，母亲催我们赶快去乡下见过爷爷、奶奶。哥哥牵着大青马，我牵着那匹心爱的"千里一盏灯"。穿市而过，不时遇上熟人，总要停下来打招呼。街两旁店铺的伙计、掌柜引颈相望，行人围观，在这不大的县城里，却引起了不小的轰动效应。大难之后，重归故里，这识与不识的乡亲们的真情，给了我莫大的幸福。杜甫的《羌村三首》写道："世乱遭飘荡，生还偶然遂。邻人满墙头，感叹亦歔欷。"似乎这青砖的城墙、荫荫的垂柳、清澈的汝河、倒映的首山，都是那么地有情，那么地亲近。

"春风得意马蹄疾"是唐朝孟东野登科后的"得意"之笔。旧时人常说的"四喜"是"久旱逢甘雨，他乡遇故知，洞房花烛夜，金榜题名时"，却哪里知道，这人世间，历经战乱，骨肉分离，逃亡流浪之后能重归故里、生还团聚的喜悦之情竟会胜过其多少倍呀！

遥望绿树环围的村庄，她是我魂牵梦绕的故乡。这清静、幽美的山村，勾起我几回回梦里神游。清晨斑鸠由远及近的鸣叫，傍晚乌鸦成群结队，遮天蔽日，"哇、哇"地栖息在南院的大槐树和皂荚树上。拂晓鸡鸣，深夜犬吠，我在心灵深处记下了这世间最优美的乐章。人人都说家乡美，不管出生在岭南或是塞北，我想这故乡亲情就是这些音符构成的。

正在神思遐想，忽见远处两三人迎面跑来。原来是爷爷派董连三等来接我们。下马步行入村，叔叔已立在村口久等了。进得门来穿堂过厅，已有好多佣人，站立两旁争说："少爷回来了。"按规矩直奔上房，先向爷爷、奶奶请安。祖父、祖母免不了流泪。李妈、王嫂在一旁劝道："老太爷、老太太一辈子积善成德，会保佑少爷们平安的。"长庚在厨房端来了两碗蜂蜜鸡蛋，这也是爷爷迎接孙儿们的老规矩。蜜是自家养的蜂酿的，蛋是自己养的鸡下的。

爷爷一生简朴，勤劳持家，真的是黎明即起，虽年事已高，无须亲自洒扫庭院，但从大堂、内院、过庭、外院、二门、过道，到前庭、大门都是他亲自照着开门。画眉、鹦鹉、百灵、八哥，他要亲自喂食、饮水。庭院的石榴、海棠、梅花、一丈青、仙人掌、玫瑰、月季他都要亲自施粪、浇水。北院忙过了，还要去南院。南院有马厩，有鸡棚，还养了鸭、鹅。该出棚的、该入圈的、该下水塘的，他都过问。另外南院还养了十几巢蜜蜂、几箱鸽子。可真够他忙的了。吃过早饭，他就要到东地菜园子去。村东头有约一亩多地的菜园子，正中间有一口井，水只有丈八深，一架辘轳汲水，顺渠浇菜。这园子有两个"菜把式"照料，一年四季全家几十口人吃菜都不用到集上去买。下午他的正常工作是下地看看玉米、高粱、绿豆、谷子、烤烟长势如何。哪些该施肥，哪些该除草，他可是行家里手。爷爷身体魁梧，健步如飞，头戴一顶大草帽，身后跟随的耿锁多半是小跑才能跟得上。爷爷声如洪钟，说起话来半里外都能听到他的声音。晚饭后，按我说是他“办公”的时间，他是德高望重的族长。佃户们来说事的，族人中谁家的纠纷都由他来调解，赊粮的，借钱的，啥事都管。

爷爷的勤劳节俭，爷爷的好施善助，也潜移默化，影响了我的一生。

奶奶，在我记事的时候已经瘫痪在床，白天是坐在太师椅上。有两个保姆专门伺候她的起居生活。据说爷爷、奶奶年轻时家境贫寒，家务劳动很苦，奶奶就得了这种病。二十几岁时嫁给了爷爷，也就成了尚书爷李敏的嫡系子孙。

我们家的封建家规很严，每日晨昏向爷爷、奶奶请安是少不了的。我最烦这种陋习，可也奈何不得。爷爷在场，问上三言两语，就可退下。奶奶不能行走倒是寂寞，看到儿孙满堂，话就特别多。不过她的故事就是那几个：什么牛郎织女啊，二十四孝啊，王祥卧冰啊！确实叫人腻歪。哥哥讨人爱，会呆呆地坐那儿听。我坐不住就要搞小动作。奶奶很“仔细”，说白了是吝啬。别人送的点心，她舍不得吃，也舍不得分给儿孙们吃。我就领弟弟妹妹们，趁她讲故事的时候去食盒里偷点心。其实这是一种恶作剧，可总比放着食品发霉了倒掉强得多。

爷爷奶奶对我的态度可以说泾渭分明，奶奶不大喜欢我，说我过分调皮，爷爷爱我却胜似掌上明珠。我犯了错误，跑到爷爷跟前就等于进了避风港。爷爷常说：“男孩子，没有虎劲龙劲，将来有什么出息。”“大事清楚，小错不断，才是成材的大树。”

这种爷爷“疼”孙子的隔代亲，只有几十年后的今天，我有了孙女明明以后，才亲身体会到。

抗日战争胜利以后，国统区像华中平原的小县城确实“太平”了一阵子。我们这地方本来鬼子占的时间不长，县城里不多的几个汉奸捕的捕，逃的逃。工、农、兵、学、商似乎各行各业都很快地恢复了正常生活。

父亲在南大街商会的院子里摆了二十几桌酒席，盛请亲朋好友，感谢卢子和先生在逃难中对我兄弟二人的照顾。至于田雨先生，当时身在何处尚不得而知。这次设宴，也表示对我们骨肉团聚的庆祝，算是给抗日战争画了个句号。

秋季开学时，哥哥进了开封高中去读书，我根据父母的意见留在县立中学，插班上了初三。日本鬼子占领时，县里中、小学都停了课，胜利以后才恢复，所以各年级都要进行入学考试。我记得清楚，我是县立中学初三插班生考试的第一名。

到县立中学上初三还有一个原因，就是当年沦陷时在叶县洪庄杨教过我的杨耀瞻先生，光复后成了县中的教导主任。杨先生对我很爱、很严，让我住在他宿舍里，这就等于是“监护”，学业上、品德上父亲当然放心。每天晚上同学在教室里上自习，我的代数、几何、三角、理化、英语、语文作业，杨先生都是要亲自检查。

初三毕业升高中的那年暑假，我随父亲到了开封。这是我第一次进古都汴京。铁塔、龙亭、鼓楼对我都很有吸引力，但为了升学考试倒很少出去玩。

当时我们住在潘杨湖边上一幢日本式建筑的院子里，

这是河南大学校长田伯苍先生的公馆。不知为什么田先生一家并没有在这里住。门楼、影壁、雕龙画凤是典型的中式建筑，庭院极为幽静，草坪、花坛、桂树、青竹，典雅秀美。唯这中间的两层小楼内部结构都改装成了日本的式样。门是拉门，床是“榻榻米”，二层都是积木地板，很是讲究。父亲和随行人员住在一楼，我住在二楼。父亲的交往应酬很多，但他一般不来打扰我，让我安心复习功课。只有两次我随父亲坐黄包车参加宴会。一次是父亲在冯玉祥部队的老同事苗崇秀先生请客，说他们是战场上出生入死的兄弟，要我去见见。同时又见到河南省当时的财政厅长彭若刚。我四五岁时，倒记得彭叔叔他们家人从北平逃难到了我们这地方。彭的一家寄居在父亲的好友孙文甫家，我们家住的是张英甫叔叔一家。父亲一生乐善好施，周济朋友。彭、张两家生活上得到我家的帮助就太多了。后来听说彭叔一家到了重庆，因为彭是孔祥熙的门人，抗战胜利后，就荣升为河南省财政厅长。

这次他见到父亲，故友重逢，分外高兴。彭买了很多礼物送给我们家人，可以说人人有份。并特意给父亲送了两匹蒙古种高头大马，一黑一白，昂首阔步，毛色油光，甚是雄伟。又派秘书把我领到鼓楼大街，到上海开的西装店给我订做了一套白西装，买了双尖头白皮鞋。这就是我十六岁那年穿的第一套西装。

另一次是父亲在“庆丰楼”请田雨叔叔、刘姨姨的宴会。我能在开封找到了救命恩人田叔叔的确特别激动。抗战胜利后，田叔叔在救济总署兼职，主要在开封高中教英语。

父亲意外得到这个消息，连夜让用人出去买礼品：成匹的绸、缎、锦、绉，成盒的首饰、项链、珠宝，文房四宝、花瓶、帽筒，外加食盒、名酒等。父亲雇了一辆小货车，直接拉到开封高中去。

田叔住在开封高中一进大门的西边偏院。三间大房，清洁整齐，还是那样清高，屋子里除了书，见不到什么像样的家具。田叔、刘姨姨看到我出现在他们面前，简直是喜出望外，反而对父亲送的东西倒不在意。

田叔看见父亲根本用不着我来介绍，只说："见过的，见过的！有幸！有幸！"谈话间，才知道田叔确是认识父亲。原来早年父亲带兵在太行山一带驻防时，他有一个部下是田叔的朋友，田叔为了躲避"官府"，逃到这位朋友那里住过个把月。父亲在此事上，客观上起到了保护田叔的作用。所以，田叔此次见到父亲只管说："以恩报恩，以德报德，命运注定吧。"

见到田叔最大的收获是决定我报考哪个高中。田叔的意思是，开封高中固然好，但学生太多，不好管理。他建议我报考黎明高中。其理由：一是黎明的主科教师几乎都是开高的一流教师；二是黎明管理很严生活条件好。虽然是私立学校，学费要多交些，但家长放心。

我根据田叔的意见，就只报了黎明高中。当时各县基本上就只有初中，一个地区十几县，也难得有一所高中，质量还不好。因而到省城考高中竞争就特别激烈，录取五十名，报名三四百人是常有的事。我不知道满清王朝科举制度时，秀才考举人是什么滋味，反正这次升学考试对我来说是终身难忘。

每门课临上场考试时，我脑子里都是一片空白。可打开卷子，我又能一题一题地答，总是下课铃声响了才交卷。然而离开考场又觉得那些交卷早的人，眉飞色舞，一定比我强得多。在这种思想矛盾中熬过了两天，当最后一门课考完时，我左思右想，总觉得没有把握，再想想，只报了这一个高中，没退路太冒险。万一落榜，我咋有脸见人？真是越想越害怕。

发榜要等一个礼拜以后，这六七天对我真是度日如年。父亲问我考得如何，我也只得硬着头皮说："自己感觉还可以吧！"但我心里就是嘀咕，常言道："知己知彼，百战不殆。"同考的那么多人，我又不了解人家的功底。所以父亲要我好好休息，散散心，玩一玩，可我哪有那份心思。上午凉快些，在潘杨湖上雇只小船，任他去游吧！下午书店街逛逛，胡乱买些《儒林外史》《西游记》。晚上跑到禹王台去散散步。但走到那儿，我都会把自己当成个"落榜举子"。一日独游禹王台，忽地想起哥哥开高的同学张某给我讲的那首落榜举子的打油诗来。诗曰："朝游相国寺，暮登禹王台。今年你不取，明年我还来。"实在扫兴，脸红。

那天下午，黎明高中发榜了。榜贴在大门的穿廊内，看榜的人多，地方窄，拥拥挤挤，把我挤在中间。我站在人群中，视力所及也不过二十名以后的名字，再往前就看不见了。我当时的心情是二十名以后只要有我的名字就算万幸，哪里还奢望再往前看呢？谁知仔仔细细，盯着看了两遍，一直看到"孙山"之后，真的没有我的名字。只觉得两眼发黑，口里发干，要晕过去的样子，就悄悄叫了辆黄包车，匆匆赶回田府。进得门来，万幸没有碰到一个人。快步上了二楼，一头钻到房里关了门，倒在榻榻米上蒙头大睡。

夏季里，昼长夜短，一直到晚饭后，谁也没有发觉我回来。电灯亮后，田叔笑眯眯地来了，发现静悄悄没有人。父亲由于有应酬，晚餐时常在外吃。但田叔问了田府用人，谁也说不上来我在哪里。田叔径直上了楼，推开门发现我在睡觉，一边揭被单，一边大声说："金榜题名时，倒和'范进'相反，睡起觉来了。"我忙答道："叔叔快不要耻笑我了！""我何时耻笑过你？我是贺喜来的。"我讲了下午看榜的情况，田叔笑得厉害，只说他也是看了榜才来的。我将信将疑，赶紧雇了两辆车到城西南角的黎明中学。大门外有电灯，这廊内光线较暗，榜上名字不甚清楚。幸好田叔随身带有手电筒，只见他拉着我走在榜首举起手电，光束对准前两排说："那个是谁？"我急切地问："哪里？哪里？"田叔顺手在墙边拾了根小竹竿，直接戳在我的名字上。哎呀！天哪！我做梦也不敢想我是第六名。

这时，我才敢把考试后及看榜时的思想顾虑向田叔一五一十地讲了一遍。我们踏着柔和的月光，沿着芦苇湖边的小路向街上走。田叔拍着我的肩膀说："一个少年，谦虚是好的，但谦虚不等于自卑。""你并没有从头至尾把榜看一遍，怎么能主观臆断，说自己就考不了前几名？"只要榜上有名，这时再批评得狠点心里也是高兴的。倒是有件很有趣的事，我的那些同考场抢着早交卷的"举子"，下得场来"眉飞色舞"，可入学报到以后，却一个也没见到。

黎明高中的校长是王芸青先生，任过开封高中校长，堪称全省有名的教育家。黎明的教师是芸青先生选聘的：比如教数学的郭敬生先生，教英语的田雨先生，教地理的王季敏先生等等，都是全省极有名望的老师。

黎明高中的管理极严，社会上叫它“铁门中学”。指的是每周只开一次大门，学生全部住校。学校分南北两院，北院是教学区：教室、实验室、图书馆及管理人员办公室。南院是生活区：宿舍、食堂、浴室、理发室、小卖部、医务室、活动场地。星期日学校大门打开，学生可以自由活动一天。但是夜里就寝以前，班主任是要点名的。学校铁门上了锁，你无故不归是要受记过处分的。所谓“铁门”很像老式的推拉式防盗门，铁条合闭，里外都看得清楚。旧社会的监狱就是用这东西监禁犯人。我们这些爱动的学子，很厌恶这种封闭式的教育，给它起绰号为“监狱高中”。

南北两院之间，高架一座过往的木桥。桥下是小贩们活动的地方。每次下了晚自习，路过这桥上，往下看电石灯，白光耀眼。每个摊贩手里拿根竹竿，梢头吊着个小网兜。学生趴在栏杆上买东西，他就用竹竿递上来。有烧饼牛肉，有炸堆甜团，有烙饼、烧鸡、卤鸡蛋、花生、芝麻糖，应有尽有，好不热闹的一个夜市。桥上桥下，买方售方，大家都很讲信誉，这边没有过短斤少两，那边也不会少角短分。

黎明的管理确实很严。生病就在校医室看，病重需要住院须先经校医开出证明才能离校。从起床到熄灯，层层的点名制度，实在是准军事化。清晨跑操，校长往往亲临检查。冬季里王芸青先生披个黑色大斗篷站在操场中间，真像个威风凛凛的指挥官。芸青先生常以自己严格的校风而自豪。曾听说有这样的趣闻，说王校长在一次教育界的会上讲："我黎明的学生，在大街上走路有两直：腿直步，目直视。"

黎明的考试制度也与其他学校不同，特别重视平时的小考。每周一、三、五下午考试，什么课程绝对保密，反正是这一周的学习内容。教务处似乎专门有老师排座位，高低年级打乱混桌。时间又紧，打铃就收卷。大家都埋头紧张答卷，你就是想问一下高年级同桌，他也无暇顾及你。这种小考分数很顶用，一次不及格扣期中分，两次不及格给校纪处分，三次不及格就自动留级。晚上熄灯就寝由班主任检查，想"开夜车"就得找窍门。记得当时我们班上大家都仿效某君各人做了个木匣子，把灯泡引到里边盖上被子看书。结果因为强光下看书时间长，几乎都成了散光眼。一直到"文化大革命"外调时，还有同学提供线索"只要戴散光镜的都是我们班同学"。

这种禁锢式的教育，当然是害大于利。青年正处在身心成长时期，依我看"教不严""教过严"都是错误的。学习成绩上去了，一定程度上培养了纪律性，但心理上的反抗情绪实在难以压抑。

我在这个学校就犯过两次"错误"。一是有天晚上熄灯后，我和好友李桓、薛松福偷着到教室里点着蜡烛演算几何。过了一阵，李桓要解手，非要离开教室上厕所。松福说他"懒驴拉套，屎尿多"，岂知刚走几分钟，就听到有人轻声敲门。我起身边走边说："人生在世有几何？何必苦苦学几何！学会几何有何用？不学几何奈我何？"随手开门，哎呀！眼前竟是训导员“查夜”。他厉声地说：“几个人？”我机警地答：“就两个。”“把名字写下来。”我快快地写，反正求饶也无用，只怕李桓再闯进来，我的错就更大了。李桓这个机灵鬼听到动静，真的躲了起来。第二天下午布告栏里，我和薛松福各记了一小过，李桓没事。我和松福谁也没说什么，为朋友两肋插刀，我们都能做得到。

还有一次是六月份上军训课。我们的教官姓褚，是个湖南小个子。同学们说他是在军队混不下去才到这学校来训学生，所以凶神恶煞，好像对学生是敌人，从来没个好脸，我早对这家伙一肚子气。这五黄六月，骄阳似火，又是上午11点多，站在操场上热得袜筒都是汗水。马上就要下课，他列队训话说操练不合格，那“猪”吼了一声“立正！”就拂袖而去。

烈日炎炎，大家像棍一样地立着，谁也不敢动。我脑子里只想到希特勒训练党卫军的故事。一个个正步走，一排排跳到水里去淹死，这才叫铁的纪律，人实在不如禽兽。我满腔怒火，实在无法忍受，就突然冒出话来，怒不可遏地说：“我喊解散，谁不离队，谁是狗娘养的！”“解散！”队伍“哗”的一下散了，各自回去吃饭了。

我当时确实没考虑后果，只想到好汉做事好汉当。李桓心细，他拉上薛松福到处找同学做工作，口径一致，只说是大家散的，没有哪个领头。

那“湖南仔”告到了学校，坚决要求严惩为首者，学校分头找同学谈话。一天、两天、三天过去，却不见动静。只听到被叫去的同学回来说：“教官应当指出我们的错误，批评、教育我们接受。不教而罚，侮辱人格，不足以为人师表。”到了周末，李桓、松福认为这事不会有什么，不了了之而已。

没想到星期一升旗集会，训导主任突然宣布我对抗师长，破坏纪律，记大过一次。给处分我早有准备，没想到这同窗学友中，真的有小人告密。实际是太幼稚了，哪个朝代、哪个人群里没有个东厂太监汪直呢？这就是中国人的劣根性吧！但我这人一辈子就吃亏在不防人，一直到了几十年后的“文化大革命”几乎送了性命，仍然栽在这“防人之心不曾有”上。

黎明的禁锢教育，使学生特别珍惜这星期天的自由，真像是坐牢人的“放风”。我可以说把星期天的每一分钟都安排得满满的。早上少不了在书店街口吃甜食，然后和李桓、松福去逛书店。上午这场电影是要看的，《万家灯火》《一江春水向东流》《马路天使》，碰上啥看啥。冬天买串冰糖葫芦，来包花生米；夏天买点冰激凌、甜萝卜片，边看边吃好不享受。中午吃顿西餐或第一楼的包子。下午不是游龙亭，就是到铁塔去泡茶座。那汴京城的龙亭算是一景，午门进去朝北有一条林荫道，直通龙亭。那龙亭高高地盖在几层台子之上，巍峨壮观。最有意思的是那路两边的潘湖、杨湖，荷花、菱角、芦苇覆盖湖面，比起昆明湖、西子湖别是一番景色。这潘、杨二湖，湖水相通。更准确地说早年汴京的大小湖池都与汴河相通，包括西南城角、黎明中学面对的那一大片沼泽湖滩。可这民间传说潘、杨二湖水虽相通，但潘湖水是浑的，杨湖水是清的。这是因为大宋朝潘家是奸臣，杨家是忠臣。豫剧的传统剧目是《杨家将》，也同样反映了人民群众爱憎分明的感情。春夏之交，微风吹拂，租个小木艇，约二三知己泛舟湖上是一大快事。远处隐约可见渔翁摇桨驾舟，悠然自得，船帮上站立着一串油黑的鱼鹰，井然有序，似出征的部队，煞是好看。还有一些驾舟者，手执长杆，杆端系着一小网，有节奏地一左一右，边行船边往水里捞着什么。开封人称这种职业叫“捞空儿的”。相传这东京汴梁历史上已经几次被黄河决口淹没。沧海桑田，那北宋古城早已深埋地下，所以这潘杨湖上就出现了一种特殊职业“捞空儿的”。

那“捞空儿的”打捞的是沉于湖底的文物古董，日复一日、年复一年在碰运气。一旦打捞上个什么稀罕物，也许会卖个大价钱。相传民国初年有个“捞空儿的”真的捞上来一件东西，是个铜制高脚樽。洗净一看，不无遗憾，好端端的东西却少个座子，无奈三块大洋卖给了书店街的古董商。那古董商实在也是半瓶醋，只想挣点钱而已。一日一位洋人传教士走来看到此物。一问价钱，那古董商爱理不理地伸开一巴掌，那洋人二话没说叫他跟去取钱。天哪！古董商万没想到洋人竟给他开了一张五百大洋的钱票。他在银号取了钱，急急忙忙关了门，溜之大吉，只害怕洋人找麻烦。

哪想到，那洋人得到了中国价值连城的国宝，发了大财。至今这宝物还珍藏在大英皇家博物馆内。原来北宋大将出征得胜回朝，皇帝将亲赐玉浆，手把手敬酒，这铜樽就是专为此做的。原来放在特制的木架上，本无底座。只可惜这偌大的中国，愚昧无知的子孙太多，以至于连祖先留下的国宝都不识货，实在可悲，可叹！

开封古都民间流传的演义、笑话可实在多。你要到铁塔茶园泡一壶铁观音，闭目养神卧在躺椅上，静听那些提鸟笼的老爷们吹牛，实在是很有意思的。开封的铁塔真可谓有名无实，这铁塔始建于宋皇祐年间，因八角十三层铁色琉璃砖塔远望似铁铸，故名。你没看见铁塔的顶部，曾因战火遭炮击而陷下去一个大缺口呢。我国现存的古代铁塔，有广州光孝寺的东、西两座，各具形态；另外还有湖北当阳玉泉寺、镇江甘露寺、济宁铁塔寺、咸阳千佛塔各一座，但都没有开封的铁塔有名。铁塔、龙亭似乎成了汴京的标志，为此景咏诗作赋者颇多流传至今，但最使人发笑的据说是清代的那位上京举子口诵的那首“千古绝唱”，诗云：“远观铁塔黑都都，上头没有底下粗。有朝一日倒过来，底下没有上头粗。”

人越是珍惜时间，光阴过得越快，说话间太阳就要落山了。夕阳无限好，只是近黄昏。无可奈何也得奈何，该打道回府了。一般情况我会和李桓觅两辆黄包车，躺在上面，似睡非睡地往学校赶。进城门，走土街，串马道，过磨盘，很快就回到“铁门”中学了。触景生情，想到开封人的诙谐话：“没事，马道街遛遛，磨盘街转转。”似乎把人骂成牛马。这种禁锢教育，某些方面真是想做牛马而不可得。

这就是我黎明这一段生活的苦和甜吧。

# 路在何方

黎明苦也好、甜也罢，这日子并不长。其实从日本投降以后，就不间断地传来解放军的消息。听闻的、报纸上登的，大家都在讲。先是解放军拿下了四平攻占了东北，转眼间听说进关了。国民党又不思进取，腐败无能，从保甲长到蒋介石，老百姓恨之入骨。1947年老蒋在南京搞了一次“国民代表大会”竞选，从下至上选“国大代”。这种强奸民意、拿钱贿赂的“国大代”实在是一场大闹剧。蒋介石想独霸天下当皇帝还要拉上胡适、林森给他当“陪葬”，弄得四亿五千万人民骂声载道。

蒋家王朝是靠不住了！可敢问路在何方？近百年来中国受帝国主义掠夺，军阀混战，日寇入侵，何时过过安生日子？可怜哪，我的祖国。抗战胜利，我曾欣喜若狂，满以为田雨叔叔给我出的作文题“中国向何处去？”可以交卷了。谁想到，蒋介石是这样一个独夫民贼。找共产党去吧？共产党是个啥样子谁能说清楚呢？田叔叔要真的是共产党，那可真的是好人，可我怎么敢问，那是要抓起来坐牢的。兴许是？要不1946年夏天，他叫我到曹门里一家送过一封信，临走时他告诉我信要装好，找准地点进去，不准问人。到了院子里，如果竹帘放下来就可以进去，假设竹帘卷起来就赶快回来。这神秘的使命使我更加猜想田叔是共产党。可谣传说“共产党共产共妻”，像我这样的家庭，父辈是要杀头，田产是要充公的。我们这些青年学生处在这种状态下，既痛恨蒋介石，又不相信共产党，实在是歧路彷徨，难下决心。

到了1947年10月间，我收到一封家信，回了一趟老家，这时父母已被孙文甫说动，要举家到武汉躲避战乱。父辈好像认为就如同逃日本鬼子那样，离家一段时间就会回来的。孙文甫是父亲下野以后扶植起来的“国大代”，曾任河南长葛县县长。他在汉口汉正街买了一院房子，为了报答父亲，邀请我家去同住。我是亲自送父母、大嫂、小妹上火车南下的。我们随身只带了些日常用品、四季衣物，实在不像有什么长期打算。

等我回到黎明，情况就变得越来越紧张了。1948年春节过后，开封城内已经开始实行宵禁，城的四门有军人把守，戒备森严，检查过往行人。5月初，国民党守军已开始在主要街道路口修筑工事。大街小巷人心惶惶，又听说守城部队某旅长曾抬棺示众，誓与开封城共存亡。仗真的打起来拖延一段时间，吃饭就成了大问题。哥哥到西门里的一家面铺预购了白面一千斤，以备不测之用；又叫我到鼓楼公安分局堂兄李如高处要了三张特别通行证，以防紧急情况出行用。当时在开封我家有兄妹四人。大哥在开封高中，我和三弟都在黎明，我上高二，弟弟读初一；大妹在北仓女中读初三。大哥先到北仓女中，安顿了大妹和其他同乡同学，又转来直接到了黎明，三兄弟就住到了一起。

这时情况已近临战状态。学校已经停了课，可绝大多数外地学生没有离校。白天飞机频繁掠过，低空飞行，响声震耳。夜间已经影影绰绰望见西城墙上守城的部队在行动。学生们加紧挖防空洞，大约挖个几米深的掩体，上面加盖木板，覆上厚厚的一大堆土，以防炮击和飞机扔炸弹。集体灶已经散了，大家三五成群起灶做饭。我们兄弟三人，加上我初中时的同学魏森林、田润生就是五个人在一起。

忽一日拂晓，枪声骤起，城墙上机关枪、手榴弹响声更大。我们赶紧进防空洞。只听说解放军从东北方向来，如同神兵天降围住了西城。现在已是兵临城下，战斗真正开始了。农历五月的开封，闷热无风，防空洞成了昼夜栖身之所，潮湿憋闷，但除了做饭，谁也不敢轻易出来。战事一天天紧张。炮火一般集中在后半夜和凌晨，白天国民党的飞机低空盘旋，往解放军的阵地扔炸弹，很少有两军对阵的枪声。拂晓又一次攻城战斗开始，呐喊声震天，机枪、步枪、手榴弹像春节放鞭炮似的响成一片。究竟城池是否被攻破，谁也不敢出来看看。

一日上午10点左右，我和魏森林出洞来做饭，返回途中只觉得飞机抢着头皮掠过，大哥在洞口急喊："卧倒！"与此同时，听得"嘟、嘟、嘟"的一阵机枪扫射。一锅饭菜倒在土里，我们也顾不了这些，拔腿飞跑进洞。这一情况表明，解放军已攻陷西城。中午、下午的枪炮声已在城里闹区响起，巷战开始了。

国民党残部已退缩到龙亭孤守。夜晚凭着火光可以判断出鼓楼、南门遭炮击起火，黑烟红焰，弥漫夜空。偶尔出来解手，探头墙外，只看到百姓三三两两逃命的景象，却听不到说话的声音。有天夜里，高三的柴振武跑来告诉我，在校园西南角浴室附近有人隔墙喊我的名字，叫了几声没有人应，人就走了。

战火里，我们躲了七个昼夜。第八天解放军进了学校，集合了所有进防空洞的学生。一名身着灰军装、腰间佩带手枪的军官模样的人跳到台子上，讲了简短的几句话，大意是开封城已经解放，国民党残部负隅顽抗，战斗还在继续。国民党飞机加紧狂轰滥炸，为了保护学生的生命安全，他的任务是带领我们安全地撤离战区——出城。

情况紧急，我们兄弟三人惊慌失措地随着学生队伍向南门行进。行至芦苇塘边又听到飞机的响声，随着是投弹、扫射。持枪执勤的解放军高喊“卧倒”，子弹扫在我的身边，尘土飞扬，炸弹在湖里爆炸，水柱升天。我只看到一解放军俯在一个同学身上，用自己的血肉之躯掩护学生，深为感动。站起身来才发现我卧倒在席盖的高堆旁，仔细看是牺牲了的解放军尸体被堆放在一处。

再往前走，弟弟不见了。我呼喊着他的名字，前跑后窜，没应声。我哭着要回转去寻他，被哥哥制止了，他安慰我，弟弟可能已经跑到前头去了。

战火硝烟，枪声炮声；断壁残垣，满目凄凉。置身于这种血与火的战场，脑海中什么也没有想，什么也不用想。你说是“恐惧”，我看未必正确。似乎这当儿的所见所闻、所嗅所感都要深深地留下，让你以后几年、几十年慢慢地去消受。

南门外的一幕，使我记忆犹新。紧靠城门的店铺房舍，成了一片焦土，无片瓦留存。堆积在工事内外，两军的尸体横倒竖卧。有的竟像雕塑一样，双手托枪，两眼凝视前方，但他永远也不会站起来了。

开封经过巷战真的成了焦土死城。再往前走一点，就是南门外的邮政局。这里似乎使用过火焰喷射器，房屋建筑成了一堆黑炭，烧焦的人头和四肢尚能分辨，但缩了许多，像是儿童尸体。呛人的气味，令人窒息。

我们向西南方向前进，夏日夕阳照射着一片沙砾，干热灼人。迎面走过来一队急行解放军。服装很杂，有灰的，有草黄的；有穿草鞋，有穿布鞋，也有打赤脚的。枪支背着扛着，有日本三八大盖，也有汉阳造。有个战士大声粗气地用胶东话开了腔：“洋学生，这儿离汴京城还有多远？……那龙亭打下来没有？俺还想去看看皇帝的金銮殿呢！”这就是我见到的解放军队伍的第一印象。

太阳快要落山的时候，我们来到了距开封四十五里的朱仙镇。这里是岳飞大战金兀朮的地方。镇外的一片林子里铺了席子，已经有许多同学坐下休息。林中一口大锅用木柴煮着开水，旁边放四只木桶，盛着大叶茶。一张木桌上放着一摞大粗碗。这时候我才知道真正渴的味道了，舀了一碗牛饮痛喝，滋肠润胃，甘甜可口。

席子上的同学有坐的，有躺的，但谁也无力气说话。

又过了几十分钟，只见镇子里走出来很多解放军，抬的、担的、端的全是热气腾腾的饭菜。一位长官模样的军人面带笑容，高声向大家招呼："同学们，开饭了！""扛子馍，咸菜，黄瓜，大家尽管吃饱。""实在对不起大家，行军打仗没法弄到好东西。等我们打败了蒋介石，建立新中国，再好好款待大家。""你们是中国的知识分子，是革命的宝贝，将来要靠你们去建设新中国。我们的首长有命令，要我们好好地保护你们，将你们转移到安全的地方去。""今天晚上，我们就在这里露宿，我们的部队跟大家住在一起。我们是解放军，是人民的队伍，不能住在老百姓家里，骚扰百姓，这是纪律。你们人太多，无法安排，请大家谅解。""明天开始再往南走，每隔一二十里，我们都设有接待站，只要是解放区的地界，大家就不愁吃住。"

我们吃着扛子馍就咸菜，专心地听这解放军上的"第一课"。我第一次听到"打倒蒋介石，建立新中国"，我第一次听到说我们是"知识分子"、是"宝贝"。看着这一个个黝黑、质朴的解放军招呼我们吃喝，听着那位军官朴实的话语，确实心中深受感动。

这天晚上，男女同学都睡在席子上，好在五月的中原天气已经很热，不盖东西，和衣而卧，也不感到凉。只是夜里起来解手，要走得远一点。朦胧中发现不远处有解放军在放哨站岗，树林那边大片的军人都睡在沙地上。这又给我上了生动的一课，"一席之差"体现了他们的高尚品德。

一路兵站接待我们，大同小异，不必多叙。从尉氏向南到长葛去，经过一条双洎河，古称洧水。在河北岸等渡船时，我们几十个学生，聆听了一位首长讲的“三民主义”课，使我记忆犹新。他个子不高，眉宇间颇有些文化人的气度，腰间挎了把红绸包的左轮手枪，坐在石头上和大家谈心。题目是：“到底谁背叛孙中山的三民主义？”

他说：“孙中山先生倡导的三民主义是：民族、民权、民生。蒋介石发动内战，卖身投靠美帝国主义，美国在中国享有一切特权。他把中国从天上到地下，从陆地到海洋，等于卖给了美国。他和袁世凯、汪精卫一样是走狗、汉奸。当今的中国无民族独立可言，其性质是半封建、半殖民地的国家。蒋介石不给人民任何权利。他搞的‘国民代表大会’是为他的专制独裁做掩护，是不折不扣地愚弄人民，强奸民意。现时的中国，千百万劳苦大众，被剥削、被奴役，‘民生，民生，民不聊生’。蒋家王朝层层官吏，贪污腐败，老百姓把国民党宪兵队、青年军、国大代、保甲长、纠察队等叫作十大恶。‘水、旱、蝗、汤’灾害不断，人民生活在水深火热之中，‘生路’何在？我们共产党是孙中山先生忠实的朋友，是真正为民族、民权、民生而奋斗的党。孙中山的‘新三民主义’提出‘联俄、联共、扶助农工’。我们的革命目的就是要打倒人民公敌蒋介石，解放全中国。”

他接着说：“现在是战争时期，我们奉命把各位转移到安全的地方去，就是为了保存革命的火种。你们这些青年学生，是未来革命和建设的栋梁之材。无论你们走到哪里，迟早会走到革命队伍里来的。”

我们这些学了十几年“三民主义”“总理遗嘱”的学生，真是“听君一席话，胜读十年书”，似乎是茅塞顿开。

把蒋介石背叛革命的本质如此现实地揭露无遗，实在令人心服口服。这就算是我们上的第一节“革命理论”课吧！

渡船开了，我坐在船上，脑子里浮现着两个解放军的形象：这个讲“三民主义”的首长和那个扛机枪的胶东大汉。这大概就是这支能攻善战的部队的结合体吧！

过了长葛县以后，虽然都是刚刚解放的地盘，但路上平平安安，行人稀少。几天来的徒步行走，确实很累，大哥给我雇了一辆顺路去许昌的架子车。这种交通工具，在当时的公路上很多，既可载货也可拉人。车主用四根竹竿撑起一张土布做的棚子，车板上铺了高粱做的席，实为一种享受。我躺在车上睡睡、醒醒，视野所及无非是远远近近，农夫挥汗如雨地收割麦子。好像他们对“解放”倒很平静，无什么惊惶失措，依旧是日出而作，日入而息。你说他懂得革命道理，拥护共产党倒也未必。只是他不得不守着土地，养家糊口而已。土地对于农民来说是命根子，中国农民又是依附于土地的奴隶，别的他能想什么？好像实在不敢想什么。世世代代，他们从一生下来就被扭曲了人性，受辱、挨饿、被压迫、忍受，已养成了这种天经地义的奴性，而很少有反抗性。谁能脑子里想到一丝儿（不敢嘴上说）“迎闯王，不纳粮”，恐怕就算极为进步的人物了。唉！元代散曲作家张养浩在他的《山坡羊·潼关怀古》中揭示得实在深刻：“兴，百姓苦；亡，百姓苦！”

我正在触景生情，胡思乱想，忽听得走路的一位同学朝我笑着说：“哥哥坐车，弟弟跑路。”说的人无意，听的人有心。我忽地翻身下车，往前跑。只听见后边哥哥追问那位同学："我弟弟在哪里？""就在前面不远，边走还边打篮球呢！"没错，就是我三弟，因为大哥在离开封前只做了一样准备，把一个篮球放了气，将一些金戒指、银元之类的财物塞进了球的内胆和外皮中间，又打足了气，套个网兜交给三弟背在身上，为的是预防路上强盗劫路搜身。我的这位爱球如命的弟弟哪里晓得个中的秘密。

真的是弟弟跟了一群同学在一起。走着玩着，倒也逍遥。傻乎乎的，少年不识愁滋味，特定环境下倒是件好事。据大同学讲，一颗炸弹炸散了我们兄弟三人，他爬起来倒是哭了两声。大同学吓他说："不要哭，飞机上会听见，赶快跟我们跑。"从此也就没事了。

我这时拉着弟弟却痛哭了起来，战火中骨肉分离，而又能邂逅相遇，这痛定思痛的感受，我实在说不出是什么滋味。

在许昌，我们住进了位于该市南关的一个小旅店。这里是通往南边去的铁路、公路要道口，为的是打听一下大妹的下落。谁知，第二天下午，大妹和马筠梅、陈乃兰由在河南大学读书的梅国芝表兄带领，直接找到了我们。原来也是问同学得来的消息。大妹一见我们就痛哭流涕，这是她固有的弱点——爱哭。

我倒不像见弟弟那样伤心，因为毕竟还不知道她在战火中的这段遭遇。国芝兄这位心广体胖的忠厚兄长，倒是不紧不慢，替她们讲这段离奇的故事。北仓地处繁华地带，和河南大学比较近，北城区的战斗也很激烈。两军巷战十分残酷，实在是一院一屋地争夺。守城部队退守北仓女中，随后解放军包围了这所学校，首先用喊话的方式要求将学生全部撤离学校再来交火。这种“君子协定”起了作用，使全部女生能匆忙安全地离校四散，妹妹和她的同学好友马、陈二人寸步不离逃出城外。由于年龄太小，天将日暮，不辨方问，她们竟顺着铁路朝徐州方向跑去。正在急于逃命，迎面疾步走来一个胖子，肩上扛着一袋白面，却是国芝兄。她们好像抓住了救命稻草，三个姑娘哭成一团。算命先生常说“逢凶化吉，有贵人相助”，兴许指的就是这个。当晚他们住在铁路边上的一个小村。第二天黎明，他们走上了向南的大道。三个女娃娃哪里徒步走过路，这时候国芝表哥的那袋面粉却起了作用。他们遇上一辆南去的胶轮马车。国芝兄乞求车老板把这三位小妹妹拉上，行个方便，“车费”就只有这袋面了。四十年后，1989年，我见到国芝兄，仍在询问这袋面的故事。国芝兄是大烤烟商“合兴恒”的公子，为人忠厚，同学都称他“胖哥”，可人很聪慧。但谁能想到聪明人在紧急情况下也会做出愚蠢的举动？战火纷飞，逃命第一，他怎么能扛了一袋面出城？问起缘故，他只憨笑着说：“谁还顾得上想那么多。”我无不幽默地提出两种看法：一是你肚皮大，害怕饿着；二是命里注定要交这马车费吧。大家相对一笑。

国民党的报纸渲染说，开封几十万人至少死了四分之一，尸骨堆山，血流成河。我们全家四兄妹能安全逃离，而且相聚许昌，应该是一大喜。在许昌遇到开封出来的许多同学，弄清了那夜在战斗激烈时隔墙喊我的是王振西、姚鸿烈两位初中时好友。他们逃离开封高师时，路经黎明想叫我同走。他们没有解放军领路，是自己翻越塌陷的西城墙出城的。据说走这条路出城的学生不少踩着了地雷，一声巨响，血肉横飞，他们算是幸免者，死里逃生的命大者。

许昌小憩以后，同学们将要分手，各自回家报个平安。既然共产党暂时不收留这批学生，最终大家还是要向南走，寻找继续求学之路。我们兄妹四人和部分同学在解放区是无家可归者，只得顺着京汉铁路继续南下。从许昌经漯河这一段是坐胶轮马车，到信阳已是国统区。沿途的标语、公告能提示我们这地方属于哪方管辖的地盘，其他的迹象倒不十分明显。经过驻马店时，北边公路没有路障，由解放军把守，问明我们是学生后，就很顺利地放行。但是再向南几十里也没见到国民党的兵。我们在信阳以北，上了开往武汉的火车。当时学生乘车并不购票，无论碰上货车、客车，爬上去就行了。车开得很慢，几乎走了一天才到汉口。我们是从大智门下车，乘马车到汉正街的。当时武汉市内的交通工具多为马车，车夫高高地坐在驾驶台上，后面的车厢里面对面可坐四个人。这种洋马车，过去只有在18世纪英国的电影里看到过。

我家当时住在汉口，汉正街何记里，是一幢两个天井院套起来的两层木楼，共二十多间房。一楼住了孙文甫叔父一家，我们住在二楼。二楼有个天窗，由木梯通往屋顶的晒台。名曰晒台，就是晒衣物的地方，但日落以后，大家都在上边乘凉。

父母看我们到来，当然喜出望外，战争年代平安即是福。杜甫的《羌村三首》写道：“世乱遭飘荡，生还偶然遂。”经过这场激烈的战火能活着出来，而且全家四兄妹都很平安，母亲这位虔诚的佛教徒认为是我家积德行善的结果。同时回来的还有孙文甫先生的大女儿孙淑梅及他的两个外甥女马筠梅、陈乃兰，当然给这个院子带来天大的喜讯。

骨肉团聚倒是一喜，但整个武汉处于混乱状态，国民党真到了临近灭亡的时候。党、政、军官僚们好像一点面皮都不顾了，肆无忌惮地敲诈强夺，人民恨之入骨，真的成了“刮民党”。有一次我们一批流亡学生想去民乐园散心，路经六渡桥，亲眼目睹一个警察在打一名衣服褴褛的黄包车夫。大家气不过，一哄而上，把那警察揍了一顿，围观群众拍手称快。

从解放区过来的学生虽然只受过共产党短短的教育，但这批热血青年都觉得有两个世界、两重天地的强烈对比。解放军以礼待人，又迎又送，诚恳亲切，把我们当“宝贝”。到了国统区，成千上万的学生，衣食无着，一日三餐没人过问，有气无地方出。大家议论着，不如在武汉路见不平，大打出手，闹他个地覆天翻。

六月的武汉，天气酷热，国事家事令人愁苦。到家一个月后，母亲才悄悄地告诉我，父亲怕货币贬值，无法养家，将存款拿出来叫手下人经商；正碰上蒋经国在上海“打老虎”，特务们查到吴淞口外轮船上有我们家运的皮货、茶叶就充了公。这明明是公报私仇，可我们又无计可施。人说中国有“四大蒸笼”——重庆、武汉、南京、西安，奇热无比。我当时身在蒸笼里，心中又有一团怒火，痛苦不堪。敢问路在何方？

七月才传来国民党要办流亡学校的消息：在湖北办中原中学，在南京办豫州中学。我们在球场街的一所学校里办了登记手续，要结伴乘火车北上，去鸡公山读书。几千名学生扒上货车向北行，不知是啥心情，竟不约而同地唱起解放区的歌曲来。起初是几个小声哼哼，继而高声齐唱。“解放区的天是明朗的天……”“国民党哪（那个）一团糟，土匪特务狗强盗……”“东方红，太阳升，中国出了个毛泽东”，歌声嘹亮，此起彼伏。

事情就是这么蹊跷，吃的是国民党的饭，上的是国民党的学，却唱的是共产党的歌，这就是当时的爱国学生的写照。

鸡公山，临近武胜关，居大别山脉，在河南、湖北交界处，是华中久负盛名的避暑山庄。下火车向东不远就可看见山庄的大门。上山的路不太陡，是慢慢地高去。几里以后就可望见山林，听到溪水。真是名不虚传的避暑胜地，竟然越走越凉快。再往上攀，佳木繁荫，清泉流水。坐在溪边清水石上洗个脸，洗个脚，手捧甘甜的泉水，喝它几口，似乎把武汉带来的满腔郁愤冲洗得干干净净，真有把水临风、心旷神怡之感。

当晚我们进到鸡公山中学一间教室过夜。幽暗中绿郁葱茏的鸡公山面目无法辨认。倾耳可闻，微风拂树，沙沙作响，鸟鸣上下，悦耳动听。

鸡公山这一段生活给我留下深刻的印象，大致有以下原因：在厌恶国民党腐败政治、苦于走投无路时上了山，颇有点世外桃源之感；在炎热污秽的江城武汉，挥汗如雨、令人窒息时上了山，真可谓清爽宜人，换了人间。鸡公山的中原中学可说是“仓促上阵”，国民党教育部门搞得手忙脚乱。无设备，无教材，建校初期只忙于“吃、住”二字。老实说国民党害怕的是这些来到南方各大城市的不稳定因素——流亡学生，才决定把上万学生收拢在一起的，他哪有心思去考虑为国为民培养人才。所以在鸡公山上课的时间屈指可数，游山玩水的时间却是任君尽兴。

鸡公山没有什么古刹名寺，可见无甚历史可言。前山有一条弯弯曲曲、依山傍溪的街道，石板铺路，路旁多为两层楼铺面建筑，参差错落。路与铺面中间顺山流下来两条溪水，一年四季咚咚作响。做生意的人，不时用这水泼洒路面，这条不甚长的街道十分清洁幽雅。两旁铺面多是为游客服务的餐馆、旅店以及不多的几家小百货，食品、烟、酒、杂货铺。我们倒是经常光顾这里，买些粽子，吃碗武汉的热干面、豆腐花什么的。在这山顶街市，只有三样东西你是买不到的：蚊帐、扇子、棒棒冰。这就足以对比出和武汉的差异来。

鸡公山的后山大片的地方林木茂密，风光幽美，景象安谧，但不是什么陡峭的崇山峻岭，却是很理想的休憩之所。散缀在万绿丛中的白墙红瓦的房舍煞是好看。曲径通幽，你顺着山路再往里走又会发现三三两两高低错落的各式建筑物。一天，两天，走得多了，才大致弄清了这些小别墅的方位。这里真成了世界建筑的博览会。有意大利的、日本的、英国的、土耳其的、瑞典的……我感慨那些洋人，那些中国的达官贵族、富商大贾实在会享受。都市的热臭，都市的喧闹，并非他们的理想王国，越富有倒越想超尘脱俗，来过一段悠闲的生活。

鸡公山又名鸡头山。其得名就是有一山头，其石天然造化，状似鸡头，昂首报晓。要想看“鸡头”，一是方位要站对头，二是时间要合适，日出日落效果最佳。“鸡头”可以攀登而上，峰巅也不过是几丈方圆的地方。站在此处眺望，鄂北豫南真如柳宗元《永州八记》所形容的那样：“其高下之势，岈然洼然，若垤若穴。”

半个世纪过去了，几十年来我走过祖国不少名山大川，但对鸡公山情有独钟。在特定环境下我结识了鸡公山，在特定心情中我爱上了鸡公山，你道他是情生景还是景生情？

鸡公山也不是久居之地。1948年9月打响了辽沈战役，解放军七十余万人围困国民党的近五十万部队，发动了打败蒋介石的总攻势。从老师们口中传来的消息说是学校又要南迁。最后选定的校址是湖北、湖南交界的蒲圻县羊楼洞。我得到确切的消息后，趁机回了一趟武汉家里，没有跟全校师生一起走。我的行李托同窗好友李灵泉代劳。这次回武汉，返校时我带了大妹、孙淑梅、马筠梅、陈乃兰和三弟一起到羊楼洞读书。

火车过了贺胜桥、汀泗桥这些北伐战争中有名的地方，再往南走就是赵李桥。赵李桥是个小站，下得车来向东走二十里左右才到羊楼洞镇。羊楼洞是个茶乡，一路之上，小山丘很多，低矮的茶林，满山遍野。经过一个小山口，就进入了羊楼洞这块四面环山的小盆地。羊楼洞镇上铺面很多，街道红石铺路，可能是茶叶的集散地，熙熙攘攘，人来人往，颇觉繁华。中原中学校部就设在镇上，下面分高中部、初中部、女生部居住，各相距几里路。到了羊楼洞学校规模大体发展到万人。高中部住在一个茶厂的楼上，木楼中间是个大天井，长宽均为几十步，甚是宽敞明亮。楼板平整、干净，大家可以席地展铺，不用架床。

茶产于此，历史久远。到了茶乡听到有关茶的逸闻趣事颇多。比如这雨前毛尖，据说是谷雨前最嫩的茶尖尖，采茶女采摘后，含在口中，经过口液浸润，再吐得出来。说是毛尖泡茶，如果片片如银针直立则是处女含过的；如果杯中茶叶横七竖八，那就是破了身的女人含过的。饮茶应该是很有讲究的。比如日本的茶道程序繁多，极为精道。广东潮州的“功夫茶”，我在岳父家乡梅县品尝过，也很讲究。但我百思不解，这茶乡人为何对饮茶很不讲究。日子长了，我发现了一个问题，旧社会手工作坊的制茶，是看不得的，看了你会倒胃口。茶的炮制过程离不开煮、蒸、炮、炒、烘等，由于量太多，实在像拌饲料一样，甚至茶师打赤脚在茶叶上踩。坐茶馆悠闲品茗的君子们，如见此状将有什么滋味入口进胃呢？这可能是茶乡人并不讲究饮茶的原因吧。

茶的等级分类是否与它的老嫩有关，我就不得而知了。但那茶树长老以后，粗枝大叶，制的副茶，应该算是最次的一等。副茶制成后，很像块汉砖。用手掰开，里面枯枝败叶，看得分明。据说这种茶与正品相比是副品，副者亚也。原本它是不卖钱的，是副产品。贩茶人车载船运，把茶叶运往四面八方。茶老板每次总送些副茶给他们路上喝。慢慢地这副茶传到了遥远的西北，那些吃牛、羊肉的少数民族，喝了这种茶觉得很开胃消食。贩茶的商人见有利可图，就从茶老板那里买来大批副茶到这些地方去发财。解放后，我在西北第一次尝到这种茶。它是用一个搪瓷杯或铁罐头筒，在煤火上熬的。一次放很多茶叶，几乎是三分之一茶叶，三分之二水。西北人叫它“罐罐茶”，喝起来味如苦药，但很多人上瘾。

在羊楼洞，我们有了教室，桌凳是木板搭起来的，虽然条件艰苦，但大家学习十分刻苦。已经是高三了，面临升大学，每人都很用功。我虽然年龄小，但成绩算是班上的前几名。有次数学小考，一位姓盛的同学要抄我的答卷，结果传来传去，被张老师发现，老师当众把我的卷子撕得粉碎，我确实吓坏了。课后张老师狠狠地训斥了我，但最后说：“我知道你学得好，但不该碍于情面违纪。”这在当时我们班上算是不小的新闻。大同学们常讲：“目标是清华、北大，考不上清华、北大就‘跳河’。”“跳河”是指实在无学可上才去上河南大学。

学生太多，课本有限，各门课程，全靠老师口授，同学记笔记。语文老师姓苏，高度近视，学问很好。他说话幽默，口头禅是：“下鸡山、钻羊洞，这成什么学校！”除了正课，他喜欢讲唐宋传奇，什么《李娃传》《虬髯客传》大家听得津津有味。有一次我和李灵泉远远看见苏老师从集市上买了两条炸鱼，很想跟老师开个玩笑。他前脚进门，后脚我们就喊“报告”。进得门来桌上不见鱼，我就问：“苏先生，那‘鲜’字，鱼是在左边，还是右边？”先生笑着拉开抽屉说：“在这里，拿去吧。”这则笑话引得老师、同学大笑。

给我印象最深的是物理马老师和音乐陈老师。马老师身边只有一个爱女，夫妇二人爱如掌上明珠。这位女公子，刚好与我同桌。马老师特别喜欢我，可能是自己没有儿子的原因，经常叫我和李灵泉一起去他家吃饭。马师母的第一碗饭，肯定是给我的。所以灵泉就对别的同学说："我只是个陪衬，人家才是乘'马'快婿呢？"有的同学跟我开玩笑说："古人乘龙，你乘马。"

说起音乐陈老师，我实在辜负了他的栽培。可以说语文、英语、数学、物理、化学我都能站在人前头。唯独这音乐课，至今我还不识简谱，但这不等于我不喜欢音乐。那时，每当明月皎洁、清风徐来的茶乡之夜，几千名同学爬在铺上，举首望月，全神贯注聆听陈老师演奏的小提琴：贝多芬的乐章、《黄河怨》、《春江花月夜》等中外名曲。时而悲壮，时而激越，如泣如诉，如怨如慕。声声撞击着浪迹天涯、彷徨忧伤的游子的心弦，使我真正领悟到音乐这伟大的感染力。解放后，我听过不少国内外著名演奏家演奏的小提琴，但我再也找不到那种感觉。这楚地的"瓠巴鼓瑟，而流鱼出听；伯牙鼓琴，而六马仰秣"，我感受不到，在我的心目中，陈老师是天下第一小提琴手。

1948年入冬，淮海战役已经打响，国民党真正到了行将崩溃的地步。通货膨胀，货币贬值。今天票子换成"关金"，明天成了"金圆券""银元券"。老百姓拿上一篮票子换不了一斤盐。骂声载道，民不聊生。无官不贪，层层剥皮。我们本来伙食就很差，稀汤寡水，不见油盐。国民党从南京把学生的伙食费每月汇给武汉政府再转到学校，经手越多，贪的人越多。时间越长，钱越不值钱。有很长一段时间，我们吃的是糙米，就红豆腐下饭，实在难以下咽。偶尔有同学从武汉、长沙带些榨菜回来，就算是改善伙食。我几十年来不吃“糟豆腐”，就是在羊楼洞吃伤了胃。

羊楼洞的冬天，依然十分寒冷。饥寒交迫，总得想个办法。于是学生自治会挑了二十几名同学，到武汉去募捐寒衣，其中有我。我们一行来到汉口住进大智门附近一间简陋的旅馆，糊了些红、黄的小三角纸旗就分成三队到繁华街道的商店挨家挨户去募捐。生意人看见这些学生就像对待讨饭的一样，翻起白眼给上几个钱，就快快打发出去。一天、两天、三天，同学们忍辱负重，总想碰上个有钱的菩萨开开恩，给捐上几千件棉衣。哪晓得一天讨要来的钱，仅够我们二十几人吃住。这叫花子式的募捐怎能对得起万名同学的重托？第二天夜晚，同学们聚集在一起，面对着灯红酒绿、车水马龙、挥金如土的不夜城，想起那些脑满肠肥的富商大贾的人性丧失，大家你一言我一语，怒火中烧。有个女同学，出了个主意，选一条最繁华的街道去砸商店。第四天白天，我们选中了江汉一路，这条集中了很多家银行，金银首饰、珠宝、钟表店的街道。下午我们一齐进了街，名为募捐，实为察看地形。由六个大同学到五金店买来了几把大手钳子。华灯初放的时候，同学们三三两两混在人群中，分散在各商店柜台前。根据约定好的暗号，街两头的同学爬上了电线杆，剪断了照明电的线路。原来灯火通明的江汉一路，顿时陷入一片黑暗之中。我们趁机动手，砸那玻璃柜台。丁零咣啷，响声震耳，来往行人和观光顾客，哭着喊着，东逃西藏，像洪水冲了蚂蚁巢。我们行事犹如梁山好汉，只打富而不劫财。哪管它是价值连城的珠宝，秋毫不犯。另外明人不做暗事，好汉做事好汉当，到了江汉路上，我们挑个人多的地方就大声地向群众宣传这次进汉口募捐的意图，希望得到各界的同情、支持。

深夜，回到旅馆，大家都没有睡意，等军警来抓人，商量着派代表对簿公堂。没想到这一夜竟平平静静地过去了。

当时武汉有很多报纸，除了个别是国民党的喉舌外，多数新闻记者还是敢于替百姓说话、有良心的知识分子。第二天中午以后，就看到各种报纸对昨夜事件所发的消息、报道或评论。有的写道：“鸡山羊洞万名学子，饥寒交迫谁人同情。”有的写道：“栋梁不如芥草，义举震撼江城。”舆论到底起作用，消息很快传到坐镇武汉的白崇禧那里。他很怕这干柴烈火，小事酿大，就急切通知武汉总商会出面和我们接头，答应我们的要求。

下午3点多钟，我们住的简陋的不起眼的小旅馆门前来了两辆黑色小轿车，下来了五位绅士派头的人，两位穿西装，三位穿长袍。他们进得门来就一边拱手，一边点头哈腰，声称他们是商会的，对受冻的青年学生深表同情，愿意保证在一个月以内运到羊楼洞一万件棉大衣，并说商会的承诺受全武汉各报纸的舆论监督。

你道原来认为令人痛心疾首的事情，就这样简单地解决了。越来得容易，越让人产生疑惑。该不是另有什么陷阱圈套吧？不！看来这貌似凶顽的国民党，也是吃硬不吃软的家伙。人到穷处，人到绝处，只要能豁出去，到了什么也不怕的地步，则什么都会怕你的。

这一万件棉衣穿在同学身上，算是我们与国民党斗争的初战告捷，可是饥寒交迫，棉衣虽能御寒，却不能充饥。

吃饭的问题仍然得不到解决，越发是货币贬值，通货膨胀，越是粗食淡饭难以果腹。1947年5月，我们在黎明读书时，上海、南京学生掀起的“要饭吃，要和平，要自由”的学生运动，曾波及开封。但当时我们这些有饭吃的学生并无亲身的体会，只是正义的支持。一年以后的今天，我们流亡到江南，才真正意识到这些先觉者提出的“反饥饿，反内战，反迫害”口号的深刻含义。目睹政府的腐败、反动，心中愤愤不平，饥饿的折磨难熬难忍。这仇视国民党的地火，正在燃烧，一旦迸发出来就像火山爆发，谁也无法掩盖。

忽一日，晚饭后，有同窗周兄相约散步。行至镇外一竹林旁，发现早已有十来人在此等候，且多为去武汉募捐之同行者。似乎这个聚会是以周兄为主，大家先是漫谈国事，而后自然引出当前的困难处境。你一言我一语，说得大家义愤填膺，此时周兄道出了“罢课”闹学潮的行动计划。成功后可向政府提出我们“要吃饭，要和平，要自由”的具体条件。大家纷纷表示愿意带头发起，愿意保守秘密。

又过了三四天，我们十二人仍然在此处聚会。会上周兄说出了这次的行动计划，说已经和音乐陈老师商定，我才意识到陈老师是这次学潮的幕后操纵者。这次会议宣读了通过校方向政府提出的十三条抗议和要求，并规定了罢课日期、行动路线及十二个人的具体分工。我和唐河的一位姓楚的同学分工发动女生部的全体女同学。

我和楚兄都有妹妹在女生部，行动方便些，这样以探访为名便于工作。行动的那天晚上，我俩吃过晚饭，按约定的时间往女生部走。接近女生住处，倒不见一个人影。再往前走，只见打谷场上黑压压地坐满了女同学，训导处的张老师正在集合训话。此人深为同学憎恶，听说是南京中央政府专门派来的。他平时爱穿深色西装，外加一件风雨衣，衣冠楚楚，装作威严，行动诡秘，讷口少言。眼看月亮已经爬上来了，这是全校行动规定的时间，难道此人听到了些什么，在故意和我们作对？一万人的行动要广泛串联发动大家，难免走漏风声。这几天我和老楚常去女生部布置任务。按计划，男同学手提棍棒，女同学要准备做些纱布小袋，内装石灰、细沙，可以打在坏人脸上迷惑视线。

我寻思着，心急如焚，已经顾不得什么了。上前跑了几步，突然发现路边一只破碗，拾将起来，箭步跑上去，照着张某砸将过去。就这瞬间，张某闻声转头，已看清了我。老楚大喊一声："同学们，出发了！"只听女同学一片呐喊声，排山倒海，汹涌澎湃，一齐向校部跑去。真的似江河决了口，这二里多路，女生是一口气跑到的。羊楼洞街上人流拥挤，水泄不通，口号声、歌声此起彼伏。那些乡下人哪里见过这种场面，吓得家家关门闭户，只在门缝里瞄着看。我们是迟到者，等赶到了校部大院，前面的同学已将门窗砸得粉碎。平时集会的场地上聚集了几千人，窜来拥去，乱哄哄的。人群中我发现离几步远的地方是王校长和跟随他的几位老师，有人在往那里投掷沙袋。我奋力冲在王校长前面，大声疾呼："这里是王校长，大家不要动手！"几乎与此同时，我听到了周兄的声音。他把事先准备好的抗议和要求，大声地口述了一遍，最后请王校长讲话。王校长只说了简单的几句："同学们的要求我一定代为转达，同学们的心情可以理解，校方的困难请大家要体谅……要爱护公物，不应有过激行动。”校长的话博得一片掌声，这些天真、幼稚的青年，真觉得得胜回朝了。

那一夜，这万名学生似乎出了一口胸中积压已久的闷气，简直兴奋得不得了。三五成群，一堆一拢，谈论说笑，好像他们能有回天之力，扭转乾坤。似乎砸碎几块玻璃，政府就吓得赶快送白米、猪肉来了，实在是有点罗曼蒂克的幻想。我们真正发动学潮的十二个人，达到目的之后，倒根据“指示”悄悄地各自回到自己床铺，睡觉去了。

一个月之内，我们提出的条件逐步兑现，伙食也确有大的改善。斗争取得了胜利，大家都有点沾沾自喜。似乎觉得政府当局和学校都真的害怕学生，都要以学生的条件“唯命是听”。日子长了，我们这些发起者，也真的有些麻痹，以为事情过了谁也不会再追究什么了。

又过了一段时间，快到1948年年终岁末了。李灵泉到武汉去，想向他父亲的朋友（五洲大药房老板）借些钱。回来在火车上和一队宪兵坐一起。当时国民党的宪兵很多是学生出身，跟我们年龄差不多，算是同龄人。一路上他们在一起打扑克，混得很熟。车过蒲圻以后，宪兵们都忙着收拾东西。灵泉就悄悄地问他身旁的宪兵到哪里下车，那人轻声说到羊楼洞执行任务。灵泉听了一惊，已猜出了他们的行动。

车到赵李桥，宪兵在月台上整队集合，灵泉就趁着夜色，疾步如飞抄小路向羊楼洞跑。这十八里山路，他是咋跑完的，我也一直没问过他。灵泉摸黑上得楼来，急忙把我推醒。这时所有的同学都睡熟了，灵泉喘着粗气附耳对我说：

“宪兵抓人，快走！”我匆忙穿衣，灵泉是个细心人，顺手就将我的床铺卷了起来。灵泉是我高中阶段的知心朋友，一直和我挨铺睡觉，他现在要领我去什么地方，我就顾不得问他了。

下得楼来，出了院门，月色惨淡，尚能辨识眼前景物。我一边跟随灵泉小跑，一边听他说：“我在路上想了一下，现在只有把你送到马老师家比较保险。”向南约跑了半里路，就猛地听到枪声大作。冬天的深夜，茶山盆地，万籁俱寂。一阵枪声响过，这四面环山的千岩万壑，应声回音齐鸣，真可谓天崩地裂，心惊胆战。我们也顾不得是稻田还是沼泽，只是深一脚浅一脚地向前跑。远近村庄的狗已在狂吠。接近马老师的屋前竹林时，就听得马老师的问话声，但看不清人影，灵泉催我赶快应声。

马老师来接我，大概是在他的意料之中。灵泉把我交给马老师后，就匆匆调转头跑了回去。

马老师把我领回他的屋内，只见昏暗的煤油灯下，惊恐的马师母和她的女儿依偎而坐。马老师倒很镇静，大家对坐沉默了片刻，只听马老师说：“得想个办法，我去找找房东。”这话好像是自言自语，又好像是对我们三人说的。

马老师为人平易忠厚，平日善待这位农家房东，两家感情深笃。不一会工夫，马老师回来，就领我上了房东后院的一个小竹楼。这里就成了我躲避国民党抓捕的安全之地，一住就是六天。饭是马师母顿顿送上来的，书是他们女儿给我的。茶山竹林，幽静得令人着急。房东家养了一条小狗，每逢生人来他都要吠叫汪汪，这算是我的斥候警卫。我要下楼解手，只用敲敲竹门，房东家十二三岁的小孩就把狗抱上。那东西很通人性，乖乖地卧到那里，一声不响。

大概是第六天吧，马老师上楼通知我晚饭在他家里吃。说是几天来，他在学校多方周旋，特别是说服王校长，请他给我留一条路。马老师对王校长说：“人已经抓走了十一个，当局并没有要求你必须交出这个人。他年幼无知，只是跟随别人干了些事。你也很喜欢这个学生（指学潮当晚我对王校长的救驾），不如给个处分让他留在学校，一方面算是给当局有个交代，一方面也算严肃校纪。”王校长算是答应了，开了一次校务会决定给我留校察看处分。第二天就要公布处分告示，所以马老师通知我可以公开露面了。

在马老师家吃过晚饭，我就摸黑回到了宿舍。同学们表现得很平静，他们很聪明，并不惊讶。有的相视而笑，有的开玩笑地说，几天不见吃胖了，也有人问我从武汉坐哪趟车回来的，只有李灵泉表现得若无其事。

打开床铺收拾了一下，灵泉暗示我出去。走出院门，我们沿着河边小路边走边谈。灵泉问我：“知道不知道明天出告示？”我转述了马老师的话。我问灵泉那晚上的情况。他讲他跑回宿舍，同学们已听到枪声，惊恐异常。宿舍里点燃了灯，老师跑来警告同学，不许乱动。宪兵来了，似乎他们心中早已有数，拿着卷宗材料，准确地到宿舍铺位带人。轮到我那铺时，灵泉抢先说我下午离校去了武汉，同房的人也都不改口，证实灵泉的话是真的，无奈宪兵只得作罢。

几天来，学校乱哄哄的，同学们也无心上课。校方对大家讲，同学们的合理要求政府会答应，但绝大多数同学是受少数共党分子的煽动，因而为首的肇事者要惩办。听说这十一位同学关押在武汉警备司令部，校内又有些同学暗地串通组织营救。

他又说，那晚上枪响以后，我大妹料到我凶多吉少，她和陈乃兰哭了一夜。第二天，灵泉去看了她们，告诉她们，我没有抓走，但不能告诉她们我在哪里，要她们放心。乃兰又跟灵泉到我们宿舍拿走我的被单和穿过的衣服。据后来大妹告诉我，她边洗边哭。

第二天上午，我去看了大妹她们。大妹见我惊喜交加，乃兰见我只是低头垂泪躲开，我说："这又何必呢？人不是好好地回来了吗？"

从女生部回来的路上，碰见音乐陈老师的高足肖哲。这位肖姑娘是全校有名的女歌唱家，又爱二胡，是陈老师重点培养的对象，平日和陈老师过往甚密。据她回忆，十天前陈老师突然不见了。房内摆设依然如故，只带走了那把小提琴。我当然明白是怎么回事，但愿老天爷保佑好人平安。

我脖子上套了一根"记名开除"的绳索，行动是不自由的，不请假绝不允许离开学校。无奈只得由大妹回武汉向父母报个平安。

学校正在酝酿更大的罢课来抗议政府抓人。听说还有同学代表去了长沙—武汉铁路沿线，请求铁路工人罢工，支持学生。徐蚌大会战，国民党已是节节失利。白崇禧又不是老蒋的嫡系，就答应学生要求暗地放人，以免事态扩大化。后来听说这十一个同学都被共产党的地下工作者悄悄接走了。

1948年底的这一段，我身边发生了两件事情，直接影响着我接下来的“路”。

一是我黎明的同窗好友李桓在南京豫州中学听见我们这边闹学潮和国民党抓人的事，传说有我，就匆匆乘火车绕道江西、湖南到羊楼洞来看个究竟，在我那里住了三天。李桓、灵泉和我分析了大的形势，一致认为国民党已是强弩之末，大势已去，无可挽回。但我们几个月后就要高中毕业，决定先拿了毕业证再做打算。李桓这次告诉我，他的大姐，1938年去了延安，后来听说和朱德的侄子结了婚。到时找大姐去，还愁没工作干？另外李桓认为，我的处境很危险，可能时时有特务跟踪，行动要特别小心。狗急咬人，困兽犹斗，很难说这些“坏人”最后不会下毒手。

二是在武汉的孙文甫接到了外甥陈天的一封密信。孙文甫和我父亲合计要把部分亲属子女送到解放区去。陈天早年参加革命，当时听说在河北邯郸任支队司令员。解放后在南京军区工作过。“文化大革命”后调沈阳军区任副司令员，离休。

陈天的哥哥陈乃朝是我的小学老师，其妹陈乃兰，算是我中学时的好朋友。孙文甫和我父亲的意见是，先通知当时在浙江金华教书的陈乃朝，想让他带领这批青年到解放区去。

乃朝兄绕道江西、湖南乘火车来到羊楼洞。当时在羊楼洞读书的有我、东芝大妹、孙淑梅、陈乃兰、马�梅等亲戚。其他人都没问题，只有我让乃朝兄犯难。一起走吧，很可能像李桓分析的那样被人盯梢，反而因我一个人连累了大家，所以定下两步走的方案：先让他们顺利通过封锁线，到达解放区后等着我，下一步放了寒假我再一个人过去。

走的那天晚上，大家都装作是去给乃朝兄送行的，轻装简行，不敢走漏半点风声。我只通知了我的患难知己李灵泉一同去，为的是回来的路上有个伴儿。

江南的冬天，夜晚还是很冷的。云重月明时隐时现，冷月清光甚为凄凉。十八里山路，大家越走越拉开距离。走着走着我发现乃兰竟落在最后，我为了陪伴她也就放慢了脚步。两人低头不语，并肩而行，谁知她索性坐在一棵树下的大石头上不走了，无奈我也只得陪坐。我万没想到她突然开腔说：“我感觉到今晚是我们今生今世的最后一次见面。”我马上安慰她：“这怎么可能，不是说好的，你们先走，我后走吗？”话未说完，她又突然扑向我怀中拥抱我。我这时才感觉到她已泪流满面，泣不成声……

这一触即逝的爱情，萦绕我的心头整整几十年，使我难以忘怀。几十年来，我常想，一个出身于封建礼教家庭的女子，为了表达爱情，可真难啊！回忆起来，有两件事我怎么那么迟钝？！宪兵抓人的那天夜里，众姊妹中她怎么哭了一夜？而且从灵泉处拿走了我的衣物，边洗边哭。还有我从武汉募捐寒衣回校的那天晚上，只随便说了句“肚饿，想吃点东西”，她就悄悄把自己唯一的戒指拿出去变卖，请大家吃了一顿夜餐。这些都是事后才悟出来的，还有什么用呢？

还有一件事，我无法理解。难道人真的有第六感觉吗？为什么她能说出“今生今世的最后一次”？事情的发展，倒真的是被她言中了。

他们走了。他们怎么到解放区，又怎么等我不来，那是后话。我和她永远再没有见过面，那只能是命里注定，无法解释。放假以后，我回到了武汉，但情况有了新的变化。一是乃朝兄带着大妹她们已经渡过黄河北上到了解放区，我已无法找到她们。另一面，父亲还是希望我拿了高中毕业文凭之后考大学。母亲则有另外的想法。听说大哥在沪宁和同学一道也进了解放区，妹妹这一走，父母身边再无大一点的孩子跟着，这兵荒马乱的年代，老的老，小的小，三弟上初中，小妹才五六岁，谁来照顾？所以就想留我在身边。

过了春节，我父亲和孙文甫就商量着到李宗仁的老家广西桂林去。当年我父亲和冯玉祥闹翻下野，就是看透了蒋介石此人的诡诈阴险，因而蒋视他为眼中钉。如今蒋和桂系面和心不和。李宗仁、白崇禧的老巢，倒是一个安全地方。

我这个人，老实说封建的孝道思想很深。我从小生长在封建世族家庭，孩提时期，耳濡目染，潜移默化。少年时期，又读了好多“圣贤”书，这“忠孝节义”对我影响太大了。这个“孝”字，就决定了我在家庭最困难的时期挑起了养家重担，供养父母，达三年之久。

1949年4月，我们举家南迁桂林。与此同时，我也到羊楼洞领取了高中毕业证。我档案里保存的中原高中毕业证与众不同的一点是，日期写的是“民国三十八年四月”，就是这个原因。拿到毕业证后，我就告别了老师、同学，经湖南到达山水甲天下的桂林。

# 两广三年

阳春三月，我来到了群山环抱中的桂林。人常说：“桂林山水甲天下，阳朔山水甲桂林。”桂林确实极为秀美，甚至有人说：没到过桂林的人怎能理解这“绿水青山”四个字？桂林真像那江南处子，清丽、窈窕、温柔。桂林的山，千姿百态，鬼斧神工，拔地而起，妖娆妩媚，可望而不可即。除了象鼻山、七星岩之外，座座小山似放大了的盆景，供你欣赏，而不可攀登。似乎天帝把那五岳三山的奇峰怪石，赶将来荟萃于此，办了个展览会。严格说来这里只有峰，没有山的，峰似株株青笋从地里钻将出来。南宋爱国词人辛弃疾在《水龙吟》中，将南京附近的山峰写成“遥岑远目”“玉簪螺髻”，把它们用来刻画桂林的山，可能更确切一些。“岑”是小而高的山。说那桂林的山峰像那美人头上的碧玉簪、青螺髻，真可谓惟妙惟肖。或者更因为原意就是从描摹桂林山水来的，唐代大诗人韩愈《送桂州严大夫》

诗曰："苍苍森八桂，兹地在湘南。江作青罗带，山如碧玉簪。房多输翠羽，家自种黄柑。远胜登仙去，飞鸾不暇骖。"是的，你如身临其境，放眼望去，林木苍翠，郁郁葱葱，壁立孤峙，奇特秀美。又何必去幻想乘骑飞鸾，这里实在是远胜登临仙界啊！

韩退之把漓江的水，形容成"江作青罗带"，不知他是否受了南朝山水诗人谢朓的影响，谢宣城诗曰："澄江静如练。"他们都是用那轻清柔美的丝织品来形容水。说她清澈见底，游鱼可数，皆若空游无所依。这都是在"形"字上做文章，我认为并未写出它的"神"来。桂林的山水，实在是形神俱美的高度统一。秦观的《鹊桥仙》说"柔情似水"，我想把它颠倒过来比喻漓江水之"神"，曰"水似柔情"。因为那桂林的水真的是有"情"的。她如静女，脉脉含情，秋波暗传，让人回肠荡气，魂飞缥缈。

人世间的事，就是这么蹊跷。我不是在春风得意时来到这风景如画的桂林，恰恰相反，我真像当年的王粲登上当阳城楼时的心境，遭纷浊，漂泊流浪，所以会发出"虽信美而非吾土兮，曾何足以少留！"的慨叹。

在桂林，我家住在西门里的一幢房子里。虽是临街的门面房，但这一带的房屋都是出租，不做生意。我们就住在一楼的三间房子里，厨房和厕所是全院共用的。楼上楼下一共住了四家外乡人。似乎房东另有房舍，只把这里当作出租屋，每月只见到管家张先生来收房租。孙文甫家住在街对面，也是临街房子，楼上楼下都是他家租占。从武汉到桂林，的确有种幽静的感觉。武汉太乱、太脏，加上湖北佬说话粗声大气，似乎时时在跟人吵架。武汉给我的总体印象是人和房子的集中地。连那早上乡下人用粪勺敲打粪桶的“倒马桶”的声音也着实令人烦躁。我认为有心脏病的人最好不要住在这种城市。桂林虽在当时是广西首府，但街市都在山水之中，并不觉得“闹热”。借欧阳修的话说“环桂皆山也”。她就在群山怀抱之中。漓江绕城而过，城里与漓江相通，还有大大小小的湖泊。最大的是榕湖和白湖。水面平静，湖水清澈，且多水生植物。榕湖岸边多生古榕树，顾名思义，可以理解。白湖就“因人而易”了，原来人们叫她什么，已无从知晓，只因这白崇禧的公馆建在湖边，而使这湖呼曰“白湖”。当时桂林，用“车水马龙”“熙熙攘攘”来形容极不合适。一是街上行人不多，二是街的尽处不是逢山，就是遇水。这恐怕在中国是绝无仅有的一座独具风采的城市。灵山秀水对人们性格的陶冶绝对是起作用的。这已经是当今人文科学的一大课题。但在中国，恐怕千百年以前就有人把它们之间的关系加以探讨，只是当时科学不发达，只能用“迷信、风水”来解释。传说乾隆下江南时，在某州题下了这八个大字曰：“穷山恶水，泼妇刁民。”但如果我们撇过这“阶级斗争”理论，平心考究是否这“穷山恶水”会影响人的品质性格产生“泼妇刁民”，也确乎有其道理在。

桂林的女孩子就像这桂林的水，她清、柔、静，不艳不丽，自然本色；那么桂林的小伙子，就像这桂林的山，他朴、真、坚，不傲不岸，实实在在。

遗憾的是，我们住的这一带几乎成了外乡人的暂居地，没有福分与真正的桂林人做邻居。

我家到桂林，真的是坐吃山空。父母尚有几多钱，还能维持几年生活，我无法知道，也不愿意打问这些。从武汉迁桂林时，随从人员已减至最低标准，用人只带了一男一女。男的是程亮，自我记事起就在我家当差，而且略识文字，替我家办了不少事情。上海蒋经国“打虎”的事，就是他经手运的皮毛、茶叶，后来两手空空回了武汉，又一同到了桂林。女的喊作“王嫂”，二十岁上，生了个男孩，没出满月孩子夭折了，丈夫是个脑子不清楚的人，她就离家经人介绍给我小妹妹当了保姆。从1943年到现在，她一直在我家。虽然小妹如今已六七岁了，不需要再吃她的奶，但家里的事都是她协助母亲处理，可谓患难与共。

按照父亲的指示，我到桂林的目的是继续升学深造。所以准备考大学是我唯一的任务，偶尔我也帮助王嫂干些家务活。记得有一次，出于好奇，我也学着当地人的样子跳进漓江去淘米。由于江水太清，不太觉得她的流动。待我把竹箕刚一放进水里，不想这半竹箕的米，已全部溜进江里，抓也抓不到一粒。回到家里免不了听王嫂唠叨几句。后来，为了将功补过，我总是积极地替王嫂烧火。广西的柴很好烧，一边看书，一边照火续柴就是了，并不费什么神。一天早上，我一边烧火做早饭，一边读英语。无意中转头看紧邻的灶头坐着楼上刘叔叔的女儿，她也和我一样，拿了同样的课本在看书。这样偶然的重复，太多了，不得不让人想到她有意于什么似的。

刘叔原籍河北人，抗战胜利后，在湖南及广西全州等地做官。夫妻二人守着这一位独生女，起名也叫小玉，爱如掌上明珠。小玉体魄健壮，面色红润。血统是燕赵姑娘，但长期在江南读书，从穿着打扮看，又有点广西妹子的味道。柔美温良，寡言少语，可谓“规行矩步，安辞定色”。

慢慢地我意识到这做饭烧火倒成了我们见面的好机会。每天俩人并坐，能用眼睛说说话，似乎能得到点“幸福”似的。说老实话，我一看见她就会想到羊楼洞一别的乃兰。对我而言，我不会真正地爱小玉，虽然她确实很美，只是有一种感觉更真切，即白居易在浔阳江上偶遇琵琶女时说的“同是天涯沦落人，相逢何必曾相识”。

说来真巧，小玉也在准备考大学。由于刘叔和文甫叔是朋友，借高考复习的机会，我俩就堂而皇之地走到一起来了。但见面总是说功课，其他的话彼此都在内心藏着。

文甫叔有一次给我俩出了个作文题目，叫我们试笔，用了“天下兴亡”四个字。我当然很清楚，是让我们写后四个字“匹夫有责”。于是提起笔来，洋洋洒洒写了六七千字，交了卷。评卷时文甫叔叫来我俩面谈，说小玉的文章，遵循孙中山的遗训，写得规规矩矩，条理畅达。而对我的作文则指出“这明明是共产主义的宣言书”，受“赤色宣传”影响很重，考国立广西大学恐怕言辞得收敛一点好。

为了一个共同目标——考大学，我们走到一起来了。小玉报考的是广西大学中文系，我报考的是经济专业，只想毕业后到银行干事。整个复习阶段，我们经常一起外出，正大光明，谁也不会说什么。小玉确实对我有意，是她的眼睛告诉我的，但她从不说出来。我只是，也只能是把她当作“同路人”，爱不起来，没有那份激情。或许是国难家难没那份心思，或许是心里装着羊楼洞的故事，或许是我说不清。你道小玉不美，你道小玉不贤淑？都不是！小玉是个很值得爱的姑娘，但我在这种特定环境下实在爱不起来，只把她当作桂林这一段复习功课的“伙伴”，往前再迈一步是不可能的。

我们在榕湖畔、树荫下对坐读书，我们也携手上过象鼻山。象鼻山下漓江桥头，住着我姨妈家，我们也一起去吃过午饭。姨妈笑眯眯、眼定定地看着她，也使她脸红过。但她在我心里就像那桂林的山，是可望而不可即的姑娘，为了不让她伤心，只是不能当面说破罢了。

广西大学当时就设在漓江边上，风景优美，校院宁静，独秀峰就在她的校园里，现在成了广西师范大学。

举行考试的时候，时局已经很不稳定，解放军早已过了长江。父亲不去台湾是一定的了，但也不愿久留广西。当时他的朋友彭若刚在川康货物局任局长，想让我家到重庆去。孙文甫执意要走昆明，大概是参照抗战时的老皇历，认为战时云南总是大后方。就这样两家迁徙的事总是举棋不定，一直拖到入冬。程潜、陈明仁长沙起义以后，广西解放在即。按照过去的说法广西土匪多，所以只得动身西上。两家均包了辆卡车，孙家先走了三四天，然后我们动身。那时湘、桂、黔铁路处于瘫痪状态，火车没有烧的煤，有时只好烧木炭，走走停停，真的比牛车快不了多少。我们坐汽车倒是比它快一点。经柳州、宜山、南丹向贵州进发。一路之上过崇山峻岭，曲折陡峭，惊心动魄。有时向上盘旋，抬头望去，头顶竟是前面汽车的车轮子；有时下坡入谷，下临万丈深渊，使人不敢低头俯瞰。我实在佩服中国大西南山路上的汽车司机，他们能开着汽车“飞檐走壁”，其胆略可称为“玩命”。

进入贵州境后，可以望见青翠葱茏的高山上瑶族人在耕种。那可真是原始的刀耕火种。秋末放一把火烧山，满山的植物就成了草木灰。然后夫妇二人就上山种苞谷。男人在前面用锄头一样的东西走一步刨个坑，女人的肚兜里装着种子，往坑里丢一颗，踩一脚，就算埋住了。满山遍野，见缝插针种粮食。只种不管，庄稼熟了，去收就行了。听说庄稼熟了，最怕野生动物，也许这“猴子掰苞谷”的来历就出在这里吧！

当地人讲，瑶有生瑶、熟瑶。熟瑶可能是受现代文明的熏陶多一点，比较开化。那生瑶则与原始人差不多，说是终生不穿鞋子，脚底板坚硬，可以说刀插不进。传说孩子刚会走路，大人就要把他们放在烧过的木炭上走。久而久之，脚板就成了厚厚的一层膙子（方言，即茧子），踏在锋利的石渣上也觉不到痛。

再往前我们到了贵州的独山、都匀。这时听到贵阳已经解放，沿途很乱，贵州一带有土匪出没。因而只得折回头来往柳州走，从柳州南下南宁。南宁当时几乎是一座空城。我们随便住进了一座机关的楼房，竟无一人干涉。街上看到很多国民党的兵似乎都是在向南转移。在此邂逅了同乡姚伦，他穿着一身军官服来到我们的住处。第二天要过邕江，汽车在北岸排成队等候轮渡，气氛很紧张，说是解放军很快就过来了。码头是哪家部队霸占就不知道了，反正传来的消息是先渡人后渡汽车，先部队后百姓。我们的汽车快排到跟前时，借助姚伦的交涉，我们先登船过江。哪知船到江心北岸已乱成一团。只见众人争抢过渡，哪里还轮得上汽车上船的份。就这样我们算是一下子便成了家贫如洗的叫花子。

老实说父亲算不上“逃亡地主”，他只是为了躲避蒋介石的迫害才举家搬到桂林来。战火蔓延到广西时，他为了躲过这乱时的兵匪才离开了桂林。当时假若有人真的把飞机票送到他手上，他也决不会跟蒋介石到台湾去，实在没想到会落到如此的下场。

至于我的前途，那只有一个“孝”字害了我。认清蒋介石灭亡的下场，投奔共产党，这是我自选的出路。而今一瞬间倾家荡产，凡有一点良心的人，也不肯舍弃这上有年迈父母、下有幼小弟妹的家。多少年来我都在回味这“船到桥门自然直”的话。天无绝人之路，不向命运抗争，又有什么办法。

当时全家七口人，只能靠母亲随身带的一些零钱和碎金银首饰过活。程亮在公路上找到一辆架子车，让母亲、小妹、王嫂坐上。程亮驾辕，我拉套绳，继续随着人流向南走。走到大塘遇上了解放军和国民党的一次很小的接触战。十几分钟后，国民党就投降了。

就在这次战斗混乱中，程亮找不到了。后来才知道他被解放军误认为是国民党军官。他被俘以后，经过学习，遣返回老家与老母、妻子团聚。这也算是他的造化，比跟着我们受罪强。

第二天到达海边城市钦州。钦州当时属广东管辖，连日阴雨，又潮又冷。我的心情也像这天气一样阴沉冷漠。好在钦州的街市铺面临街的一层全是人行道，像广州的骑楼。无论多大的雨，人们不用雨具就可以在楼下走。

我们遇上一家讲北方话的姓王的大夫，三十几岁，小两口带了个徒弟。他是河南禹州的医生，专卖膏、丹、丸、散。据他讲抗战胜利后他已在两湖两广浪迹多年。经王大夫帮助，我们找到一处栖身之所，而且那位善良的大嫂还借给我们一些简单被褥。

有了住处，母亲就筹划七口人的生计。头一个办法就是做红烧肉卖。红烧肉按块卖，钦州来的解放军四野的北方官兵多，很适合他们的口味。王嫂是负责卖肉的，我只负责给她端肉，人多了帮助收钱，但不敢开腔搭话。因为无论如何我也不像穷苦的小贩。

就在卖肉时，又遇上了姚伦。他已换上便衣，见到我们甚是高兴，他向我父母表示要患难与共，这样他就算加入我们的行列，成了家中的一名成员。

人生的聚聚散散实在说不清楚，走散了一个程亮，又来一个姚伦，按迷信说法，都算是“命里注定”吧！

王大夫听说防城的东兴镇是与越南一河之隔的边境小城，比较繁华，钱容易赚，想劝我们到那里去谋生。于是寻到了一只运货返程的船，驶向东兴。这种北部湾的海上作业打鱼船，俗称机帆船。船形古老，长十几米，宽五六米，船头船尾高翘，为的是适应海上的风浪。船体中部是两根桅杆，尾部高的那层木楼，是船老大瞭望、掌舵之所。一层是个小机房，装了两台发动机，实际是汽车引擎。船行海上，除了逆风靠发动机推进外，多是靠拉起两面大帆，变动方面，借助风力前进。这就是“船施八面威风”吧！

上得船来的人，吃、住、饮水都要船家供给。饭食很单调，一日三餐都是米饭、咸鱼、咸菜。人老是口渴，海水是咸的，海风是咸的，再加上吃这咸东西，实在是口渴难忍。但在这海船上唯一限制的东西就是喝水，船老大管着这锁住的盛水大木箱，定时定量给每人发水。因为海上风云变幻莫测，如遇大风大浪，在海上多滞留几天，淡水尽了，人是要渴死的。俗话说“如饥似渴”。陆地上的人挨饥的机会有，断水的时候少。当然戈壁沙漠称瀚海，一是漠漠无边，另一个原因想必是和这海上一样缺饮用水。

人们住在底舱，实际上是鱼舱，闷热腥臭。白天海上烈日强风，不敢上到甲板上，只能躲在舱底。晚上一片漆黑，船体颠簸厉害，在甲板上睡着了有危险，船家还是劝你回舱里休息。躺在舱底，冥冥世界，容易胡思乱想。仅隔一层木板，海浪猛烈地拍打着船体，人好比冲浪运动员卷进了浪山，翻入了海底，似乎一刹那间就会葬身鱼腹。当年苏东坡泛舟赤壁，慨叹曰“渺沧海之一粟”，我认为人对大海而言，恐怕还达不到一粒米。我又想到，当年闽粤沿海苦难的人民，生活无着，卖身当奴隶，像猪仔一样，装上洋船，漂洋过海到国外去谋生，恐怕也就是这样吧！

海上漂泊的这四五天，也有常人享受不到的乐趣，有时得到船老大的许可，上到他的驾驶舱。举目眺望，四面不见陆地，一片汪洋，置身于此，你才会真的体会到《庄子·秋水》里讲的河伯，因河水涨大就自以为大得了不起，后来到了海上，当然感觉又不一样。蓝蓝的天空，蓝蓝的大海，广远万里，波涛汹涌，这时你才会真正体会到海的伟大。小时候听说评书的人讲，八仙过海，吕洞宾登上船头感叹曰："普天下人民多可怜，三山六水才一分田。"我看这个说法差不了太多，这地球之上，当然是水多。从地图上看，这北部湾比起太平洋，比起南海，实在是个微不足道的海湾。但人乘木船漂泊在这一望无际的大海之上，才会有莫测深广之感。

船老大靠罗盘观星象来定行驶方位，那只是大方向吧。据我所见，他倒是凭着他多年海上行船的直感或经验，胸有成竹，指挥若定，在悠闲自得地掌着舵。"文化大革命"中，有一句歌颂毛泽东的歌词"大海航行靠舵手"。我看多数人是跟着吼，没有坐过海船，特别是原始的木船的人，怎能体会这舵手是何等的重要。

忽一日傍晚，船老大看云识天气，说是大风浪即将到来，要大家注意。不多时，船驶近到一个小岛，名曰"百浪尾"，在此抛锚。这百浪尾方圆不过几百米大小。乱石林立，长满青苔，石缝中长着一种水生灌木，据说可以做暖水瓶的软木塞用。岛上有很多海鸥栖息，走起路来抬头挺胸，蹒跚摇摆，煞像个英国绅士。这岛很可能随着海潮的涨落而出没，岩石似经常浸入海中，水溜溜地滑，无法下脚。

那一夜，海上果然起了大风，大浪滔天，船颠簸得厉害，人躺在船上真有点陆地上荡秋千的感觉。幸而我们的船锚牢牢地抓住了百浪尾的岩石才幸免于难。强风一直持续到第二天午后，才慢慢地缓下来。

几天海上航行，才有一次靠岸的机会。有一天下午，我们的船靠岸到了当时属广东管辖的防城龙门港。龙门港是当年孙中山“实业计划”中提到的对外通商口岸之一。整个龙门港是高出海面十几米的深水良港，你到这里不能不佩服中山先生伟大的政治家的战略眼光。船靠岸是为了补充营养，我也沿着陡峭的跳板上了岸。龙门镇对海面而言，似乎是天街，石板铺路，街道两旁铺面林立，甚是热闹。我在街上第一次买到了广东特有的长粽子，形似画轴，上路的人倒是可以把它背在肩上。打开粽叶，可以用刀切成节，似硕大的香肠。糯米包的馅五花八门，一粽之内，五味俱全，内容丰富。这一节是豆蓉的，那一段可能是叉烧的，外形独特，美味可口。

在龙门停留一个小时，我们就起航了。从此以后风平浪静，直至终点。

最后一个早上，一起床就能见到北面的陆地，渔村、绿树、平沙盐场都看得十分清楚。这里属南中国的亚热带气候，与海南、越南温度相同，虽是严冬，倒也十分暖和。平软的海滩上，小孩子只穿一件单衫，光着下身，打着赤脚，身背小竹篓，在退了潮的沙面上捡拾没有来得及逃往大海的小鱼和虾。阳光融融，洒金一片，煞是好看。

接近中午时分，船驶进了北仑河。这是与越南接壤的国界河，河的右岸是中国境，河的左岸属越南。这条两岸仅四五十米之隔的小河，由上游十万大山直接流淌而来。平时奔流清澈，一旦海潮倒涌，河面即涨了许多。这河也像睡了觉一样，安安静静没有声响。

快近东兴时，已见来往船只增多，有渔船，有商船，也有两岸过往的渡船。东兴与越南芒街，仅一河之隔，河上架了一座钢筋水泥小桥，只供来往过街行人走动，不通车辆。

我们的船停靠在桥的下游一百多米的岸边。当夜就住在距海关不远的一家小旅馆内。东兴这个边陲小镇十分独特，从街道看，依河建市，弯弯曲曲，并不宽敞，但水泥路面非常干净。铺面建筑大体似当年的广州、南宁特有的骑楼。所谓骑楼，即楼房向外伸出遮盖着人行道的部分。骑楼下的人行道叫骑楼底。商店林立，货物堆积，布匹、粮食、百货、药材应有尽有，反映出边贸的繁荣。但这镇上水运发达，陆地交通却非常落后，镇上见不到一辆汽车，通往内地的防城、钦州走旱路则山路崎岖，小道羊肠，只能通过一辆单车。所以运输主要靠船只往来。镇上有两三家租单车的铺子，每到傍晚有不少青少年租单车骑，似乎单车是运动器材，而不是交通工具。

人们的穿着，也有独特之处。一般妇女头戴草笠，赤着脚，衣袖和裤脚宽、短、大，特别是中年妇女爱穿黑色或土红色，似乎受了越南妇女服饰的影响。

镇上只有北郊驻扎了一营解放军。桥头有解放军和海关人员把守。几十米外的桥那头是法国佬在把守。每天早八点至晚六点两边居民可以持“过街证”（边界证）来往做生意或探亲，规定是不准在对方境内过夜。

各种迹象表明，解放军与法国兵是井水不犯河水，相安无事。所以东兴镇的士农工商各界也没有感觉到解放了有什么变化。

我从1949年底到1952年初，在东兴住了两年多。这两年多是我一生中生活最艰苦的阶段。但对东兴人的讲礼义、心地善良、乐于助人的好品德，我终生难忘。

到东兴不久，我们就在当地人的帮助下，租到了房子。地址在当年镇政府的那条街东，是个天井院的两层楼，楼下的门面房是苏荫林和他姐姐开的织布店。苏家和我们家及房东老汉住在楼上。楼下靠天井住着一家卖鱼的，也姓李。房东老汉是孤老头子，听说亲属都在越南，他一个人住在这里靠房租为生。老汉为人厚道，颇有同情心，为了我们一家的生计，他老人家很犯愁。

东兴这地方，家家户户做饭靠买山柴烧火，所以有不少打柴为生的人。

初到东兴，人地生疏，语言不通。我和伦哥、三弟就买了三把柴刀，以上山打柴为生。东兴东北面，群山连绵，走山路二三十里，就进入茫茫林海。每天一大早，我们就腰插柴刀，手提干粮，随着打柴的人流进山。这些靠劳动为生的受苦人，都乐于助人。我们从他们身上学到了很多好的品德。哪里有好柴，哪里路好走，都靠这些好心人指点。这里打柴人的劳动极为原始。先把似易拉罐粗细的山木砍下来，长一米五以上，削去旁枝，一堆堆放起来。根据你担的重量，七八十斤或百十斤，捆成两捆。捆柴的带子也是就地取材，有时用藤条，有时用毛竹。上下捆两道，越紧越好。最后选一根木质坚而柔韧的小树，做挑担，近两米长，两头削尖，插入柴捆中间，这担柴就算成功了。挑担的中间一般要剥去树皮，因为要直接放在肩上。从日出上山到日落归来，一担柴可换来十几斤米钱。

我从一个富家学子，一下子变成了打柴郎。经过这中间的劳和苦真可谓脱胎换骨。但为了奉养父母和一家人的生计，我总算挺过来了。几十年后的今天想来，在人生的道路上这艰苦的一段生活，使我一生受益匪浅。它让我懂得了生活的真谛。孟子曰："故天将降大任于斯人也，必先苦其心志，劳其筋骨，饿其体肤，空乏其身，行拂乱其所为，所以动心忍性，增益其所不能。"我这一生，无数坎坷，天也没有降什么大任于我，但作为一个真正的人，应该是从此开始。

这一段生活的艰苦程度，是后世子孙无法想象的。烈日炎炎，草帽一顶，身穿裤衩背心，赤脚穿一双越南皮带凉鞋，天晴满身汗，下雨如水浇。上山过溪，经常有蚂蟥爬到脚上、腿上吸血。这蚂蟥也叫水蛭，环节动物，黑绿色，爬起来像蚯蚓，有五对眼，雌雄同体，尾端有吸盘，生活在水中，吸食人畜的血液。灌木丛生，时不时有野蜂、野蚊来叮你。中午吃的是早上带的米饭，放上一些咸鱼、咸菜。有时打开包布，成群的大蚂蚁来和你争食。开始挑担，不会走步，不会闪动，越挑越重，似两座山压在肩上。不会换肩，咬紧牙关，走上几十米，就得放下来换另一个肩。一天劳动下来，两脚痛得上不了楼。肩膀先红后肿，磨破了就垫一块破布。如此坚持了一个月左右才算过了一关。

当地的打柴人是我的真正老师，可以说一步一步领着我往前迈，不仅教我劳动，而且我碰到的任何困难他们都会伸出援助之手。有一次在砍柴中不慎柴刀砍了我的左手食指，鲜血淋漓，肉皮翻开露出了骨头。几个打柴人闻声跑过来急救。有一位莫八叔，见多识广，急忙从草丛中找到一种叫

“金毛狗”的植物。根须金黄色，颇似一只小狗。他把这须根烧成灰，敷在我的伤口上，立时止血，并用破布包扎好。这两广的金毛狗，真像云南白药一样，是劳动人民的一大发现。另有一次，弟弟的柴担过重，压断了挑担。两位同路的打柴人，二话没说，放下担子，分担了这一担柴。回到镇上大家把柴担摆在街上，卖时多是这些打柴人用当地话，劝说买主先买我们的柴。他们不会花言巧语，却用自己的行动，表现出金子一般助人为乐的高贵品格。

前面提到的莫八叔，曾提出集中一些打柴郎到北仑河上游去集体打柴，然后把柴捆结成筏子，从水上漂下来。这很似互助组的性质。这次行动我们在山里住了两天两夜，野宿、野炊，而后乘着这柴筏，从上游漂将下来，倒很有意思。只是这次行动虽然省了担柴之苦，却带来不少麻烦：上山要带七八个人两天的米、菜和炊具，夜晚露宿山中也容易得病。于是只搞了一次集体行动就又散了。

卖柴的过程中，我认识了三个人。人在患难之中，有人能伸出援助之手，那是终身难忘的。

一日我正在卖柴，有一位戴眼镜、文质彬彬的中年人，径直走到我面前，操着北方话要我和弟弟、伦哥挑三担柴到他家去。进得门来，是个西式两层小楼，庭堂摆设高雅讲究。庭院种植各种热带花木，生机盎然。卸下担子，先生让用人招呼我们喝水，并不忙着付钱。楼上下来他的太太，与先生年龄相当，和蔼善良，福态大方，倒跟我们亲切地拉起家常来。得知我们的遭遇后，极为同情，竟拿出三块银元，递到我手上。我实在不敢接受这么多钱，当时十分尴尬，却又说不出话来。这时先生又命他的女用人从后房拿出一袋米来，足有五十市斤。太太忙说：“以后有什么困难尽管来。”这突如其来的“恩赐”实在叫人不是滋味，不知是该哭，还是该笑。很快就打听到他是东兴海关的丁关长，解放军不懂海关业务，只进驻了军代表，海关业务还是由原来的职员在干。

还有两位姓钱的越南华侨，也是在卖柴时认识的。两兄弟性格各异，兄长沉稳，弟弟开朗。钱家兄弟当时有三十多岁，和我应该是忘年之交。他俩不嫌弃我贫穷，视我如朋友，还几次在年节时请我到他家吃法国菜。

钱氏兄弟知书达理，待人谦和，受儒家的道德传统很深。据钱氏讲他们的祖父是合浦一农民，由于生计难以维持，只身一人逃到越南。上岸后由中华商会救助。一米行老板教他去越南米市购米，收购价定给他，由他和越南卖米人讨价还价，可以不要本钱从中取利。久而久之，自己有了些积蓄，也就开起了米行。后来娶了一个越南女子，算是成了家。到他们的父辈，读了些书，生意又扩大了许多，除粮行外，还在河内海防经营布匹。父亲也娶了越南女子为妻，生下他们兄弟二人。钱家从祖父起，一直不忘根在中国，虽与越南通婚，但始终不改中国籍。钱氏两兄弟在青少年时期受过良好的教育，我佩服他们精通几种语言：英语、法语、越南语、广东话和国语。

钱家的第三代婚姻更奇特，是越南的两姊妹，嫁给了钱氏两兄弟。结婚以后始终和睦相处，如今两兄弟已生有几个子女，依然在一起生活。

两位钱兄在家里讲越南话，对我则讲普通话。有一个问题我始终不明白，他家的生意都在越南，而他们全家又住在解放以后的东兴，这在当时的东兴镇也是少有的。听当地的人讲，临近解放时，这里的有钱人想方设法投亲靠友过河逃往越南。这钱家世代与越南姻亲，又算得上殷实富户，为何独留在大陆？

不管怎么说，钱家给我的印象是只经商而不过问政治的人。我们在交往过程中，只谈友情而不评论国共是非，彼此之间似乎心照不宣。

我从老钱那里倒了解到不少的越南文化习俗，找到了中华文化对她的影响。秦汉以前长江以南的各少数民族，泛称百越（百粤）。唐时这块地方属安南都护府。我看唐代对她的影响极深，要不为什么越南人把我们汉人叫“唐人”？我国沿海一带老百姓一直把越南称“安南”，唐帝国平定边陲，四海归心，才有这“安南”的名称。安南，即南部边境安定之意；与此相同的还有东北的“安东”，甘肃的“安西”，那不还有个“安北”吗？

这安南，到五代晋时独立，建国号为瞿越、大越。北宋开宝八年（975年），封其王为交趾郡王。南宋隆兴二年（1164年）改封安南国王，此后即称其国为安南。明永乐年间，以其地置交趾省。宣德二年（1427年），复独立建国，仍称安南。15世纪以后，其南部疆土不断扩展，濒临暹罗湾。清嘉庆七年（1802年）改国号为越南。1885年《中法新约》以后沦为法国保护国。

安南也好，交趾也罢，反正在中国悠久的历史上有时是中国的省，有时又成了独立国。据说最早的史书《尚书》上都有这个地区的记载，所以越南和中国的关系源远流长。一般中国人只知道广东、广西，却不知道还有一个广南省在越南。

在东兴的两年中，我为了养家糊口，曾领了“过街证”随老钱到过越南的芒街。你看了芒街的市容就会了解她的历史。其街市建筑可谓中法合璧，但看那商店的招牌、字号、街道公共设置的标志，清一色的是汉文。这情况倒有点像中国人到了日本的东京、大阪，满街汉字，没有向导，没有翻译，也照常认识路。只是同样的字，读音就差得远了。有人说越南话是受了两广壮族、侗族的影响，成为汉藏语系的一支。我听起来，它发音的共鸣器靠后，用舌根音、鼻音、喉音较多，和江浙的唇齿音多则刚好相反。发音时似乎很吃力，比如这十位数吧，越南话读成“姆、海、巴、本、南、稍、柏、担、金、枚”（模拟音）。

越南连中国的多神教都学去了。家家都敬老灶爷、土地爷、财神爷。迎门的土地爷，两边的对联都和中国一样：“土能生白玉，地可发黄金。”只是这祭灶爷上天的日子，越南比中国晚了一天。我们北方是腊月廿三灶爷上天，越南给灶爷送行是腊月廿四。老钱问我：“这是为什么？”我戏言曰：“大概是越南距天帝的南天门近，所以晚动身了一天。”大家相视而笑。

越南人很看得起“唐人”。街上拉黄包车的，你坐车付了钱，他还要从头到脚作个长揖，感谢你。这不是压迫者和被压迫者的奴役关系。这个国家本身就是个礼仪之邦，长幼有节，人际交往温良谦让，礼貌周到。

越南的女子勤劳、美丽，不论在城市和乡村，到处可见妇女负重挑担。似乎除了生儿育女，家中的生产劳动重担也主要落在妇女肩上。你不要认为，越南妇女都是常年吃槟榔，满嘴牙齿黑又亮。据我的亲身所见，农村妇女黑牙齿的居多，城市开化的地方，讲究文明时尚的女子，牙齿照样白白的、齐齐的，皮色也很美。

越南的劳动妇女，多穿重颜色衣服，黑的或者土红的。这与她们生活在烈日炎炎的亚热带，似乎很不协调。裤腿肥大，宽短，在膝盖之上，很像现代姑娘穿的一种裙裤。有一点说来让你吃一惊，那些在田间阡陌之上挑担子的大姑娘、小媳妇，小便是不避人的。蹲在地上，搂起一条裤腿，就可以“方便”。

这恐怕是有着封建脑瓜子的中国人所不可思议的。但她们“文明”起来也会让你大开眼界。就说这老钱家的两位夫人吧！先生领客人进门，她首先恭恭敬敬立在门外给你掸衣服，打帘子，迎候客人和丈夫。宾主落座以后，女主人亲自端茶盘，半跪在你面前，举案齐眉。客人端过茶盅，她才倒退着回到里屋去。仅这一礼仪程序，我就够领教了。何况还有很多孝敬老人、侍奉丈夫、养育子女的规矩呢？

我慨叹：鲁迅、郭沫若当年留学东洋，认为讨个日本老婆好，没想到越南女子如此贤淑。老钱开玩笑地说：“怎么样，你是否也想娶一位越南姑娘？”

正因为我接触了这些普普通通、勤劳善良、重礼尚义的越南人，所以三十年以后，那场不愉快的中越战争，我实在是想不通。

从1885年开始，一个世纪以来，越南这个弱小的民族，就没有过上几天太平日子。先是法国佬占领，沦为殖民地；后来是日本鬼子的侵略和亚洲其他国家一样遭到奸淫烧杀；二战结束后，又是法国统治；接下来是越共在内部闹革命，打内战；再下来是美国入侵。我们在20世纪60年代提的口号是“抗美援越”，还有个更好听的说法叫作“同志加兄弟”。我们当时的“抗美援越”在全国声势可够大的了。中国成了越共的大后方，从粮食被服到枪炮子弹，都是“无私的援助”，连中学课本上都选了越南战场的英雄事迹曰《南方来信》。

东兴这一段还有一个人特别值得一提。有一日，我沿街卖柴，一位三十来岁的解放军前来交谈，这引起我的特别警惕。此人面相和善，表情严肃，临别还详细问了我家的地址。回到家中，我说与父母。父亲没说什么，母亲倒埋怨我闯下了祸。没想到第二天晚上，他径直来到家中。当时家里人气氛异常紧张，母亲的眼神中似乎在责备我“引火烧身”。这位“大军”同志却和蔼自然，一句一个“大伯、大娘”，坐下来和二老拉家常。当时父母亲都隐瞒了真实情况，只说战乱中丢失财物的这一段。而这位同志也不追问，你愿说啥就说啥吧！倒是他自己很坦然地说了自己的身世。他叫王克勤，祖籍山东，父辈闯关东到了东北，他十几岁参加解放军，经过历次战斗升为营级干部，如今在东兴边防站工作。

没想到第二天下午，一个战士扛了一袋米送到我家，说是王政委让他送来的。母亲收了米，但心里七上八下，不知是喜还是忧。

第二次到我家，他要和我兄弟相称，还送给我几本书，有《新民主主义论》和《论联合政府》。这次的谈话重点是关心我们一家人的生活，另外详细问了我大妹参加革命和我大哥的情况。大妹在革命队伍是无疑的了，对于大哥他判断也参加了解放军，他要我们提供线索，他设法寻找。

两次来访，父母对他总是将信将疑，摸不透他到底葫芦里装的什么药，仍然认为凶多吉少，还是敬而远之的好。

突然有一天，他约我去河边的那条街看一幢房子。说是他已和军管会讲了，可以搬进去住，不收房租。这幢房子的主人逃到越南去了，只留下一个守门的老汉。

我讲给父母，二老很犯愁，不去住吧，这东兴边防权属他管，他会有什么想法？去吧，领了他的情，今后的关系将越来越近，摆也摆不脱。

伦哥和三弟想得简单，住就住呗。我们一起去看了房子，大家很高兴。两层小楼干干净净，家具齐全，天井过去的后屋是厨房，再往里走有个后门，上下石臼穿着八根圆木杠子，就算当地的防盗门吧。去掉门杠就算门开了。下边是个石头铺的台阶，一直伸向北仑河，汲水、洗衣、淘米，甚是方便。

这样好的住房又省了房租，大家就决定搬了进来。搬家那一天，克勤兄下午过来看我们，母亲留他吃北方饭，他倒非常高兴。

从此以后，彼此往来，无拘无束。偶尔我也到边防站办公室去看他。他希望我们能找到失散的亲人，他希望我能尽快参加工作，但最好是在北方。他希望我能协助他，做通父亲的思想工作，彻底向人民政府交代自己的历史。他还问我学习《新民主主义论》等书以后的感受。

王克勤曾经多次耐心地开导父亲，放下包袱，向政府交代历史。父亲被克勤兄的真情所打动，谈了自己过去几十年的所作所为，并由我帮助父亲整理成书面材料。一份交给王克勤同志，一份由父亲直接送交东兴镇人民政府。随后伦兄也写了他自己的历史材料交给政府。

又过了差不多一个月的时间，克勤兄进得门来，特别高兴说家乡政府收到了材料，证实父亲态度很老实，并说“材料写得很详细，比政府掌握得多”。

克勤兄好像一桩心事了结了，证实了这一家并非十恶不赦的反动派，当然他也免受牵连。所以他谈了下一步的打算：让我们去东兴公安局正式报了户口，暂时在这里住下来，等待失散了的哥哥和大妹的消息，一旦有了消息，就立即考虑转到内地去工作。

在这次报户口的过程中，伦兄（改名李东伦）与王嫂和我们分开登记了户口簿，即正式成为夫妻分开另住。这也算了却父母多年的心愿。后来他们移居南宁谋生。

又过了半年，到了1951年的下半年，大哥从朝鲜转寄来了“抗美援朝”军属证。克勤兄接到这个军属证，简直是欣喜若狂，似乎比我们家里人还高兴。东兴这个边境小镇可以说是中国大陆上最晚解放的地方。这镇上解放后参加革命工作的有，参军的人相对就很少了，更何况参加志愿军的，恐怕就我们一家军属。

镇政府送光荣匾那天，整条小街像过节一样热闹。匾上写着八个字“抗美援朝，光荣军属”，匾上挂着红绸抬在前面，后面锣鼓喧天鞭炮齐鸣，跟随其后的是镇政府、军管会、边防站的领导。这偏僻的小镇，哪见过这种场面，男女老少万人空巷看热闹。镇政府还送来了一担米、廿斤鱼和肉。

这可是东兴的头条新闻。从此本地人都另眼看待我家，张嘴合嘴“军属家”，再没有人背地里叽叽咕咕说我们是“北方老财”了。

这件事情以后，谋生的路活便多了，不单是靠打柴，有的商号有些活计也找我们干。比如安泰堂药店搬家，掌柜的认为我们靠得住，就全部由我弟兄二人承担。还有商号，从船上卸百货，也找我们干。在镇上干活比起进山劳动当然既省力，挣的钱也多一些。因而东兴两年，卖力气的活可以说什么都干过。我不仅成了供养父母、自食其力的劳动者，而且能靠我的劳动所得供给我的小妹在东兴念小学。

世界上的事情总是有失必有得，有得必有失。绝对的好或绝对的坏都是不存在的。我从1949年开始，应该是走向解放区的，结果闹学潮走在同学前面的人，阴差阳错，倒比别的同学在家失业多待了两年。凭着我的良心，凭着中国人的孝心，我不能在危机时撇下父母而不顾，结果生活迫使我经历了两年“脱胎换骨”的改造。然而我后来几十年经历风风雨雨，受尽侮辱、折磨，能够坚持忍受活下去，留下这条命，应当感谢东兴两年吃苦之所得。这就叫作“塞翁失马，焉知非福”也！

1951年底，大哥在朝鲜前线已和我来往通过几次信。战争年代，携家带口投奔哥哥去工作，根本不现实。在大哥的信中，我了解到中学好友胡兴民的工作地址。当时胡兴民在武昌铁路局机务段搞软水化验工作，他接到我的信竭力主张我们全家搬到武汉去，希望我在那里参加工作。

这个打算，经大哥同意，克勤兄同意，父母均感到从气候、语言、生活习俗等诸多方面的因素考虑，去武汉比较适宜。但时届年终，北方是严冬季节，御寒的衣服、被褥家人全无，不敢贸然动身。一直挨到1952年4月，才打点行装启程。

这次北上，全指望哥哥的那张军属证。东兴边防站及镇政府开了证明，沿途政府管吃管住管行，接待十分周到。

第一站自东兴乘船走海路到达钦州，第二站从钦州乘汽车到达南宁，第三站从南宁仍乘汽车到柳州，第四站从柳州乘火车到湖南衡阳，最后从衡阳乘火车到武昌。

一路上感受到各地各级人民政府的关怀。有的工作人员办完手续还亲自领我们到招待所安排吃、住，有的工作人员亲自送我们上车，叮嘱乘务人员悉心照顾我们。

一路上又感受到解放以后在共产党的领导和教育下良好的社会风气和互助友爱的人际关系。

车到武昌，胡兴民早已等候在车站多时，而且已经为我们在他工作单位附近——徐家棚租下了两间房子。没想到颠沛流离三年以后，我又回到了武汉。这时我对武汉感情上倒多了一份亲切。

初到武汉安家生活，主要靠兴民兄的工资。我们在武昌报了户口，到民政局交了军属证件。民政局很快派干部送我弟弟在武昌上中学，送小妹在徐家棚上小学，并把我申请参加工作的材料上报武汉市政府安置办公室。

# 支援西北

三年恢复时期，国家需要大量人才，青年人参加工作很容易。而对我来说，更具有两条优势：一是高中毕业生，二是抗美援朝军属，当然得优先照顾。

记得第一次给我分配工作的是中南军政委员会安置办公室的一位转业军官老赵同志。他给我开了介绍信，要我到汉阳一家机械厂去工作。任务是协助刚建立起来的党和工会组织，做工人的思想工作。老赵很和气，也谈得很简单。最后捎带了一句："先去看看吧，不满意了再回来找我。"

我按他说的地址，找到了这家工厂。但我没有掏出介绍信，只对守门的老汉说有事找党代表。实际我想进去后到处转转看看，来个"微服私访"。工厂很大，厂房车间里很多我叫不上名字的机器在轰隆隆响。我越看心里越没底，这是我从未接触过的行当，来这里工作恐怕太困难了。

过了一个礼拜，我又回去找了老赵，交回了介绍信。

老赵倒没有责备我，反而说：“是啊！一个高中毕业的大知识分子，去那里是有点大材小用。”我赶紧声明，不是这个意思，是我对工厂工人太不了解，不好工作。老赵笑笑说：“等着吧！有合适的我会通知你。”

就在这当儿，母亲参加了武汉市民政局组织的军属赴东北的慰问团。她在丹东见到了从上甘岭回到国内来轮休的哥哥。哥哥问起了我的工作，母亲如实告诉了他。大哥捎回来一封长信，严肃地批评我“不服从组织分配”“从个人利益出发，挑肥拣瘦”等等。

我真的有些后悔，加上两三个礼拜没消息，心里真害怕砸锅了。6月的一天，我硬着头皮去找了老赵。老赵见到我挺高兴的样子，对我说：“中南军政委员会和武汉市办了一个学习班，不知你愿不愿去？”我立即表示服从组织分配。拿到介绍信，我家都没回，径直到大智门附近市一女中的学习班报了到。有了上次的教训，今后再不能干什么打折扣了。

6月的武汉，骄阳似火，热如蒸笼。但这些来学习的青年都能静下心来，坚持这种军事生活。在教室的水泥地上打地铺，吃饭、学习、出操、整队、唱歌，气氛热气腾腾。参加人员基本上属两类：一部分是已参加工作的青年干部，一部分是像我这样尚待分配工作的知识青年。学习方式虚实结合，先听报告，学文件，务虚座谈，再联系自己的实际，写材料向党交心。这就是后来大家常说的“知识分子思想改造”或“忠诚老实运动”。

这个学习班，我丝毫没有感觉到什么压力。除了家庭出身不好外，我个人历史是清白的，小学、初中、高中没有什么好讲的。不仅如此，解放前夕，还参加闹学潮，也算有点“光荣”。理论学习，也比别人好一些。抗日战争相遇田叔叔，前两年又认识了王克勤同志，革命道理懂得早一点，革命书籍也看得早一点。所以我的表现、我的发言很快引起队领导的重视。

学习班结束，别的学员都分配了工作，我却被留下来，作为下届学习班的辅导员。我成了武汉市教育局的正式工作人员，每月个人的吃、穿、用一切由国家供给。除此之外，我家里的父、母、弟、妹四口人，每人每月供给生活费十万元（折合现在人民币十元钱）。有了固定的收入，母亲特别高兴。我问母亲四十万元够不够用，母亲笑着说：“干部吃中灶，一个月五万元也用不了。家里每天都可以吃鱼、吃肉。”

解放初的物价低、物产丰富，人民安居乐业，是全国人民公认的。我记得我曾被中南军政委员会抽去临时到湖南出差工作。车过汨罗这个小站，我们下车在站台上吃午饭。卖饭的摆出了四样菜：莲藕炖猪肉、炸鱼块、熟鸭蛋和青菜炒豆腐，主食是白米饭。任你吃饱，才收一千元（合现在的人民币一毛钱）。这恐怕是我几十年来吃的最便宜的自助餐。

洞庭湖畔，这个鱼米之乡，真是太富足了。共产党刚刚把土地分给农民，群众生产积极性正高，风调雨顺，五谷丰登。当时湖南常德、益阳这些交通不方便的地方，一担米（一百斤）才卖一万块钱，折合后来的人民币一分钱一斤。这在中国的历史上也是少有的。

全国解放后，不到三年，旧社会遗留下的毒疮都根治好了。强盗、小偷、妓女、抽鸦片的都绝迹了，改造好了。社会安定，“道不拾遗，夜不闭户”的太平盛世出现了。农民分了土地，免除了苛捐杂税、剥削压榨，翻身农民一下子过上了丰衣足食的日子。民富国强，真正体现了政策对头。

解放初的干部，经常被抽调出去搞一些突击性的工作。我曾被派到改造妓女的“新生院”去工作。局里领导办公室任主任，给我交任务时说：“公安局希望我们派些有文化的同志帮助他们工作。”我有了上次的教训，当然什么话也不敢讲就去了。我去的那个“新生院”位于汉口沿江大道下段的一个大院子里。进得门来，面对正在集合的红颜女子，我一下吓懵了。新生院的管理干部，差不多都是公安局由部队转业的干部，五大三粗，十分威严。院领导站在队伍前面，介绍我这个二十岁的新来干部时，下面这群女子指手画脚地笑。我面对这群根本没有接触过的改造对象，简直是手脚都不知道怎么放。院领导看出了我的为难之处，就先让我到办公室，看看材料，编一份学习简报。我是星期四下午去的，到星期六，共一天半的时间，除了吃饭、上厕所，我吓得一步也不敢离开办公室。好在这编简报算是救了我。星期六下午，一口气跑回机关。办公室的任主任，一见我就问：“怎么样？”我呆呆地站在那里，一言不发。其他同志见我的狼狈相，哗然大笑。任主任平静地说：“算了！一个二十岁的年轻干部，干这种工作是不合适，不去了！”我听了这个“免职令”几乎要哭出来。

后来听说“新生院”的工作成绩很大，他们确实把妓女改造成了自食其力的新人。多数参加了工作，有的成了纺织女工，有的当上了售货员。不少女子，在政府的帮助下成了家，真的是“新生院”使他们获得了新生。当时有一句流行的话叫“旧社会使人变成鬼，新社会使鬼变成人”，我通过亲身经历，对此话深信不疑。

1952年上半年武汉的社会情况还比较复杂，美蒋特务还在伺机捣乱。个别时候，夜晚还拉空袭警报，敌机有时还飞到武汉上空，撒反动传单。抗美援朝战争正打得激烈，另外国内几个运动同时开展，“镇压反革命运动”还没结束，“三反五反运动”正在深入。

中南局、湖北省、武汉市的各级干部，大多数都投入各项政治运动中。我被派到汉正街一家很大的布匹店“谦祥益”去搞“五反”。每天开会，就是发动店员检举揭发。当时我年轻，不过是跟着老同志跑跑龙套，做些具体工作，以提高阶级觉悟。现在回想起来，共产党要对资本家开刀，还是很容易的。只要是资本家，他总得靠剥削来积累资本。想找他的事，那还不容易。

那些在当时看来真正残酷压榨受苦人的恶霸，也确实应该镇压，否则不足以平民愤。记得有一个星期六下午，我从汉口乘轮渡回武昌徐家棚。渡江轮上发生了这样一件事：四个解放军押解了一名戴脚镣的犯人，因为此人是独臂无法戴手铐。船行至江心，犯人要求上厕所。轮船上的厕所是个封闭的小屋，有一个普通便池大小的长方形空隙，大小便就直接排入江里。四个荷枪实弹的军人，守候在门外，后来感觉听不到里边有动静，便破门而入，却不见人。原来这犯人戴着镣从排便空进入江中。船上乱成一团，人们都想跑到栏杆边看究竟。船在江心转了一个大圈，没发现任何迹象。

后来听说这个亡命之徒实在厉害，他竟能戴着铁镣独臂在长江中游了几十里，然后上岸。当然最终还是没有逃脱法网。这个人的父辈就是武汉有名的封建霸头。他为了和兄弟们争码头，曾和亲骨肉打赌，烧了一锅滚烫的油，说谁敢把手臂伸进油锅，这码头就归谁。为了钱财他失去了一条胳膊。这种宁肯舍弃自己的性命去争夺财产的人，其残忍胜过禽兽。他掌管码头以后，当然对劳苦大众心狠手辣，犯下了累累罪行。政府镇压这种人真是大快人心。

我所经历的第一个运动，即“忠诚老实”运动，倒是非常平和，不打不逼，和风细雨地过来了。可这“镇反”和“三反五反”就不一样了。我见过市教育局批斗一个有贪污嫌疑的总务科长。要他弯腰站在方凳上，一斗就是几个小时，支持不住一头栽下，满脸是血。我也见过在汉正街店员工会批斗一个不法资本家，让他头顶一袋面站着，结果不知是吓的还是累的，那个资本家尿了一裤裆。

这些场面都使我警告自己，千万不能犯错误。大家常说一句口头禅：“不贪污，不腐化，天王老子也不怕。”

这话被局里办公室的任主任听见，他只是冲我一笑。我实在莫名其妙，这个“老革命”，身上怪事就是多。上班不乘电梯，非要提前一刻钟来爬楼梯。我们这些青年干部背地里讽刺他是“游击作风”“土八路”。这个“老革命”平时对人好，特别喜欢我。没想到我们仅相处两三个月，他就调到北京去了。

临走前，我在机关门口见到他，依依不舍地说：“任主任，听说你要到中央去工作。”他非常平静地对我说：“小李，我非常喜欢你，我们一起走走吧！”我俩顺着沿江大道漫步江岸。远近的轮船，有高音有低音地拉着汽笛，江面上风高浪大，船行江心，大江似锅底一样凹了下去，似乎船沉江底，险象从生。这景象不知是给他送行，还是预示着我俩的命运，反正我记忆犹新。

任主任开门见山地说：“我走了，希望你多保重。遇事要多思考，少说话，祸从口出嘛！你心直口快，是个好青年，工作能力也强，是机关上非常显眼的人物，这就很危险。什么时候，大家认为有你没你都一样，被人遗忘了，你就会平安无事。”我万没想到他会说出这样的话来，当时似懂非懂。几十年后，真正尝到人生的艰辛以后，才越发体会到这位老同志的哲理名言的可贵。

后来的“训练班”改名为“武汉市师资培训班”，我留下以后又继续干了两期“辅导员”的工作。当时的大表兄王柳塘在汉口球场街铁路道口附近摆了个香烟摊。二表兄王柳松从老家来投奔他，也住在一起。他俩见我有了固定工作，也一起来找我，经我介绍进了培训班。对于大表兄我倒放心，因为我了解他，在旧社会不过是个小学教员，我上小学时他是我的老师。当时有个漂亮的女老师叫刘淑贞，两人算是谈恋爱吧。我上小学二年级时（1937年前后），常常替他们传书。不久听说刘淑贞要和他私奔。他家老人硬是赶到许昌把他追了回来。其实这次是刘家姑侄去投奔革命，同行的有刘淑贞、刘晓等好几个人。我的大表兄被家人抓回来，跟北关梅家的小姐完了婚，安生过日子。抗战胜利以后，他干过一段税务，除了家庭出身是地主外，历史上也不会有什么大问题。我那二表兄就麻烦些。前面我已谈及过他，抗战时期，进了西安的“战干第四团”，毕业时蒋介石还给他们发了武装带和小佩剑。后来他在国民党军队里当尉官，一直到解放才逃回了老家。无论如何他俩总算在“师训班”毕业了。大表兄被分配到汉口一所小学教书，二表兄被分配到长江航运局第四中学任教。几十年来，运动中少不了是运动对象，也下放到农村劳动过，但总算熬过来了。20世纪80年代初，我两次到武汉开会，均见到了他们。大表兄1992年去世，二表兄一家现仍住汉口江岸。

在“师训班”期间，我和大表兄有一次谈话，至今还能记得。那是1952年的八九月份，天气很热。晚饭后，我俩顺着沿江大道散步，话题当然是从他的交代历史谈起。我曾问他：“你一个小学教员，三四十年代能拿多少薪水？”他对表弟当然是直言相告的。他说：“抗战前期，钱还是当钱用。我一个月拿来的三十几块可以买一辆英国制的三枪牌自行车，平均维持一家人的生活没有问题。小家庭，我、老婆、孩子三口人，还可雇个用人。我自己还经常在外面吃馆子。每月还可给父母一些零花钱。”这是我第一次了解到国民党公职人员的实际收入。我明白了国民党的金圆券、银圆券和关金等的货币贬值，也不过是抗战胜利后这几年的事情。

这年十月一日前后，中南军政委员会传达了一个文件，要求青年干部自愿报名支援大西北的建设。由于西北地区落后，很需要中南这些先进地区的文教、科技干部。中央决定抽调中南干部五百人支援西北，条件是：政治可靠，高中以上文化程度的青年干部。我应该属于合适的人选，当然不甘落后地报了名。我当时幼稚的想法是走得远一点该会影响小点。报名的阵势很像参军抗美援朝，甚是踊跃。说实话，报了名心情也是矛盾的。一是报了名如果不批准，证明自己政治条件不合格留下来会叫人瞧不起；二是如果批准了，父母年迈，弟妹幼小，我远走边疆留下他们，也放心不下。所以报名支援西北这件事我守口如瓶，从未给家里人透过一点风。忐忑不安地等了半个月，初选通知下来了。我们二十几个人集中在岳飞路的一幢房子里，原“师训班”的只有几个人，其他有党校的、公安局的、市委的、政府机关的、学校的等。从籍贯看有湖北湖南的、江西浙江的、河南山东的。总的有两个特点，男多女少；单身多，成家少。年龄在二十五岁以下的有高群、顾群、姚德等，我和杨明光、王起雷、胡蘋凤都是刚二十出头的年轻人。

集中等待出发的时间，记得差不多有一个月。这个阶段除了“打牙祭”、看电影、逛公园，也没有安排任何学习，好像是放任自流。多少年后，才听当时西北局派去工作的同志陈荣讲，当时这样拖了一段，有两个作用：一是无人管理，正好能暴露这批人是否真的有准备到艰苦的地方去锻炼，如有动摇的表现，就趁早留下来；再是西北要的人数是五百，中南报名的人经过严格挑选，只能选出二十几人，西北要人的原则是宁缺毋滥，所以就要再等中南增加人。

这一段时间我还是老主意，“守口如瓶”，不给家人讲。实际上，看似没人管，暗里倒有人管。当时我们的队长是顾群同志，年龄大，结过婚，部队转业到公安局是个党员，又有文化。他待人热情，诚恳正直，能团结同志，会做思想工作。

记得我们中间有个湖南人叫赵哲，脾气暴躁。有次吃早点，他竟把一桶“八宝粥”倒到地上，以示抗议。嘴里还嚷着湖南湘乡话，意思是：天天“老三样”，油条、豆浆、八宝粥，怎的叫人吃得下。为此事顾群同志主持了生活检讨会。大家当面批评他的“资产阶级思想”，浪费粮食，不爱惜农民的劳动成果。那时的“生活会”，以诚相见，以理服人，还真的能解决问题。后来，由于赵哲检查深刻也就没取消他到西北的资格。

11月，武汉的天气也开始凉了，中南军政委员会也有了消息，让我们做好动身准备。上边也发给每人一百二十万（旧币折后来一百二十元）安家费。记得我把安家费如数交给母亲的时候，她老人家的确表示惊讶。母亲问：“为什么发了这么多钱？”我只得按照事先准备好的谎话说：“天气快冷了，组织上发的钱是让全家做棉衣、棉被用的。”

实际上，我已给父母写好了一封告别的长信，就装在我的背包里。离家那天，天下着小雨，全家围在一起吃了一顿晚饭。妈妈见我拿回来那么多钱，当然高兴，但她又怀疑我说的马上要出差到湖南，可能时间比较长。表现异常的是我小妹，那时她上小学三年级。这顿饭，她一定要靠着我坐，而且不时地往我碗里夹肉夹鱼。说实话，我心里万分悲痛，三年最苦的日子，父母弟妹都是靠我来养活的。患难与共，骨肉亲人。今日离别，着实不想这样做，可又不得不这样做。因而就想早点离开好，免得感情控制不住。吃过饭我就借口下雨，天晚了不好过轮渡，就匆匆地离开了家。就在这时，小妹执意要送我，怎么哄劝都无效。我心乱如麻，我怎么样下得木楼，在蒙蒙微雨中走向徐家棚码头，我已方寸大乱，无法回忆。只清楚地记得离码头一百米处，听得一声哀怨的汽笛声，让人肝肠寸断。我命令似的对小妹说："我要赶船了，你快快回去！"顺手掏出五千元（合现五角）塞在小妹手里。转过头来，我已视线模糊，码头、江面、船只一切都看不清楚，是雨水或是泪水我已不得而知。

走近码头，我先把贴好邮票的信投到码头上的邮筒里，然后买票上船。

抗战时期，我十二三岁就离开了家，但我不觉得痛苦。一是离开沦陷区，到大后方去读书，要和抗日的军民在一起，倒有些兴奋；二则或许是"少年不识愁滋味"，对这离别之苦实在体会不到。

这次就不同了。我坐在轮渡上层面对江面的一个位子上，周围都是些什么人，谈论些什么，我全然不知。大江宽阔，浩瀚无边。我只觉得父亲的身影在我眼前晃动。走时匆匆，注意力全在劝阻小妹送行上面，却忘了跟父亲道个别。父亲算是见过世面的人，年轻时投笔从戎，跟着冯玉祥，转战中原。在中条山参加过蒋、冯、阎大战。老冯向老蒋交了军权，他们几个老部下甚是不满，退了下来，回到故里，按他的说法是"乱世英雄半归商"，在故乡多年来，只搞些慈善事业，什么红十字会、救济院、医院等。1948年举家由武汉搬迁到广西桂林，李宗仁、白崇禧的老家，也只是为了躲避战乱。临近解放，他绝不会再向南逃，去投奔蒋介石。他跟我们讲，要留到大陆等候解放。他常说，他对士兵爱兵如子，对百姓救困济难，多做善事，没有罪恶。没想到战火临头，一夜之间变成了家贫如洗的流浪者。两广三年的苦日子，再困难他没有一句怨言，总是沉默不语，忍受着痛苦。返回武汉后，我有了工作，家有了固定收入，父亲仍是那么简朴，母亲给他做的白布上褂，总是晚上洗了，晾了一夜，第二天依旧穿它。我背着他在汉正街给他买了件灰色干部服，他平时是舍不得穿的。老花眼镜坏了一只腿，就穿了一圈白线绳，套在耳朵上戴。是我偷着给他拿到眼镜店，花两千元（折合现在人民币两毛）配了个镜架。有一次，我到武昌办公事，想顺路回家看看。行至徐家棚火车站，在密集的轨道中间，突然发现一个熟悉的背影，胖胖的身躯，中等身材，背微驼，依旧是穿着那件洗了多次的中式白上褂，肩上扛着三四十斤的米袋子，正吃力地朝我家的方向走去。我猛地跑过去，抢过米袋背在身上。这时我的眼泪，一下子唰唰地流了下来。回到家中，我好埋怨母亲，希望她以后的重活安排在星期天，让我来干。孟夫子曰："颁白者不负戴于道路矣。"我这个不孝的儿子，怎么能让六十多岁的老父亲去扛米袋？当时我似乎要下决心永远留在父母身边，以尽孝道。可现在，我走了，而且是不辞而别，心中的悲痛，又敢向谁说？父亲那扛米的背影留在我的心中，太深、太深，似乎是一种自疚。朱自清先生1925年到北京去，在南京浦口车站，望着他父亲过铁道、爬月台去买橘子的背影，"那肥胖的青布棉袍、黑布马褂的背影"，他流下了眼泪。今天看来也太有点"布尔乔亚"了吧！他只是表现了寻常的父子离别之情而已，何至于如此悲切？我与父亲之离别，实在是有难言之苦，出于无奈。但又得瞒着双亲不忍看到那悲痛欲绝的场面，强忍着眼泪往肚里流，竟连一句道别的话也没有说。况且此一去，何时见也。我清楚地意识到，疾风暴雨式的群众运动就在眼前，按照父亲的出身，父亲在旧社会的经历，该是凶多吉少。

正在胡思乱想，不知何时轮渡已靠到汉口江汉关码头。雨中的沿江大道，秋风寒意，浸透肌肤，凉透了我的身，凉透了我的心，我快步走向住地。

同志们都回来了，一时又热闹起来。顾群兄微笑着对我说了一句："你总算过江来了！"似乎这是对我的一次考验。

离开武汉的具体日子，大概是1952年11月4日。车站送行的场面很热烈，记得我们每人都戴了大红花。中南军政委员会、湖北省、武汉市的领导都有来送行的。我只记得时任武汉市教育局长的凌沙同志也来了（赵毅敏同志的夫人）。凌大姐拉着我的手说："小李，听到先念同志的讲话了吧。希望你们能在大西北，生根、开花、结果。"李先念同志还很幽默地说了一句话："不要中途开小差跑回来。回来是'无面目再见江东父老'的。"

火车徐徐开动了，站台上送别的人群中，有一部分亲属，洒泪挥手，这又勾起了我对亲人的思念。不知我投递的那封信现在到达没有？

车厢里，气氛很活跃，有人泡茶水，有人吃烧鸡、吃饼子。代表西北局来接我们的两个同志陈荣、陈世荣，分头在跟每个人谈心，安定情绪。窗外的景色，我是熟悉的，车过武胜关、鸡公山，进入大平原。秋天庄稼已经收割，裸露着黄土地，一块一块，整整齐齐。远处的小山、村庄仍是一簇簇的绿色，一晃而过，放羊的牧童，赶牛的老汉，悠悠闲闲，真是一片太平景象。

火车过信阳，已是暮色苍茫，只可见远近点点灯火似在游动。车到郑州，已是深夜。我们在这里下车，等候转车往西到西安去。

郑州站当时很简陋。车站是一排平房，候车室只是个大的席棚。站上过往行人不多，几个铁路老工人正在打扫站台卫生。候车室内有一个二十来米长的无人售货摊，摆放着毛巾、牙刷、牙膏、香皂、口缸、书籍、报刊、信纸、信封、邮票、衣服、鞋帽，可以说真像一个小百货店，琳琅满目，应有尽有。就是没见售货员，只是两头摆放有两个自动投钱的箱子。我和杨明光无事在这里闲转悠，当然就会引起好奇心。我们问一位正在擦凳子的铁路老工人："这无人售货处谁来管？"老人笑着说："无人售货处，当然是无人管哪！"又问："无人管理，怎么知道钱卖得多了，少了？""哎！同志，你们没看见，每一件物品都有详细的价码标签？过往群众，会根据自己的需要，自觉取货，自觉投钱。钱一般一天收下来，只会多出来，不见少过。譬如这牙膏标价七百元，旅客需要，又不好找零钱，就投进去一千元。群众都很自觉，不见短货少钱的。"

老同志说得轻松，我们却上了一堂生动的道德教育课。几十年后，我还在大学的课堂上讲道：我见过社会主义精神文明。其实例就是郑州车站这一幕。

车到西安，西北局组织部早有人在车站接我们。行李装了卡车，人乘坐中型客车，径直进了新城。这新城是西安的城中之城，有点像北京的故宫，是西北局主要机关所在地，靠西有一平房院叫西北局第一招待所。西北干部给人总体的印象是朴实、厚道。我们到来的第一件事是每人发一套棉被、棉褥和一套灰棉制服，上衣是四个口袋的，当时流行的是八路军服装，外加一个灰棉大衣。我虽然是个北方人，可这些年在两广两湖读书、工作，已经多年不穿这棉衣了，倒觉得有些亲切。有些南方同志干脆没有体会过穿棉衣的味道，则十分新奇。西北局的同志十分耐心，热情地帮大家试穿，其情谊甚是感人。

第二天是星期六，又是会餐，又是看节目来欢迎我们。晚上八点整，西北局的首长们来到礼堂，为首的是习仲勋同志，他看上去非常年轻，似乎只有三十多岁。我们坐在第三排。习仲勋代表西北局对中南来的同志致了欢迎词，颇有鼓励性。我只记得他讲了这样几句话：你们进了潼关，踏进西北大地，脚下每一步都蕴藏着丰富的宝藏；西北是祖国的宝地，需要更多的人才去开发，去建设。

当时彭德怀已去了朝鲜，西北局的工作就由习仲勋主持。

在西安住了近两个星期，一是定每一个人的具体工作地点，在陕西、甘肃两省分配；二是等待天兰铁路通客运，直接坐火车去兰州。（天兰铁路1952年10月1日通车，但只是试运行。）

我们这二十几个人中，除了我到过西安，其余的都是第一次来这西北的大城市。这段时间正好他们可以充分游览这座历史文化名城。顾群兄领着这帮青年，今天登大雁塔，明天游碑林，兴致颇高。

抗战时期，我闲住在西安几个月，别说这钟楼、鼓楼，就是那临潼、华清池，我也是到过的，因而没有和他们一起闲逛的兴趣。

无事在招待所看看书，洗洗衣服，脑子里却不停地怀念骨肉亲人。一日，组织部的孙同志陪我说话。我忽地想起我的大妹来。在武汉听我的同学胡兴民讲，家乡人说，我的大妹李东芝，解放后到西安工作。这时我贸然问孙同志，西北局机关有没有个叫李东芝的？孙同志当即回答："有。就在军政干校工作。""我马上回去打电话，说他哥哥也到西北来工作了，她一定会很高兴。"这突如其来的消息我实在不敢相信，这真叫"踏破铁鞋无觅处，得来全不费工夫"。自从1948年在羊楼洞分离，转眼已经五年了。战争结束后，我们一直在寻找大妹的下落。大哥是1951年从部队把军属证寄到了广东防城东兴，但大妹一直打听不到消息。谁能想到，我贸然问的这位孙同志，竟告诉我妹妹就在我的跟前，这可能吗？

我们兄妹失散多年，重逢的消息很快就传开了，西北局组织部和西北军政干校非常重视，定在当天下午由组织部派车送我到南门外小雁塔干校和我妹妹见面。下午一点半，招待所院子里来了辆美式吉普，由组织部一位王科长和孙同志陪我到干校去。谁知妹妹心急，吃过中午饭，就和两位女同志到大门外接我去了。我们到达干校会议室，妹妹还等在大门外，于是吉普车又上来接他们书记，转到大门外去找她回来。

我翘首站在会议室外等她。大妹下车了，第一眼给我的印象是妹妹长大了。可不是吗？十五岁离开，今年已经二十岁整了，应该长大了。妹妹看见我，一句话也说不出来，只是笑着哭，惹得他们的书记、队长都笑着安慰她：“好了，好了！兄妹见面了，该有多好！”

西北局组织部和其所属的西北军政干校，为我们兄妹见面真的做了精心安排，包括打扫卫生，会议室桌上铺上白布，摆上花生、瓜子、葡萄干、瓜干、水果，很有些“开会”“迎接贵宾”的意思。

这个“仪式”倒很简单，我们兄妹只知道彼此现在的工作和身份。离别这四五年的情况，就要靠我们单独接触谈话了。此后，我到干校，她到招待所来往过两三次。

原来大妹过江北上以后，辗转到河北邯郸找到了陈天，这就算参加了革命。后来这一批人被分配到各自不同的部队去了。不久，党中央由西柏坡迁到北平去，她也随之进了京。在北平她又被挑选去参加解放西北的工作。西安解放不久，他们就穿过山西，从晋南过黄河来到了西安。先在西北军政委员会文教部，后又被抽去干校培训干部。

我从和大妹的接触中了解到她已有了男朋友，她第二次来西北局招待所就带他来见了我。这是一个胶东的小伙子，名叫陈山英（即后来的大妹夫）。他们原准备结婚的，听到我从武汉前来支援西北，把父母、弟妹撂下无人照应，就准备把家人接到西安来，这倒替我解决了个大难题（1953年春天就把武汉的家搬过来了）。

另外西北局组织部安排了我们兄妹见面后，立即提出留我在西安工作。我和大妹当然都不会同意这种“照顾”。当时很时兴“到艰苦的地方去”。况且，我在武汉已经表态，宣誓到边疆去工作。原打算是到新疆的，只是这次只分甘肃、陕西两省，我才决意到甘肃去。

妹妹和妹夫见我有这个态度，很是高兴。妹妹在西安街上买了三件东西来给我送行：一支钢笔，一床棉褥子，一双高筒的白色运动鞋。我从武汉动身时，不敢从家里拿衣物，只带了出差的小行李卷，枕头里装着几本书，随身内衣裤，外加一个网兜装着脸盆和洗漱用具。这一下增加了西北局发的一套棉衣和大妹送的东西，我的行李就比别人大了许多。

十一月底，我们乘火车到甘肃。我记得当时是十三个人：顾群、高群、姚德、左建盛、杨明光、王起雷、胡蘋凤、朱祚忠、老彭、范炳荣，还有江西南昌来的一男一女（后来分到兰州女师），加上我本人。

火车半夜到达天水，杨明光把我和王起雷都叫起来，说是进入甘肃境要冻死人了，要起来坐好，把棉衣穿上。还说，这里是真正的冰天雪地，滴水成冰，听人说尿尿都要拿根棍子。现在想来很是可笑，可在当时，并没有人讥笑这些疯疯癫癫的人说的话。

第二天早上，在餐车吃早点时，围绕兰州的话题，我问了陈荣同志很多问题。譬如：兰州有没有电灯？有没有跳舞的地方？天寒地冻，地里不长庄稼，树上不结果子，人们吃什么？总之是把西北的苦寒想象得太可怕了。

车到兰州站，给人的印象非常荒凉。一则是刚通火车，站台是临时的席棚子，光秃秃的，不要说树和花，连一根草也看不见。二是这兰州站，地势环境太差，靠着皋兰山的阴面，向北面对的是一堆黄土的白塔山，这荒山苦岭真的是寸草不生的。早晨微弱的太阳像个黄球，人置身于这黄色之中，备感凄凉，胡蘋凤面对着皋兰山垂泪，我们这些男小伙儿只是相对无言。

来了两辆车，一辆装行李，一辆坐人，直接把我们拉到文教厅。当时文教厅临时搬到广武门外，邓家花园对面，一个平房院内。平房是新盖的工字形，人事厅在西，文教厅在东，各占一半。厅里上上下下接待我们极为热情，先让我们休息适应环境。白天是全厅的聚餐欢迎会，晚上是招待舞会。我们怀疑这是陈荣同志在火车上了解到的情况，回来向领导汇报后特意安排的。

晚会的地址在西北大厦。这西北大厦并不像武汉江汉关一带的大厦高楼，不过是个青砖红瓦、三层楼的建筑群。是当年张治中将军任西北行辕主任时特地盖的，是与“三爱堂”配套的建筑，但红漆木地板的大厅倒也气派。条桌上摆满了冬果梨、红枣、花生、瓜子、葡萄干、瓜干，似乎在向我们这些江南来的年轻人展示这兰州瓜果之乡的富有。伴舞的是甘肃省文工团的女演员，比起武汉女子确实要标致得多。

“聚餐”“舞会”“果品”实际上是给我们这些江南来的支援西北的青年人做思想工作，希望我们安下心来为西北建设服务。

过了几天，闲来无事，我们信步走到省政府去看看。听厅里的工友老刘介绍这里有个“中央广场”。

我们一行人进了广武门，朝西一边走，一边问。真正到了“中央广场”，却谁也不敢相信这是“广场”。它东、西、南三条路，北边是省人民政府。这“场”本是路，在这儿转了个圈儿，一点也不“广”，充其量也没有足球场一半大，且中间还建了个“钟亭”，很像抗战时期洛阳的“钟亭”，四面有约六十厘米见方的钟表供过往行人看时间。我们这批刚从武汉来的青年，可确实见过广场。武汉市长李先念为迎接“亚洲及太平洋区域和平会议”的外国代表从武汉经过，特别在解放路搞了个大广场，能容纳四海宾朋二十五万人在广场跳舞。相比之下，这也算个“广场”吗？“广场”没意思，就漫步街头看看这西北大城市的市容景观吧！

毛驴在街上跑是一景。街上跑的毛驴大抵有两种。一种是驮水卖的毛驴。小驴驮着两个大木桶，驴屁股上坐个十几岁的小孩儿，给人家送水卖。当时兰州没有自来水，卖水的要靠肩挑或驴驮，到水北门或河水道的黄河边去提黄河水，倒在用户的大缸里。机关单位是倒在水窖里，放上明矾，搅拌以后让浑水沉淀为清水饮用。再一种是毛驴从阿干镇驮煤炭。大口袋装的炭，压在驴背上，小驴腰都弯了。赶驴的少年仍然坐在驴屁股上，手里拿个小鞭子，“扬鞭催驴”，口中高喊：“倒来！”至于是什么，大家心知肚明。那口袋是黑的，驴是黑的，赶驴的除了两只眼睛和吆喝时嘴里的牙齿，满头满脸全是黑的。

顺中华路（张掖路）再往西走，不远就是城隍庙，门前有个阁楼，四周停有马车，这是兰州城到市郊的交通工具。那赶车人口里吆喝着地道兰州话：“十里店子，徐家湾……

二百大（兰州方言“大”就是“元”的意思）。”

从西关十字向北走到黄河边就是“中山桥”。这“天下第一桥”据说是20世纪初修建的黄河上的“第一座桥”。黄河流经兰州，河床很窄，只有四五百米，比那武汉的长江江面、河南花园口的黄河河道，烟波浩渺，气势恢宏就相差太远了。我猜想《庄子·秋水》中描写的那位见到东海而“望洋向若而叹”的河伯，可能是从兰州的黄河出发去东海的吧！这哪是黄河？中原地区淮河支流的汝河、湛河，帆船往来，水深水宽，也比这黄河大。

这“中山桥”是水泥桥墩、铁架子，上面铺了木板。年久失修，已经破烂，加上1949年8月26日兰州解放战争中，曾烧了一部分桥面，就更成了千孔百疮。

桥头河边停着几架羊皮筏子，倒是个稀罕物。那筏子，一般要用九张整羊皮，人在一只羊腿上留下一小孔吹气。气吹足了，鼓鼓囊囊，油光发亮。九张充气的羊皮，四张五张并在一起，用竹、木做个排，把它们连成一体就成了很轻而浮在水面的羊皮筏子。这种水上交通工具，上游马滩的农民进城卖瓜，下游雁滩的菜农进城卖菜都乘坐它，很是方便、快捷。这也算是兰州的一景吧！

后来，听到了一个兰州顺口溜叫：“兰州城，皋兰县，羊皮筏子当军舰，砂锅里煮的是洋芋蛋……”

初到兰州，印象中它实在是没个省会的样子。国民党给我们留下这么个烂摊子，号称有十八万人，我看是虚数。街道路面无平坦可见。人说“无风三尺土，下雨一街泥”。用电只有个郑家庄发电厂，到夜晚电灯忽暗忽明，似乎电厂的炉子没有吃饱肚子一样，有气无力。人说“电灯不明，马路不平”，加上没有自来水，没有市内公共汽车，这里真的非常落后。

落后是这城市的环境条件，可另一面这人真的淳朴、老实，对人诚恳。可能与交通闭塞有关系，也许是保留了古老的民风，道德面貌确实好。

就说我们文教厅的工友老刘吧，他是本地人。他的工作主要是上下班摇铃，给各科室送报纸，再就是打扫办公室卫生。我们这些刚来的单身小伙子住在最南头的一间大房间里，每人一张单人床，我们的卫生也由老刘打扫。我们这些刚来的年轻人，基本工资分定为一百九十五或两百一十元，比刚毕业的大学生还要高。刚解放，我们国家在机关试行供给制、包干制，后来在1952年改为工资分。工资分由省物价委员会每月根据本地五种商品物价规定每“分”多少钱。这五种商品系生活必需品，比如：棉布、棉花、米（或面）、食油、煤炭等。每月在报上公布。甘肃是十一类地区，工资分值要比武汉高得多。我记得在武汉，我每月能领四十多万元（即四十多元），而到了兰州，我每月能领六十多万元。1953年初兰州公布工资分为三千一百六十七元（即一分三千多，合人民币三毛多）。我们这些光棍汉一个月交伙食费七万元，其余真的没地方花，我每月给父母兑二十万元足够了。很多人的钱没地方放，就放在枕头下面。第二天早上床下一地钱。这位忠实的工友都替我们捡起来交给我们。要说拾金不昧，那时的“雷锋”就太多了。

我被分配到社教科。这社教科全称应该是社会教育科：

干部教育、工人教育、农民教育都归这社教科管。当时社教科还附设一个比它大的机构，叫“甘肃省扫除文盲工作委员会”。1952年底、1953年初，我们办了几期“扫盲干部、师资培训班”，主要抽调兰州师范、临洮师范、武威师范等应届毕业生，搞短期培训，然后分到各地工作。

我起初被分到武威队任大队辅导员，这些学员乡音太重，我听不懂他们讲话，要求调换。这样就到了临洮队。“临洮话”也是方言很重，但我不能再挑三拣四啦！

好在我遇上了个好领导——我们科长华尊舜同志，此人对我一生影响很大。老华当时三十来岁，在旧社会上大学时，参加了共产党，斗争经验、工作经验都非常丰富，工作计划性强，有魄力，有组织能力，对下属爱护、热情、诚恳。老华是本地人，是兰州南山阿干镇人。祖上有田产，还是兼烧陶器的窑主。早婚，多子女。按照他的说法，旧社会他是地下党，整天东躲西藏，几个月才能偷着回去一次，结果下一次回家，老婆就生了娃娃，就这样一连生了八个。1953年春节前后，我们在兰州市文化馆办学习班。有天夜里老华加班回中街子，他的老宅。结果，进得门来，就炕边一查鞋，少了一双。叫起老婆一问，正好丢的是“哑巴”。老华转身跑回文化馆，把我们都叫了起来，去找孩子。那时交通工具、通信工具都很落后，只靠人在大街小巷找。最后找到后半夜，在贡元巷派出所找到了“哑巴”姑娘。忙了大半夜，老华还请大家吃了馄饨。

跟老华一起工作，真叫“干革命”，干起活来，没明没黑。各队都要办简报，我连夜印简报，结果太累，趴到油印机上睡着了。醒来大烧大冷。老华马上要厅里来车，把我送进小西湖陆军医院。检查的结果是急性肺炎转为肺结核。这在当时是比较可怕的病。厅里上下都很重视。除了各科室同志们来探视外，刘海声厅长、张金翼秘书长都亲自来看我。当时进口的盘尼西林很贵，但厅长告诉医院，尽管用进口药治疗。肺病是个富贵病，只要吃好，睡好，用好药，年轻人好起来快。

我在医院住了三个月，医疗费用全公费，连每天的牛奶、伙食费都有补助。医院有位护士长，也姓李，我就叫她大姐。她照顾病人细致周到，我每日三餐，全是她调配的。爆炒猪肝，白菜豆腐，香菇鸡汤……美味可口。李大姐对别人探视送来的东西，检查很细，绝不允许带进一根纸烟。我从此戒掉了多年抽烟的恶习。

三个月以后出院，本来厅里还要送我到广武门外干部休养所去，我执意不去，就回到厅里半日休息、半日上班。为了营养跟得上，总务科给我联系了小沟头的悦宾楼饭馆吃包饭。一日三餐，早点，牛奶、八宝粥、油条、包子；午、晚两餐，四菜一汤，任你挑。每月交廿五元钱。去悦宾楼来回坐三轮车，包车每月六元钱。这一段，我在生活上很“资产阶级”。

半天上班，在厅办公室，就更多地接触厅长、副厅长、秘书长们。张金翼同志给我安排的工作是来往公文摘抄。中央、省上来文、批示，各地、州、市呈文，都要摘要抄录以供厅领导和相关科室处理。

偶尔我也给张秘书长起草些上报材料，交秘书长审阅。

张金翼同志真的是我公文写作方面的老师。他看过我起草的东西后，往往在原稿上画出许多符号，加上批语，启发你自己修改，或者改了让你体会到为什么这样写，好处在哪里，绝不大删大改，越俎代庖，挫伤你的积极性。若干年后，我在机关写总结，写报告，汇总材料，能够得心应手，就得力于这一段的基本功训练。

1953年春夏之交，我的身体基本恢复，曾经和科长华尊舜同志一道出过一次差。这次的任务是“中小学核实基数”，即调查一下农村中学或小学的设置、布局。从各区乡农村户数、人口基数、学龄儿童基数，定中小学布局及班级、教师基数。

这次走的路线是兰州市近郊及皋兰县东边各区乡（后属榆中县管辖），然后从南边进临洮再从阿干镇经太平沟回兰州。历时二十天左右，走了陆家崖、金家崖、连达、麻家寺、定远、王家坪，进宫炭沟，沿马衔山进临洮去新甸，转头再从阿干回兰州。

每到一所学校，都有区、乡领导陪同，把我们当“督学”一样，恭恭敬敬。只要进教室，老师都会喊“起立”迎接我们。因而，搞得我们再不敢进教室，只在窗外悄悄地查人数。

这是我第一次到西北农村，有几件事至今触动着我，记忆犹新。

记得有一天黄昏，摸黑经过张家河、沈家河的山沟里。忽然发现有一个黑影躲进灌木丛中，我警惕地对那位副区长说：“有坏人！”想让他拿枪（他带有短枪）去抓人。没想到他过来用力地捏我的手，示意我快走开。走过去后，他低声地告诉我："那是个女娃，没有裤子穿，夜晚出来干活。"听了这话，我实在寒心。几十年后，只要提起农村的"贫困"，我的脑子里，就会和躲在灌木丛中的黑影联系起来。

我们离开麻家寺，听说有个叫"底堰子坪"的地方有所小学。老华让我一人去看看，他去祁家坡完小等着我。我在田野里，来回问老乡，中午11点多，总算找到了这座前不靠村，后不靠店，孤零零建在坪上的破庙。庙里的山神、土地犹在。只是在庙堂供桌前，摆放着高高低低、各种陈旧颜色的桌椅板凳，大体可坐二十几个学生。庙门开处，我第一个见到的是位二十多岁的男子。我实在判断不出他的身份，穿的是破衣烂衫，两只脚的鞋还不一样，戴一顶破毡帽，越显得比实际年龄老多十岁。这打扮和本地的羊倌儿没什么区别，但眉宇间又看得出是个读书人。我大胆地问了一句："你是这里的老师？"他答应的声音很小，两只烟熏火燎的手，下意识地在大襟和裤子上抹来抹去。我不敢说我的来意，怕吓着他，只说路过这里进来看看。中午时分，是孩子们放学吃饭的时候，老师要把孩子们带来的午饭，不管是洋芋，还是苞谷面窝头，用一个大笼在锅里蒸热了，一边吃，一边喝这锅里的蒸汤水。二十三四个学生，一边吃一边用奇异的眼光看着我这个陌生人。听杨老师说，一共有四个年级，二十几个学生，同在一个教室里。一个年级上课，其他年级上自习。只有体育、音乐、图画是大家一齐上。体育是抢沙包、攀杠子（院里两棵树杈间，架一个杆子，就算单杠了）。冬天没炉子，冻手冻脚，最好的办法是去跑步。

跑热了，就坐下来上课。语文、数学、政治、自然、地理、历史等，所有小学低年级开设的课程，都是杨老师教。你听说过这样的教师吗？他真的是“十项全能”“教师楷模”，真的是为乡村教育呕心沥血，贡献出毕生精力。但他是民办教师，是没有工资的乡村教师。家里穷，上不起学，只读了初中。1951年，就到这破庙小学当“孩子王”来了。“底堰子坪”，这个山神庙，离四村几乎是等距离二三里，但因贫困，旧社会只有私塾，没有学堂。解放后，四村都想让孩子们读点书，就搞了个“村办初小”。杨老师不拿工资，只收粮食、实物。有的学生等夏粮、秋粮下来，就拿几十斤粮食给老师；也有的家庭拿鸡、牵羊羔、抱小猪来交学费；实在不行，也有给老师挑一担柴草当学费。杨老师是什么都收。洋芋、大蒜、鸡蛋、苞谷棒子都算数。这比历史上的孔夫子伟大得多。听说当年孔夫子，只收干肉。这位“十项全能”教师，还有很多兼职。庙倌——庙堂、庙院、里里外外，洒扫清除都是他。每逢农历初一、十五，进香的、许愿的善男信女都得侍候。“孩子的保护神”——这里学生年龄相差很大，小的只有六七岁，大的已经十五六岁。夏天，怕山沟发洪水，有的学生太小，杨老师要一个个背他们涉水。冬天，下雪路滑，又要招呼他们下坡、上坪。日子短了，放学天就快黑了，害怕草丛中有狼，老师就拿着棍子保护孩子。孩子们放学了，杨老师才有时间喂猪、放羊。虽然，我在这个特殊学校只待了三个多小时，但我着实感动。我想古今中外的教育史上，这位教师可称“楷模”，实在是太伟大了。离开“底堰子坪”去祁家坡的路上，我独自在想，我要尽一切努力争取让“底堰子坪”成为公办小学，杨老师成为公办教师。我当时还给《甘肃日报》投了篇稿子，写的就是杨老师的事迹。

祁家坡小学，是所完小，王家坪小学也是所完小。到王家坪的那天晚上，天很冷。当地干部安排我和老华在老乡家睡热炕。刚吹灭油灯，我就听得像下细雨一样沙沙响。赶快点灯，发现顶棚上臭虫像蚂蚁行雨一样，千军万马地爬动，有的还像伞兵一样，往睡人的地方跳。望着这情景，我真的浑身起鸡皮疙瘩。我央求老华，赶快离开这地方到小学去，就是睡到教室桌子上也比这儿强。老华好像很沉得住气，说：“当地干部安排我们住在贫困农家，我们不打招呼就离开，影响不好。”又说：“农民一辈子就这样生活，我们睡一个晚上都不行，恐怕不妥。”可能是亮灯，加上人坐着说话的缘故，爬动的臭虫少多了。老华躺下了，我仍在炕边的木椅上坐着。只听老华迷迷糊糊地说：“当年我是地下党，到处东躲西藏的，什么样的地方没睡过。现在有热炕，你偏去坐‘冷板凳’。”话没说完，就听到他开始打呼噜了。

从官炭沟，过马衔山，去临洮，走了一段高寒地带。马衔山山顶常年积雪，山脚下，经常烟雨茫茫、雨雪交加。有一段路，山谷中只有一条马道，两边高山，全是茂密的原始森林，几里路不见一户人家。一片云过来，下起了雪珍子，迎面来风，头发眉毛，前胸袖襟，全变白了。这地方，无处躲藏，只有硬着头皮往前走。大约半个小时后，发现路边山坡上有一户人家。进得房来，只见父子两个。大人大约三十来岁（实际或许年轻多了）。小孩七岁，光身披了个烂棉袄，下身可是赤条条、光屁股。刘副区长说了一句：“我们想暖和、暖和。”只听那大人道：“快去掏火。”我们四人衣服全湿透了，抽烟的火柴也淋湿了。这“掏火”是怎么回事？我注意这小孩儿，一直走到对面山坳人家。虽是傍晚，天已黑下来，但白雪茫茫倒是看得很清。那对面人家，距此五百米是没有问题的。天黑得很快，瞬间，对面房子已看不清了。我不知小孩怎么“掏火”，只是呆呆地望着他去的方向。突然看见一个“小火球”在上下跳动。那位父亲说：“回来了。”人渐渐地近了，我看见小孩左手右手交替着撩火球，一边撩，一边用嘴吹。又害怕火烧了手，又害怕火灭了。原来是个“驴粪弹”，在人家炕里引着半个，用这样的动作快点把火种取到了。

小孩儿掏来的火，引着了山柴，燃起熊熊烈火，烤干了我们内外的衣服。对于今晚的故事，这位光屁股的小孩儿就是“普罗米修斯”。但今晚不能在这家过夜，四个大男人吃一顿饭，他们负担不起，于是踏雪走夜路，到了马衔山下的军营。

经过1953年夏、秋两季，我的身体慢慢在恢复。10月过后，教育厅要派工作组分赴各地、州。最初的任务是调查、了解农村的“扫盲”工作。这年秋天，干部学了“过渡时期总路线”，其中有个提法叫作：“随着经济建设高潮的到来，必然迎来文化建设的高潮。”

我被分到了酒泉地区。去酒泉的工作组，一共有四人：组长王尚贤（此人后来成为甘肃省邮政局长），副组长是我，另两位是魏充庆、李同仁。河西的10月已经很冷，我们一行四人，坐长途汽车走了三天才到酒泉。第一天住武威，第二天住张掖。按照当地人的说法，这两处自然条件都比较好，因有“金张掖，银武威”的说法。武威是古凉州，三国时，西凉马超造反的地方，历代是少数民族“番子”的聚居地。武威管辖的一个县，原名叫“镇番”，后改名为“民勤”。张掖就是古甘州，宋代柳永曾创制词调《八声甘州》，也就是当时张掖的民歌，上下两阕，共八句，故名为《八声甘州》。要到的目的地酒泉，古为肃州。这甘肃省的名称就是张掖、酒泉的结合，可见河西地区在甘肃的重要位置。

我们那时出差，旅途每人每天补助七千五百元（折合现在人民币七毛五）。早点一毛五，中晚饭各三毛钱。路上，每到一地，晚上有时间就大吃大喝。每人出五千元，四人合起来两万元，吃得非常丰盛，八到十个菜，根本吃不完，外加两汤和主食。

如果常住在酒泉农村，规定伙食补助每人每天四千元（折合现在人民币四毛），全部交给吃派饭的农户，自己就不用花钱了。如果两个工作组成员在一家农户吃饭，可交给他八千元，实在是个不小的数字。因而，农民争相请工作组到家里吃饭。一是“土改”刚过，想报答共产党的恩德；二是工作组给的饭钱是个可观的数字，可以到合作社去买点油盐酱醋。

我们四人到酒泉地委报到，地委很重视，由霍建山书记和张专员亲自开会欢迎。霍书记的意见是省上工作组一分为二：王尚贤同志带老魏去嘉峪区（即后来的嘉峪关市），我带李同仁去河北区银达乡、郑家庄。

当时农村刚经过“土改”，土地归农民所有，农民情绪很高。基层政权是村委会、村农会。生产劲头高，刚成立了“互助组”，农民干劲大。只是二十岁以上农民，几乎全是“睁眼瞎”，真的连人民币都不认识。共产党爱搞运动，扫除文盲，也叫作“扫盲运动”。好像是列宁说：“一个文盲众多的国家是不可能进入社会主义的。”落后、愚昧的旧中国，农民缺衣少食，哪有心思读书、识字？“扫盲”的目标是在短时间内，认识八百常用字。当时在推广“速成识字法”，先学拼音当识字的“拐棍”。但是青年农民20—30岁好学一些，到了30—40年龄段就难一些，40—55岁学起来很吃力。他们握锄头的粗大的手根本握不住一支小小的铅笔。学起来，念起来，满头大汗；写起来，手更是抖得厉害。我们在酒泉的两个班是“试验班”，取得的经验，发现的问题，都要及时上报省上和中央，以便指导全省的扫盲工作。我和老李的分工是，他负责教学，我负责写材料。白天为了不耽误生产，我们和农民一起参加劳动，晚上业余时间上课。夜校办在小学里，刚开始每个农民都拿盏油灯来上课。灯光昏暗，老师、学生鼻孔都是黑的。得想照明的办法。我发现村子周围有一圈被砍伐的白杨树，好多树根留在路边，刨出来可以当柴烧。就发动夜校学生去刨树根、劈柴，整整搞了三天，三十来个壮汉装了八辆大车的柴，拉到酒泉卖了，挣的钱买了一盏汽灯回来。这种烧煤油的灯，点起来整个教室亮如白昼，夜校学生十分高兴。

我那同事李老师教这些成人学生也想了很多办法。比如，他给学生写了很多识字卡片，每件生产工具和生活用具都贴上了字，选学生熟悉的物体，反复记忆，学生就容易记住。文盲争取“脱盲”的积极性很高，有的人真的是学习起来废寝忘食，精神十分感人。也有学员见什么东西都要问老师，这个字怎么写。

河西走廊有一条内陆河叫黑河，黑河水发源于祁连雪山，灌溉河西良田最后流入沙漠。所以黑河两岸有很多湖泊湿地，生长芦苇，入秋至冬，枯水季节，芦苇干枯，这里的群众就去湖滩挖芦苇根，连带黑泥块。风吹日晒，干了以后，可以煨炕。最后炕洞铲出来的草木灰，还可以当肥料。这东西真是大自然赐给农民的不花钱的“宝贝”。这东西当地农民叫它“垡子”。农民问我这“垡”字怎么写，这下可把我问住了。想来是方言，很可能有音无字，但不敢确定。星期天进酒泉城，特意去问过酒泉中学的语文老师，他们也只摇头说：不知道。无奈，我就大胆地创造了个“会意字”——生长在湖泊湿地要有水，选定下“氵”。芦苇是草本植物，再加个“艹”字头。根连泥土挖出来，再加个“土”，就成了“茳”字。后来发现是“垡”字，但它的意思是“耕地翻起的土块”，还是不能确切表示河西这“fa子”的意思。因此在呈省上和中央的文件中，我也用了这个字，只是加注说明。

在河西的半年多，我们实质上成了省上的“一揽子”工作组。1953年秋、冬到1954年春和初夏经历了全国第一次“粮食统购统销”、全国第一次“普选”和全国第一次《婚姻法》宣传月。外加两件甘肃地方的大事：一件是阿克塞回到祖国怀抱，另一件是山丹大地震。

先说这《婚姻法》宣传月吧，本来是新中国第一部《婚姻法》的宣传，内容很简单，意义很重大。主要宣传解放后真正的一夫一妻制；男女在法定年龄内有结婚自由、离婚自由；废除包办婚姻、买卖婚姻，父母之命、媒妁之言；宣传妇女彻底解放。这本来是件大好事，可是执行起来，具体问题就来了。河北区×村有个寡妇，《婚姻法》宣传一个月内，她结婚七次，离婚六次。每次来办手续，区政府门前比唱大戏都热闹。政府只能被动地给人家开证明，谁敢“干涉”人家的“自由”。区委书记、区长每次见她来都想躲，谁也拿她没法子。区政府门外，多少农民在起哄，似乎在看政府的笑话。

我怎么都觉得心里窝火，好像区上干部、省上工作队都在群众面前丢了脸，败在刘寡妇手下。于是就和区委书记、区长建议“下次她再来，你们不要出面，我和保卫干事来对付”。

《婚姻法》宣传月结束的第三天，上午10点左右，通信员小丁跑进来说刘寡妇又来了，扯住她第七次结婚的丈夫、四十多岁的老光棍杨二片要离婚。后面仍然跟着一大群看热闹的男女老少。我安顿区上同志都到后院去，叫保卫干事带支驳壳枪，站在我后边。我坐在正迎面的一张方桌前等她来离婚。我看见这泼妇已是怒火中烧，群众的闹嚷嘲笑，更使我火上加油，根本不听她讲些什么浑话。一气之下“啪”的一声拍案而起，大吼道：“《婚姻法》只保护受压迫的群众，婚姻自由，绝不容许你这种坏人胡闹！你再来政府胡闹，拉出去枪毙了！”这次发火，镇住了刘寡妇，也镇住了看热闹的群众，一下子鸦雀无声。

事后，我倒有些后怕，不知道这样粗暴地处理问题会不会违反纪律。

一个星期后，地委通知开“《婚姻法》宣传月”总结会。我心里一直嘀咕，会不会挨批评。万没想到，地委书记霍建山倒把我这件拿“枪毙”吓唬人的事作为案例，来表扬我“真正吃透中央文件精神”。

1953年冬天，我有幸参加了少数民族哈萨克的一个分支阿克塞回到祖国怀抱的庆祝活动。如果我没有记错的话，阿克塞是除了西藏内地少数民族中回归祖国最晚的一个。党中央、中央民委、统战部都极为重视。除了中央派出代表团，甘肃、新疆、青海等相关省、区都派出了代表团。省上来了领导，我们在酒泉的工作组和酒泉地委、专署领导都算甘肃代表团成员，集中在酒泉地委招待所学习有关民族政策及阿克塞的历史、文化、风俗习惯。原来这阿克塞从历史上讲是乌孙、突厥、契丹的后代，后来和蒙古族融合成为哈萨克族的一支，真真正正是“马背上的民族”。可以说他们居无定所，赶上牛羊寻牧草，北边可到新疆的伊犁、塔城，南边可经过青海到西藏的阿里。这个民族临解放时，集中起来也就一千多人，自称阿克塞，新疆人叫他们为“沙里哈萨克”。从穿着看，基本像哈萨克，但又像蒙古族的大袍。她实际上是哈萨克族的一支，语言为突厥语。我们集中起来学习阿克塞的有关知识，就是一个贩茶叶、收羊毛、懂他们语言的商人作为主要讲解人。

阿克塞当时聚居之地在敦煌西南，没有什么车道，只有马和骆驼能走的路。我觉得，我们去的阿克塞，实际离后来的原子弹实验场罗布泊地区可能不太远了。

我们出发时，甘肃代表团带了个电影放映机和发电机，因此找了辆美式中吉普，我们几个年轻人挤着坐了上去。下午时分，行至戈壁荒野，车子坏了。日照直射，口渴难忍。这戈壁地方哪里来的水源呢？无奈，只得喝那给汽车加水的加仑桶里的水。这水里究竟有多少汽油，谁还管那些！这叫“渴不择水”。太阳快要落山了，这地方真的是温差太大，说“早穿皮袄午穿纱”一点也不过分。更严重的是，谁也弄不清，我们现在的位置在哪里，也没有通信工具和大队人马联系，真的是一筹莫展。天黑得很快，真的是伸手不见五指，茫茫黑暗中真让人觉得好可怕。这天夜里偏偏没风，这戈壁瀚海，“寂静”得实在令人发疯，恐怖极了。我们相互小声说说话，找点安慰吧！真的不敢大声，以免招来狼或其他什么野兽。身上越来越冷，大家挤在吉普车旁，把能盖的东西都压到身上。不知又过了多久，远处听到有马叫。大家一下兴奋起来，因为有马就有人，有人就有救。至于是什么人从没考虑，反正到了这种绝境，只要有人类，命就可以保得住。司机赶快上车开灯，其实车头并没有对准马叫的方向，只因这夜黑深沉，车灯的光，显得特别亮，真的能划破长空。又过了二十几分钟，已经听到马蹄声，是一队人马。马蹄声声，令人振奋。原来我们不仅汽车抛锚，而且迷失道路。代表团领导很急，当天下午就通知军分区和驻地骑兵部队联系，派一个团的兵力，往阿克塞的方向，百里内到处查找。这个排的人马是黄昏进戈壁，天黑无灯又不敢停下来，信马走来，不想在黑夜里看到了亮光。有了部队，有了枪，有了马，我们什么都不怕了。稍作休息，天色已露鱼肚白。战士们先把电影放映机绑好，捆在马背上，然后扶我们六人一一上马。战士们两人一匹马，电影机走在中间，前面由排长带几匹马开路，手拿罗盘定方向，后由副排长带几匹马保护。大队人马浩浩荡荡走出了绝境，不到中午就找到了代表团总队。有了水，有了吃的，我们美美地享受了一顿。

你道这“大队人马”有多少人马？走的时候，按规定一个代表团成员要四个战士保护，二十几个人，连同保护的战士就超过了一百人。另外还有甘肃送的礼物。阿克塞不分男女老少，一人分配一匹马、两只羊，这算生产资料。另外生活用品送的有布匹、茶叶、食盐、毛毡、方块糖、绸缎等。这些礼物也要用马驮来。所以连运送物资的后勤人员，加上电影放映员、医护人员，差不多有一百五十人。

我们下午进入阿克塞聚居区，按照学习的规矩，见到第一个帐篷，就把手里的马鞭丢在帐篷上。这或许是友善的表现。再往前走，见有人迎接，就赶快下马。有人领着我们走进一座大一点的帐篷，走到有炕桌的地方，盘腿坐下。姑娘们进来，倒上了马奶茶，又往碗里放俄罗斯方块糖。接着是一位年轻人左手提羊羔，右手提刀，走到代表团团长面前，右腿半跪，一刀宰羊，鲜血滴在盆子里，然后拿到帐篷前，去煮羊羔肉。再进来一批姑娘，跳舞唱歌。

过了半个时辰，还是那位宰羊羔的年轻人出现了。他的托盘里盛了一个热腾腾的羊头，盘子里还放了一把刀子。他一腿跪地，把托盘奉献给最尊敬的客人——代表团团长面前。这个仪式，是我们离开酒泉以前就学过的。只见那位领导，照着羊头，左右两只耳朵和鼻子共削了三刀，自己吃了，然后把羊头抛向帐篷外边。众人哄笑着，抢吃贵客吃过的羊头，据说可以“消灾祛病”。羊头滚到地上，沾了尘土，人们也不管这些，只是你抢我夺，场面非常热烈。一队姑娘，每人端一盆水，进来请客人洗手，并用新毛巾擦过。紧接着，真正意义上的“手抓羊肉”用盆子端上来了。主人客人互相用手抓起羊肉，往对方嘴里抹。阿克塞的群众都笑得前仰后合，非常开心。晚上，又吃了牧民家的酥油藏粑。

当天夜里，放映队找了一块平地，支起杆子，撑起一块幕布，就要给阿克塞人放电影。这在当时牧区等于过去的“唱大戏”，只有喜庆节日，才能盼得城里的放映队来放电影。男女老少来得很多，幕前幕后，挤来挤去。突然音乐响了，机器里一道白光射向幕布，银幕上，已经有人在走动。群众哄的一声笑了，正要看这好看的“洋玩意儿”，高坡上突然传来他们少数民族的长喇叭，“呜呜……”地响。他们快快地离开这里，进了帐篷。原来放电影，没有提前给他们头人打招呼，结果真的叫“不欢而散”。这也算甘肃代表团工作中的小差错。经过给头人解释，第二天晚上，照常放了电影。

第二天，中午时分，开了庆典大会，中央代表团、新疆代表团、青海代表团、甘肃代表团，都分别讲了话，并分别向他们头人赠送了礼品。

会后，有个“赛马”项目，很是热闹。阿克塞选出一个姑娘，代表团派出一个小伙子，双方赛马。小伙子跑过姑娘，姑娘就得嫁给小伙子，做新娘；如果姑娘赛过小伙子，就用马鞭，狠狠地抽他，以表羞辱。小伙子是甘肃酒泉军分区骑兵队的副班长，二十出头，人长得英俊、结实。这场“赛马”，小伙子鼓足了劲儿要赛过阿克塞姑娘：一是要“为部队争光”；二是要争取主动权。只要胜过你，你提出嫁给我，我就表示不同意，总比挨马鞭子，受侮辱强。其实真正的比赛开始，看得出姑娘是有意让小伙子占上风。结果很和美，大家鼓掌，欢笑。

大概是1954年春天吧。有天早晨，天气很冷。太阳刚露头，我的伙伴李同仁早起床几分钟，去上厕所。他回转来，刚进门，我坐起来穿上衣，突然感到身体晃动，胳膊穿不到袖子里去。忽听得房顶“咔咔”作响。老李站在炕头上，身子也在动。我问他：“怎么回事？”他说：“房东家的驴，跑到房上去了？”这种说法实在荒诞，但当时我也来不及去细想。只听得有人在院子里，喊了一声“地震了！”老李把我拖下炕，就向院子里跑。当时我怎么穿上的棉裤，真的记不起来了。

这天中午刚吃饭，区上的通信员小郑就骑马来通知我们回酒泉，说是有紧急任务。通信员还告诉我们：今天早晨，山丹地震。任务是抗震救灾。从河北区，转到酒泉再去山丹，不到二百里，我们骑马坐车，连夜赶到了山丹县城。夜晚一片漆黑，只听到解放军救人声和灾区群众的哭声。天亮以后的山丹城，所见的景象太可怕了。可以说整座县城，一片瓦砾。包括县政府，很难找到一间完整的房子。真的是房倒屋塌，祸从天降。

除了及时赶到的解放军，我们是第一批赶到的救灾工作人员。临时指挥部分工时，我们是省上干部，有所照顾，留在县城里。除了县城，几个乡镇都有灾情。

邻县张掖、民乐、临泽送来的第一批救灾物资是棉衣棉被、大饼等，还有外伤用的急救药品。帐篷还没到，救灾工作队在学校操场和空旷地方，临时找东西搭防震棚，把活着的人安置进去。

工作千头万绪，余震仍在继续。

进出山丹的路，已经塌陷、裂开，无法通车，交通中断了。仅有的通向外界的有线电话，也多处断线，需要抢修。

夜晚一片漆黑，还要赶快向外地求援，要手电筒，要蜡烛。

总之，人生存最起码需要的物资，包括饮用水，都得从外地运进来。

夜里，很可怕。整个县城像一座死城，静得可怕。没有人哭，人们面对这突如其来的灾难，已经不会哭了。两天以后，从省城兰州来了各种救灾人员，有医务工作者，有地震工作者，还有解放军及物资供应人员。武威、张掖等地也来了很多人员和物资。

棉帐篷一个个搭起来了。受伤的得到治疗，受灾的家家户户都领到足够的食品、棉衣棉被。再过两天，各地加工赶运的棺木也陆续运到山丹。

这时候，死者要入殓。山丹全城，戴孝穿白的、烧香烧纸的，哭声一片。

甘肃省地震局的工作人员，刚好和我们住在一起，通过和他们交谈，总算懂了一点地震知识。首先，这地震科学，尚不能准确预测。这倒是个很可怕的事。大地什么时候发脾气，人类摸不着，就全然无法预防。动物的异常表现，骡马惊叫，老鼠出洞，这些不是百分之百的征兆。像山丹这次大地震，事前没任何特殊征兆。其次，地震经常发生在日出、日落，似乎与地球上的潮汐有关系。像山丹这次，天气寒冷，日之将出，很少有人起床。所以发生大地震，房倒屋塌，死伤的人就特别多。

这次地震，工作者在山丹只找到了一个目击者，是一位牧羊老汉。他早早起床，出外放羊，赶羊至一湖滩附近，地震开始，湖里冰块，飞向天空，抛起十几米高，羊羔也抛起来，再落下去。这说明，山丹大地震，震级达到七级以上，而且是上下震。

李四光研究地震，有板块学说。照这样说法，地震就是板块互相冲撞引起的。大自然的威力太厉害了，人类在自然面前，真的是微不足道。

1954年的春夏之交，我返回教育厅。记得最清楚的是：从河西走廊坐汽车进入兰州市区的唯一通道——黄河铁桥（即中山桥）当时正在加固，我们是从渡船上驾起浮桥过黄河的。这中山桥，20世纪初修建，到这时也算五十年了。1949年8月26日兰州解放时，马步芳的部队放火破坏过。解放后，经过修补，仍然可以走人走车，但桥的负荷让人担心，重载车走在上面“吱吱喳喳”响。1954年这次大修，下面加固了桥墩，上面将桥的铁栏杆、平顶，加固成拱形。整体上牢固了很多。

我这次回到社教科，办了两件事：一是被派到工厂，调查职工教育情况；二是利用暑假培训职工教育师资。甘肃省职工教育调查组，由下列单位抽调同志组成：省委宣传部、省教育厅、团省委、省总工会。选点在兰州通用机械厂。当时兰州工业很少，这个厂还是旧社会的老制造局。老百姓说它是造马刀的。调查组有十人左右，宣传部的老孙任组长，我是副组长。进驻工厂以后，要求与工人三同：同吃、同住、同劳动。劳动中要摸清工人队伍文化程度现状，及如何利用业余时间进行文化技术教育。

说话间，就到了六月底七月初。有一天，是周末，突然接到厅办公室电话，要我星期天上午赶回厅里，说是刘厅长有要事找我。我估计是要汇报工作，连忙找同志们要材料，连夜写了份汇报。

第二天一早，我骑自行车，满头大汗，跑二三十里路，赶回厅里。先找到刘厅长的通信员陈克明同志，让他通报厅长我回来了。

厅长正在办公室等着我。见我进来，先问吃早餐没有，再问这一段的工作情况。我正要拿出材料来，郑重其事地汇报。厅长拦住我说："今天不汇报，我有别的事找你。"我毫无思想准备。他突然问："你哪一年高中毕业？"我答："1949年。"他说："想不想再读书，上大学？"我答："从来没这个打算，毕业时间太长，恐怕功课跟不上。"他说："今年是高等院校全国第一次统一招生考试。中央通知各单位抽调一定数量的年轻干部，报考大学深造。这是难得的好机会。厅直属单位，已经有不少青年同志自愿报名。经厅务会议研究决定，抽调你去参加报考。”我答：“恐怕考不上。”他这时有点发火的样子，说：“没有考，怎么就说考不上！”我思忖，不能直接顶撞领导，就再也不敢作声。稍时，他也平静一点说：“把这些文件，拿去看一看。然后，有张表填好交给我。”

我退回自己的房里，哪有心思去看文件，满脑子想的都是刘海声厅长，他对工作、对下级都要求很严，原则性很强，有两件事他给我留下深刻的印象。刘厅长曾派陈世荣同志到天水组建天水第二中学。初期阶段是基建为主，陈世荣是负责人之一，当然建好以后，学校成立，陈世荣很可能在该校当领导。有一天，为基建施工问题，刘厅长让我给陈世荣挂个电话（我因肺病，只工作半天，在办公室上班）。当时兰州挂天水的电话要经过电话局长途台转。电话接通后，我先告诉陈世荣：“陈校长吗？刘厅长要跟你讲话。”接着我去报告：“厅长，陈世荣的电话接通了。”刘厅长有个习惯，打电话先自报家门：“我是刘海声。”对方说什么，我没听见，只听刘厅长“啪”的一声，把话筒摔到墙上（当时电话机是挂式），大声吼道：“谁封你的校长？想当官做老爷？”转脸对我说：“你叫他给我回来。”整个大办公室正在办公的十几号人，吓得鸦雀无声。只有那只话筒，连着电话线在摆动。又过了一两分钟，我才反应过来，要通知陈世荣。我拿起话筒，听不到对方一点声音，只对着话筒小声说：“陈校长，厅长让你赶快回来！”

这时，大家才开始议论，一定是陈世荣信口开河说走了嘴。可能这边说“我是刘海声”，那边答“我是陈校长”。

第二天，吃早点时，陈世荣回到厅里，大家哄堂大笑。因为有人说："陈校长回来了！"我招呼他洗脸吃早点。八点过后，我先去报告厅长："陈世荣回来了！"这回刘厅长态度却特别温和，问我是否招呼他吃了早点，然后说："你叫他一起来。"我倒很不情愿"一起来"受训，因为我又没犯错误，为什么要陪着受罪？可又不敢问。

我俩进来，坐下，他让通信员倒了两杯茶。刘厅长态度异常和蔼地问："早点吃过了吧？"这算客套话，开场白。接下来说："我昨天发了脾气，自己修养不好，说重了是官僚作风，这一点辛安亭同志（原厅长，调北京工作）当时经常提醒我。小李，你记住，本周全厅生活会，我做检讨。"话题一转说："全国解放以后，我们成了领导阶级——执政党。毛主席进城以后，多次提醒大家要为人民大众服务，保持谦虚、谨慎的作风，万万不可有当官做老爷，骑在人民头上的思想。我们在延安的时候，刘少奇、朱德同志那么大的官，从不喜欢别人称官衔。大家口称他们'少奇同志''朱德同志'。事情虽小，却可以保持一个人的优良传统、良好作风。'××长'叫惯了，就会养成自高自大，官僚主义作风……"下边又举了好多例子，说了好多道理。没想到，这个"作风教育"对我影响很深，倒觉得应该跟陈世荣一起上好这一堂课。

还有一件事，我记得是1953年春天，斯大林逝世以后，可能是春季爱国卫生运动周吧！有一天上午，突然有通知让我、晏寒、朱祚忠跟刘厅长坐车到省直属学校检查卫生。第一站先到兰州女师，当时的女师校长就是刘厅长的夫人贾莹同志。下了车，厅长分配我们，分别跟党支部、教导处、总务处的同志分头去检查教室、宿舍、食堂、厕所等处的卫生。检查完毕，我们三人集中在校长办公室汇报。刘厅长正在办公室听贾莹、宋兆芳等同志汇报学校工作，见我们进来就问了一句："怎么样？"结果我们三个只是面面相觑，谁也不愿先说话。刘厅长已经看出我们的态度，站起来冲着他的夫人发了火："工作我要看实际行动，不只是听汇报。"说后扬长而去。我们紧步跟在后面，吓得不敢出声。第二个检查的是兰州女中，党支部书记兼校长是杜瑞兰。杜校长是省委副书记霍维德同志的夫人。其实女中的卫生和女师比，也差不多，都不够爱卫会规定的标准。但刘厅长对女中的领导要客气得多，既肯定了成绩，又指出了不合标准的地方，使人容易接受。对比之下，这位领导对自己的家人真的是"严于律己"，一点面子都不讲。

我思前想后，刘海声厅长真的对我很爱护，很重视培养我。从中南调到西北这两年，按照平时同志们的议论，刘海声同志似乎有点偏爱我。想到这一次，他逼我去上大学，总不会是害我吧，应当听从领导的决定。

正在这时，我们的科长老华同志，星期天来厅里加班写材料。听说我从工厂回来，特地来看我。

老华这位年长的老大哥，实心实意，对我不错。应该说我这个刚从中南来的年轻同志是老华牵着手一步一步学着走路的。

后来想老华可能是专门来找我的，他有话跟我讲，至于加班、写材料不过是借口。

老华看见我开门见山就问："怎么样？去上大学想通了没有？"我在左右为难的时候，老华的出现真的是"及时雨"。我毫无保留地给他谈了我的想法：一是中学毕业时间太长，怕是考不上；二是我对目前的工作和环境很适应，很满意，不想离开。

老华向我透露了他所知道的我的去向。一是厅务会议，决定抽调我上大学。二是有消息表明，他要到兰州一中当校长。如果去一中，他将向厅里提出带两个人：一个搞教务，他准备提我；另一个搞总务，他准备要程云鹏同志。三是听说刘厅长要到越南去，作为中国教育代表团团长。接下来，在越南当文化参赞。如果刘厅长真的去越南，而且教育部同意他带两个人的话，他可能一个带通信员陈克明，一个有可能带我当秘书。

听到这个突如其来的消息，摆在我面前的似乎有三条路，如果让我选择，我仍倾向后二者，不想去读书。我向老华说了我的真实想法。他说："既然不想去，那还不容易，愁什么？考不好，不就去不成了？"这下我真的顿开茅塞，老华真的见多识广，一句话，打消了我的思想顾虑。他指着我手里拿的表格说："报清华，报北大，哪个没希望，就报哪个。"我真的按照他的点子，报了全国名牌高校。

表填好，要直接交给刘厅长。我进到他办公室规规矩矩交表，没想到，他却认真地看起来。他一下子腔调提高了："报清华？报北大？想飞呀！嫌西北艰苦是不是？不行！你是组织上决定'调干'上大学，毕业后仍然要回原单位，必须报考西北师范学院。"接下来又说："没有什么复习时间，继续回兰通厂工作。检查身体时会通知你回来；考试前一天，通知你回来看考场。”

这样也好，考大学不给时间准备，考不上了，也不丢面子，这规定我倒满心欢喜地接受。

大约是七月上旬吧，我走进了兰州大学“衡山堂”考场。一个礼堂样子的大考场，满满堂堂坐了一两百个考生。我的同桌是个女干部模样的人，穿了件解放军的连衣裙，她是考理科的，我是考文科的，“井水不犯河水”，我从不跟她打招呼。

文科考的课程有语文、政治、数学、历史、地理，“调干生”工龄三年以上免试外语。语文题并不难，作文占40%，题目是“你的高考志愿是怎样确定的”。这对我来说，“实话实说”是“组织决定的”，“老实讲，自己内心不想上大学”。很想以此惹起评卷老师反感，给个低分刷下。解放初的干部，考中国革命史、时事政治简直是小菜一碟。我就随便答了，早早交了卷。这数学对我来说也不难。高中阶段我的强项是数理化，1949年考广西大学，我报的是理科。所以拿到文科的数学卷子，兴奋倒来了。鬼使神差，好像要“露一手”，反而认认真真把题做完了。历史好像也难不住我。最坏的是地理。解放后的地理课本有好多计算题。这个在解放前根本没学过，无法回答。

两天考试完毕，我第一个去见老华。老华问我感觉如何，我只说：“绝对取不上，地理估计30分都没有，及早安排我的下半年工作吧！”

考试的事过了我就根本没把它放在心上。同志们问起我来，我也百分之百地说“没戏”。也有不少好心人还安慰我说：“就是嘛，工作了这么多年，功课都忘光了，还能考什么大学？”我对这种说法倒挺高兴。兰通厂的调查结束了，回到厅里我就投入“职工教育培训班”的工作中。这“培训班”的位置选在兰州女中和五泉山。正是七八月份酷暑天，五泉山的万渊阁地势高，倒也凉快，我们几个年轻人就住在里边。

有天上午，我和王尚贤到省政府去借开大会用的高音喇叭，骑车路过中央广场邮局门前，看到很多人围在那里，争购报纸。问一个走出来的人，才知道是西北局《群众日报》登了西北地区高考录取的名单。王尚贤说：“你看好车子，我进去买一份看看。”等王尚贤拿了报纸，笑着出来，我傻眼儿了。西北师院中文系录取名单上清清楚楚登了我的名字。这种“金榜题名”实在让我笑不出来。到了这个时候，我还给王尚贤说：“录取了也不去，回到厅里假装不知道。”

现在想起来可真幼稚，录取榜已经登在西北局的报纸上，谁还能看不到。况且，高校肯定会寄录取通知书给单位。大概是8月初吧，人事科接到了录取通知书，向刘厅长汇报后，就打电话通知我回厅。

这已经是既定事实，不想去上学已经是不可能的了。这次刘厅长待我态度非常好，耐心地教育我：“上大学是深造培养，将来是前途远大。年龄还轻，多读些书，受益很大。一个青年人，大学阶段的教育会影响人一辈子，一定要刻苦学习，获得优良的成绩。”“调干生，是要毕业后回原单位的。四年后，你还是要回厅工作的。上学期间，拿调干助学金，可能是工资的一半。生活上不够用，尽管对厅里领导讲。我已通知人事科，你去报到，厅里多给你发两个月工资，开学用。每逢寒暑假都可以回厅里来过。厅里就是你‘娘家’，有什么困难都可以回来。”

我到西北，遇上两个好领导：一是刘海声厅长，一是华尊舜科长。他们实在对我关怀、爱护，亲如长辈，现在离开他们真有点舍不得。

我就这样不情愿地上了大学。我真的没想到此举会改变我一生的命运。“塞翁失马，焉知非福。”

我去上学不久，华尊舜同志真的去一中当了校长。若干年后，他成了全国有名的“红旗校长”。刘海声同志真的去了越南，而且当了文化参赞。我既没能跟刘厅长，也没能跟老华。这大概也是命，自己走自己的路去了。

教育厅的干部干上几年，外放地区，当中学领导的很是不少。我去上学前后，又有两位要好朋友走马上任。一位是李俊章，去了酒泉中学；一位是顾群，中南来西北时的领队，很有工作能力的老大哥，去固原师范当了校长。当然福兮祸兮，命运难以预测。这两位我敬重的朋友，三年以后的1957年均被划为“右派”。

# 大学四年

上大学完全换了一种新的生活。同班五十位同学，有七八个调干生，其余的都是应届高中、中师毕业生。全班只有一个女同学叫王紫英，兰州女中应届毕业生，党员。

我入学报到算是早的，全班第六名。这个顺序四年一直起作用，特别是考试点名我均在前面。

先我到校的五位同学：临洮的三人——刘作恺、董毕正、冯廷祥，兰州一中一位是王凌云，另一位是调干生刘治孳。加上我和后来的五位同学，共十一人，住在平房宿舍323号。未来的四年，我们在学校经历了各种“运动”，同学之间演出了喜怒悲欢的各种“戏剧”。这323作为“舞台”，我不能不重点提到它。

一周之内，全班五十名同学都陆续来报到了。因为我是教育厅干部，又来校早，就被系里领导指定参加迎新工作。

第一周，是入学教育和健全班级组织。五十个同学大家互相不熟悉，我和王紫英就被系上老师指定为班级负责人。当然，后来同学选举，我不仅被选为班委成员，又被选为系上干部。王紫英去校学生会当了副主席。

当了干部，“专业思想”也就“巩固”了。既然上了大学，我就暗下决心，学好每门课程。解放以后，虽然共产党的“运动”不断，但1957年以前，1954、1955、1956这三年对我们的学习，则没有太大的影响。什么“《武训传》批判”“反胡风”“《红楼梦》批判”，没有太多地耽误学习。这两三年在校学生算是安安静静地读了一些书，很是侥幸。

当时，全国高校院系调整刚刚结束，加上知识分子思想改造以后，从北京和其他大城市，调来一部分名教授。我所在读的学校，是近百年历史中师资力量最强的一段时期。

我们中文系的系主任，原为黎锦熙先生兼任，后来由学校副院长徐赫夫兼任。语言教授有赵荫棠、彭铎和年轻学者潘尔尧、张文熊。文学教授有郭晋希、郑文、尤炳奇等。连公共课的教师也很棒，体育的袁敦礼、柴森林教授，教育学的李炳德、吕方、南国农教授，政治经济学的宋福增教授都是学生敬仰的好老师。

我最喜欢的课程是赵荫棠先生的音韵学。赵先生是钱玄同先生的弟子，他自己也有著作《等韵源流》问世，赵的学问对我影响很深。再就是彭铎先生的古汉语和郭晋希先生的古典文学。彭铎先生耿直，恃才傲物，对好学生大加赞扬，对学习差的同学却不留情面，挖苦讽刺。他喜欢我，我心里清楚，但我害怕他表扬我，得罪其他同学。郭先生和我私交很深，连他后来结婚都是我帮他操办的，我后面还要提到。

我最吃力的课是俄语。我从初中到高中学了六年英语，特别是在教会学校（斌英中学）上学的那两年，英语基础是比较好的。谁想离开学校五年以后要改学俄语。解放以后一切都学苏联，把英语当作帝国主义的东西，予以排斥。我们班上多半是应届高中毕业生，他们上中学就学了俄语，有一定基础，我们这些“调干生”连一个俄语字母都不认识，可就苦了。

我们宿舍有个“好习惯”，熄灯以后大家互相考俄语单词。问住谁答不上来，第二天就罚他打扫宿舍卫生，还要给大家提水。我这个老大哥，在最初的几个月，就成了“提水专业户”，经常被同学取笑。岂不知我是“卧薪尝胆”，“知耻而后勇”，用这种办法鞭策自己。我坦然以对，“今天为别人打水，就是为了日后别人为我打水”。我的确在俄语上下了苦功，暗下决心激励自己“笑到最后的人，最会笑”。

功夫不负有心人，我在俄语上下的功夫是一般同学的五倍，乃至十倍。结果到了一年级的学年全校会考时，我的书面考试得了个满分，成了标准卷贴在学生的板报栏内。

俄语老师冯镜先生原来是英语教授，解放后被迫转行的。但外国语这玩意儿，精通一国语言就容易掌握第二、第三种语言。冯先生讲授外国语的方法比较灵活、轻松，他有丰富的教学经验，所以教学效果好。我们班上有个年龄最大的老兄李华，学俄语非常吃力，舌头不会“打嘟噜”，记单词用的是汉语译音“袜子穿在鞋里头”（俄语“请原谅”的意思），同学们引为笑柄。连这样的同学，冯老师都帮他考试及格，实在够难为他的。

这几年的大学，我是如饥似渴地读书。除了老师课堂讲的，我利用一切时间，充分利用了课余时间及星期天，饱读了中外古今名家名著。

从《诗经》到元代杂剧、散曲、明清小说，从西方文学《荷马史诗》、古希腊神话到但丁、莎士比亚、莫里哀、歌德，从俄国文学普希金、巴尔扎克、托尔斯泰一直到苏联文学高尔基、肖洛霍夫……学校图书馆和系资料室能借到的我都要广泛地涉猎。实际上我的大学阶段，课堂教学用不到我的一半时间，应该说，大部分时间是自学。大学四年是给了我一个集中读书的好机会。

当时的高等教育一切学苏联，有些课程实在是教条主义，照本宣科。比如教育学，南国农、吕方旧社会都是学的杜威的体系，现在要强迫他们信奉凯洛夫，真的是很滑稽。上这种课时，我就阳奉阴违，把教育学遮着《史记》在看。

还有些课，我都替讲课的老师寒心，好像他们讲课时真的提心吊胆，可怜兮兮，生怕讲错一句话，写错一个字。譬如，历史系一位姓杨的教授给我们上中国通史，每到一章一节完了，总要用湖南腔提高嗓门搞“简单的结论”，无论对历史事件或历史人物总要总结两条：一是阶级性，二是历史局限性。只有大大地批判一通，才算了事。我非常反感，嘴里不敢说，心里说：任何个人，五十年后都有值得批判的地方，“金无足赤，人无完人”，这是什么历史唯物主义？讲历史就是从汉高祖骂到成吉思汗，从曾国藩、李鸿章骂到康有为、梁启超，这门课程该咋学？

从考试成绩看，四年八个学期，必修课、选修课共三十二门，我取得了三十门优秀、两门良好的好成绩，算得上名列前茅。但有些课我虽然人在课堂，但是根本不听。比如，那两门良好，一门是儿童文学，一门是教育学。儿童文学的老师姓马，是个留大辫子的女老师，北师大刚毕业，估计年龄不一定有我大。我不是看不起这位马老师的学问，而是这门课实在没什么意思。什么《刘士海爸爸的皮包》，除了故事梗概，有多大的高深的学问？所以上她的课，我就看音韵学方面的书，因为后两节是赵荫棠先生的音韵学。这位马老师很给我留面子，她走到我跟前，明知道我在看《中原音韵》，也装作没看见。这门课的考试，我是拿我爱人的笔记，看了一遍，就上场的。马老师对我一笑，我还之一笑，给了我四分（良好）是看得起我。

吕方老师考教育学，我抽到口答的题，算答对了。吕教授说了如下一段话，倒惹了我。他说："你是班上的好学生，又是干部。我想补充再问你一个问题，答得好就给你个五分（优秀）。"我这个人最不爱叫人施舍，马上站起来说："先生，您的课我老实说，很少用心听过，给我满分，我问心有愧。"说完，扬长而去。

考试完毕，这位吕先生把我告到系主任那里。彭先生叫我去，狠狠地批评了我一顿，什么目无师长、犯上作乱，等等。

大学四年，我在老师们眼中，是个"好坏"学生，有老师说我非常好，也有人说我"骄傲自大"。

老实说，不管我是否认真听课，我认为哪门课的考试都好应付。文科的课程应该说是互通的。我平时涉猎的文、史、哲方面的知识要比一般同学多，再加上注意探讨具体课程的内在规律，运用自己独到的见解阐述发挥，不一定按老师的说法，死记硬背。即使像中国革命史这样的课程要记某年某月某日，在某地方发生了某件事情，参加的有哪些人等，看来需要强行记忆的东西多，我也是着手先弄清事件的历史背景、产生原因、发展影响这些根本的东西，至于人物、时间、地点等就好记了。

当时的考试，有笔试，但重在口头答辩，完全学习苏联的那一套。一般考试老师为三到五人，任课教师为主考。将本学期所学内容分得很细，出了一二百道题，写成题签，像扑克牌一样，摆放在桌子上。学生按次序进考场抽签、准备，然后口答。所有老师都可以就你的答题再提问。这种办法后来用在本科生、研究生的毕业论文答辩。其实当年我们每门课都是这样考过来的。

正因为题目很碎，覆盖面很广，所以题无巨细，都要一一融会贯通，理解和记忆并重。一门课要准备两三天。往往到最后一天，就会有不少同学听我的“总结复习”。这一天一早，我就在灶上领足了饼子、馒头、牛肉、咸菜，还要带上一壶水，约同学五至七人去到黄河边找个清静之处围坐一起，把书本、资料合起来，一章一节，一人一道题，挨着往下说，说不完全的由我来补充。这种看过以后口述一遍的办法，脉络清楚，便于记忆。我们叫它“眼过十遍，不如口述一遍”。这也算是当年我应付考试的诀窍吧。

大学的四年，前三年的时间即1957年“反右”以前，还是没有受政治运动太大的干扰，静下心来，读了几年书，现在想来实在难得。

从1954年到1957年，国内各条战线相对安生一些，即使有些“运动”，涉及面、打击面都不太大。这几年，我们在大学经历了文艺战线一些斗争，什么“《武训传》批判”“反胡风”“《红楼梦》批判”，我们没有停过课，只利用课余时间“学习文件，提高认识”而已。

对我个人来说，有两件事值得提一下。

第一，一年级学年结束评三好生，我被系里提名。当时的“三好”具体指“思想好、学习好、身体好”。同学评议时，前“两好”我的条件很硬，对“身体好”就提些意见，不是说我身体素质差，而是读书学外语占去时间太多，不注意锻炼身体。

听了这些意见，我就下决心参加早、晚体育锻炼。长跑、耐力、跳高、跳远、器械操，我都会卖力去做，结果被体育界知名教授袁敦礼先生发现了我的综合素质，想培养我成为竞走运动员。被袁先生选中，是很有诱惑力的。袁先生是全国体育界德高望重的专家，年轻时代表中国参加过奥运会，后来从事体育理论研究颇有建树，任过北师大校长，是北平和平解放各界代表的签字人之一。

能在袁先生的指导下锻炼身体，应该是荣幸的。1955年、1956年我作为校田径运动队成员，确实吃了不少苦。1956年夏，我取得了校运动会二十公里竞走冠军，接着又夺得了甘肃省大学生运动会二十公里竞走冠军。

竞走锻炼了我勇往直前、坚忍不拔的意志。二十公里走到最后几圈剩下一千多米的时候，我已失去了听觉，观众的鼓掌声、提示我的信号枪声，什么也听不到，人真的像麻木了一样，只能做出规定的机械动作，眼前出现一片空白。裁判员只好靠近我摆动红旗，告诉我还有最后一圈。

这种超强度的训练，真的使我感到世界上没有我过不了的沟坎，没有我爬不上的高山，一切困难我都能克服。

几十年的实践证明，坎坷、磨难、苦役、受刑，我之所以能一个个地忍受过来，与我这个“二十公里竞走冠军”绝对有关系。这好像在我“大难临头”之前，老天事前安排的体力和意志的准备。

第二，是我在1956年上学阶段结了婚。前面我谈到，我们班入学时只有一个女同学叫王紫英。一年级下学期，从艺术系声乐专业转来了另一个女同学，也就是与我相依为命、相濡以沫几十年的老伴儿陈懿。王紫英是党员，1955年“肃反”运动开始，被省委抽调去工作，离开了学校。她离校前和陈懿谈过一次话，要她和我交往。其实，我和她共同的阶级出身、思想感情注定我们必然会走到一起。我家出身大地主、旧官僚，父辈是专政对象。她家由于父亲说不清查不明的历史问题，蒙冤劳改，母亲因不能忍受打击，自杀身亡。这种阶级立场相同，加上她由于过去学过音乐的关系，因声带出现问题转系到我们班后很快就补选为系学生会文艺部部长，这样由于工作的关系，我们就自然比别的同学接触多一些。

主客观条件使两个命运相同的人走到一起。我们从相识到结婚，正好在“肃反”到“反右”这个阶段，“阶级斗争”使人人自危，哪有什么闲情逸趣去谈情说爱。假期到了，她无家可归，不是指家远在广东，而是父亲坐牢、母亲归天，“家”的概念已经没有了。我的父母尚在西安，只能随我同去。

我家父母认为既已这样，就结了婚，便于照顾。于是就在学校简单举行了结婚仪式。不过是两人把行李搬到一起，两人各做一套新衣服。父母送来了新被子、新床单。学校在女生宿舍楼给了我们一间新房子，一套新家具。团委和学生科在调干助学金中特批了四十块钱。同班几个同学拿上这些钱买了一架子车的水果、糖、瓜子儿等喜庆用品操办了结婚仪式。本系和外系同学送来了很多礼物，大体不外乎脸盆、毛巾、笔记本之类，这些东西由于收得太多，结婚第二天我们又回赠给全班同学，每人一份礼物。

文科食堂，晚饭来了个大聚餐，算是婚宴。饭后，就在食堂举办了跳舞晚会。那个时候学校规定调干生可以结婚，但要向校方提出申请。一经批准，学校和系上都是非常重视的。

我们结婚是在风里雨里，人生的新婚燕尔应该是一大喜事，但我们实在高兴不起来。运动一个接着一个，空气中弥漫着令人窒息的味道。出身不好的人总是夹着尾巴做人，提心吊胆地过日子。在这样的气氛中结婚，就好像恐怖的黑夜里来一个陪伴我说话的人，光明看不见，但多了个说知心话的人，总要好得多。

“肃反”运动开始了，赵荫棠教授这批旧社会过来的人，很快就被关起来，批斗、交代问题。还有年龄大一些的同学参加过“三青团”什么的，也成了“肃反”对象，人人自危。校园气氛恐怖极了，刚听到文科楼在呼口号，接着就是三十教室的“打、打、打……”

有一个阶段我总感到有一天会被“揪”出来，害怕极了。更怕的是到了那一天，我的妻子该怎么生活？这对她的打击太大了。

突然有一天中午，大家进饭厅去的时候，看到了可怕的一幕：从厨房操作间跑出一位高个子的同学，当场拿切菜刀自尽，鲜血喷了好远。我距离他不过十几米远，亲眼目睹了他终结生命的场面。当时就有同学讲，这位老大哥是调干生，还参加过抗美援朝，被理科某系刚“揪”出来“批斗”了一次。

这件事发生后没有几天，有一天我发现我们班党员神秘地通知人开会。到会的人都是家庭出身好，所谓党的依靠对象。过后很快传出说我们班出了“反革命”，第二天就要开会“揪斗”。我在考虑参加会的人都是定下来的积极分子，就是没参加会的家庭出身不好，但个人历史很单纯，除了上小学、中学、大学没干什么也不会有啥问题。思前想后，这“反革命”肯定出在出身不好的人和调干生中间。这样的人在班上是屈指可数的，我就是其中之一。越想越可怕，上课、吃饭、上厕所，似乎时时处处都有人在盯着我。这一夜，我迷迷糊糊，基本没有睡觉，总算到了天亮。

会是上午8点钟开的，好像当天已经停了课。大家都一声不响，7点多钟就来到教室。紧张、恐惧，整个教室空气要凝固了。我的心情就像被绑赴刑场、执行枪决的囚徒一样，等待着刽子手扣扳机。心里只有一种想法：“就是我了！必死无疑！”

正在这时，忽听得系党总支委员那位“木刀”助教张纯俭大吼一声：“刘治孳，出来！”我只感到那吼声似无常鬼勾魂，全身战栗，丝毫没有因为“揪”的是别人，而侥幸“过关”的感觉。

老刘已经面色苍白，面对大家，恭恭敬敬，站定低下头来。主持人凶神恶煞地跳着叫喊：“刘治孳！交代你的反革命罪行！”

老刘哆嗦着，从家庭出身开始说到父亲历史、个人经历，“交代”了几十分钟。我实在听不出有什么“反革命罪行”。

老刘一入学就和我住在一个宿舍，同房的只有他和我是调干生，年龄相仿，经历相似，所以彼此交谈得多一些。我所知道的刘治孳是广西博白人，能讲广州话、普通话。他出身名门世家，父亲曾任广西大学教务长。他姐姐早年去了延安。解放后，他姐夫任兰州市委副书记，姐姐改名陈彬，任兰州市委宣传部长。两广解放时他正在读高中，就投奔姐姐到北方参加工作，又和我一起调干上了大学。

大轰大嗡地盲目地开了一天的“批斗”会，谁心里也没底，他到底有什么“反革命罪行”？

当天晚上的情景我记得特别清楚。我在宿舍里还留下有床位，所以“领导小组”要求我回去住，说是要加强警戒，看好“反革命分子”。

我们宿舍把灯泡吊得高高的，以免他触电自杀。按规定，彻夜不准熄灯。我的铺位和老刘紧挨，你说这一夜，我可怎么睡觉。

又过一段，学校把“反革命分子”集中管制，圈在南单楼前面的平房里，二十四小时有人轮流看管。

记得有一夜，派成养正、李树楷和我三人去值班。我看到赵荫棠先生曲蜷作一团睡觉的样子，十分可怜。

刘治孳我们斗斗停停，搞了好几个月，究竟是什么问题，谁也说不清，谁也不敢问。这中间听说他姐姐来过学校，请学校对刘的问题慎重一点，但也表态说了“相信组织，相信党”的话。

谁可曾想到一年以后，对“肃反”对象定性、复查的时候，学校的那位党委书记陈光竟然说把刘治孳搞错了。原说是个和他姓名同音的人，解放初期要去炸钱塘江铁路大桥。结果全国弄错了好几个人。冤枉了，就冤枉了。在无法律、无人权的时期，这又算什么？我的这位可怜的同学真的“剥了皮”“脱了胎”“换了骨”，永远成了惊弓之鸟。以后的什么“运动”，吓得他永远不敢参加。毕业后他被分到甘肃临夏的一个中学，晚年调回兰州一中，总算落了一条命，唯唯诺诺地活了一辈子。

“肃反”刚过，就来了个“整风”。

很多人便积极参与，“帮党整风”，搞起了社团组织。有的叫“快种子”，有的叫“尖刀连”，我们班上叫“和风细雨”。

连那些在旧中国拼着命拥护共产党、为共产党坐过牢的党外人士“七君子”等也在《文汇报》等报刊上发表长篇文章，“披肝沥胆”为共产党“献计献策”。

声势越搞越大，全国上下特别是知识分子中，大有搞出点什么名堂的趋势。我从解放至今五六年，经历过各种“运动”，我的第六感觉让我闻到了一场“暴风雨”即将来临的火药味。

从头年冬天，到第二年（1957年）春天，我真的替那些“整风积极分子”捏了一把汗，“盲人骑瞎马，夜半临深池”。可怕呀！这些人马上要跌入万丈深渊，却丝毫没觉察。

妻子成了孕妇，马上要临产，我趁机离开这个是非之地，在校外黄河边一个叫达家庄的农村租了一间农民的房子。我坚持一言不发，一字不写，也严格要求妻子最好深居简出，不与人交往，以免说错一句话。有时候我上街购物，害怕妻子跑到学校去，就把她锁在房内。

有一次，我为实习的事，必须到系办公室去一趟。路过礼堂，里面正在为赵荫棠先生鸣不平开大会。事有凑巧，我正在礼堂台阶下，碰到了我班同学赵维新。维新拿了个花布坐垫，里边夹了些书，径直往礼堂走。我上前一步，挡住他说：“维新，要看书到图书馆去。”他听我话里有话，就问：“为什么？”我干脆直说：“你不能进去！”当时他真没弄清我为什么阻止他，模模糊糊地感到是对他好，就回转头走了。

可没想到，这次“巧遇”竟救了一个人的性命。几十年后，维新在师大成了系主任。我在兰州大学任教，1980年过五十岁生日时，他还举起酒杯不忘“感谢老兄救命之恩”。那天替赵荫棠教授鸣不平的会，各系都暗地派人盯梢，凡参加的都记下了名字。“反右”开始，这是全校“打右派”最多的一个案件。有的人被定为“极右”发配河西劳改，葬身戈壁。

老天有眼，救我夫妻。在校园“鸣放”的高潮期，1957年4月1日，我妻子在医院生了个男孩。这个小生命的降临使我喜出望外，不仅是有子传宗接代，更是眼前的救急。我俩可以找到借口，“消灾远祸”。妻子是产妇，自不必说。我也由此成了“三子干部”：抱孩子、拿奶子、洗尿布子。

有一天，一个突然事件吓得我出了一身冷汗。下午三点多钟，寒舍来了两位“不速之客”。两位都是党员，一个叫王××，一个叫杨子华。这杨子华比较本分、老实。那位王党员来者不善，明的是来看看我们的孩子，实际是来套话的。他开腔就说：“你是班、系两级干部，怎么能不关心运动？我们一起去看看大字报。”

他认为，能在评论别人大字报时，抓到我什么把柄。其实这鬼把戏我早有准备。临出门妻子用眼神提醒我，我也用眼神转告她，我心知肚明。看了一个下午的大字报，我有备而来，怕你什么。话我很少说，但完全一言不发也不行，就在说话过头、感情过激的大字报前说上几句。那位王党员应该是扫兴而归的。

事情过后，我真有点后怕，我深知“欲加之罪，何患无辞”。想着这样下去不如“三十六计，走为上策”。我打算向系上递申请退学，理由是老婆孩子无力供养。我也回教育厅，谈了休学的理由。

这件事惊动了两位恩师：系主任彭铎先生和郭晋希先

生。他们找我谈话，两位老师每月每人拿出二十元钱，加上我的调干助学金三十多元，完全可以支付每月请保姆、订牛奶和大人、小孩的生活费。这心意我还能再说什么呢？两位恩师哪里知道，我退学的真正意义何在？

两位恩师每月给我四十元钱的事，很快就让学校知道了。学生科王棣棠先生把我叫去说：经研究，从调干助学金中每月拨四十元补助我，七月份开始发放。

大学里的“反右派”斗争真可谓轰轰烈烈，如火如荼，“右派分子”越揪越多，我们班上五十个人竟被打了十个“右派”。

被打成“右派”的情况，也很复杂。确有一些学习好，而不太关心政治的人，思想、言论过激，自己跳了出来。也有一部分，是家庭出身或个人历史有问题，被人套成“右派”的。还有一些真真是学习较差，干什么都走不到人前面的人，这次想出出风头，被打成“右派”的。

学校有个马列主义教研室，那是个专门研究政治理论的机构。全校的中国革命史、联共党史、马克思主义哲学、政治经济学全由他们讲授。他们在这时成立个“惊涛社”，发表“反党言论”“恶毒向党进攻”。结果整个组织被定为“极右组织”。其中的“领袖人物”王烈俊、李仰先老师都给我们上过政治课。

也有个别糊涂蛋成了“右派”。比如解放初期跟我一起去河西工作过的李××，我上大学的第二年，他考进了中文专修科，学习上不去，可“大鸣大放”时，别人写了大字报，他专门帮人去贴，左手提糨糊桶，右手拿把刷子。有人取笑他是“张贴部长”，他也俨然成了“阿Q”，很扬扬得意。结果，“反右”开始，他成了一句话没讲、一个字没写的“铁定的右派”。当他“趾高气扬”时，我提醒过他，但这种昏了头的人，心甘情愿往火坑里跳，你想救他都没用。

教育厅的“反右”运动，也搞得很凶。和我一起从中南调到甘肃的杨明光，只因为画了一张漫画，名曰“新社会的陈世美”，就被说成“影射”当时的人事科长郭××而被打成“右派”。其实这件事人人皆知。郭某人利用职权，搞上了个刚毕业的女大学生，就和他的结发妻子离婚，使这位可怜的农村妇女拉扯着几岁的孩子，生活陷入困境。

根据我的性格、出身、学习成绩和我在同学中间的影响力，各方面条件似乎我都符合“铁定右派”。谁能料到关键时刻，“上帝”赐给我一个儿子。儿子的降生让我们夫妻免遭杀身之祸。几十年过后，同班同学忘记了我大儿子的名字，都戏称他叫“反右”，电话里经常问：“你的‘反右’现在干什么？”

我们夫妻二人算是“漏网”了。因此“反右”开始，我还是领导小组成员。妻子也找到了一份好差使——当会议记录。既为“记录”，就不用发言、呼口号、举拳头。

我虽算是领导小组成员，但是不会被信任，这一点我心知肚明，自告奋勇去负责全系“右派”的劳动，想方设法照顾一下这些受冤屈的人，也算积些阴德。

“右派”的队伍越来越壮大了。时间长了，人也有些皮了，好像有些人有点“好了疮疤忘了痛”一样，“幼稚病”又犯了。个别时候，嘻嘻哈哈满不在乎。我心里真酸楚。可怜哪！前面有什么险境在等待着你们，知道吗？

1957年的暑假过得很不平静，谁也不知道开学以后运动会发展到哪一步。我和妻子、孩子是在达家庄度过的。离学校远一点，感觉会好受一点。我记得假期收到过一封刘××寄来的信，字里行间透出了他的忐忑不安，但我又能给他说些什么呢？开学以后，继续“深挖”，揪出来的就有刘××和姜××。二十几年后，我在兰州大学教书时，他俩都来找过我。这是后话。

1957年秋季开学，我们已升到四年级，这个学期重点应该是教育实习。我们班四十多个人（“右派”除外）分四个学校实习：师大附中、兰州一中、兰州师范和兰州女师。宣布名单时，我在兰州女师，妻子在师大附中。她要哺育小孩，又要实习，是有困难的。同班的同学想把她的实习任务分担起来，可系主任彭先生发话说，要我担当我俩的实习任务。

我住在兰州女师，因为“反右”以后，“右派”不准上讲台，教师缺额比较大，所以实习生担子很重。我担当了高三一班的班主任和语文老师。

女师揪出来的“右派”也不少，我代班的原班主任郭老师，还有不少业务骨干，如李××、杨××、李××等十几位老师成为“右派”。我们这些实习生，倒成了为他们救急的队伍。我以女师工作为重点，师大附中分配给妻子的课我也得去讲，比别人更忙。

每届实习，都要搞一次公开教学，请专业课教师、教育学教师和参加实习的全体同学来听课评议。四个学校根据条件挑选的结果是，决定由我来搞公开教学。

按照排定的时间，我讲的课文是《桃花扇·哀江南》。明亡以后，苏昆生装扮樵夫，走进南京（秣陵）城的所见所闻所感。课文语言很美，情感动人。那怀念故国的感慨悲歌感人至深。老实说不是我讲得好，而是才华横溢的作者孔尚任写得好。只要好好地读一遍："山松野草带花挑，猛抬头秣陵重到。残军留废垒，瘦马卧空壕；村郭萧条，城对着夕阳道。……"那如泣如诉地状景抒情，真的会催人泪下。

这堂公开教学有个小插曲。系上邀请教育学教授吕老师参加评议，他和系主任彭先生坐在后排听课，看不清我这主讲人的模样，就问彭先生："课讲得很好，是哪位同学？"彭小声笑着说："你看清了就会认识的。"

评论会开始前，彭先生特地要我去见吕先生。我走到先生面前恭恭敬敬地深深一鞠躬，以检讨我昔日对先生的无礼和不敬，但这毕竟还是很尴尬的。

实习结束以后，兰州女师向师大提出请求，留下三位同学继续工作（因为"反右"以后，教师缺得太多），我是其中之一。所以这个学期我基本上没回学校，也顾不上照顾老婆、孩子。

这年寒假，由于毕业在即，特别忙，无法照顾孩子。夫妻二人征得父母同意，就把孩子送回西安，交给爷爷、奶奶养育，起名李旭。

到了1958年，全国大搞"三面红旗"（人民公社、大跃进、总路线）。高校掀起"向科学进军"的高潮，每人都要搞自己的"向科学进军"规划。再加上在这个以后，还搞了个"红专辩论"。图书馆的展览室，第一批漫画就画彭先生，这个“白专”道路的头头。我的画像紧随其后，意思是彭先生带领他的弟子走“白专路”。

高校这样闹下去，大家真的无心读书了。我巴不得随便哪里有个工作去处就好。

毕业生志愿表流于形式，经过“反右”“批白专”，谁还敢写自己的志愿！这几年过来，没被戴上“××分子”的帽子，侥幸有份工作，有饭吃，已是“老天大慈大悲”，岂敢再有其他奢望？所以，大家不需要商量，千篇一律都填的是“服从祖国分配”“到边疆去”“到最艰苦的地方去”。

我们夫妻清楚地认识自身的条件，早做好上新疆、去青海、下农村的准备。

六月份，填完志愿表，所有毕业班同学，在等待分配期间，全部开拔到西固，参加兰化、兰炼建设工程。我们住的帐篷紧挨着劳改队的帐篷。我们的劳动强度和劳改队没有差别。我是系上干部，当然要苦活、累活抢着干。上通宵大夜班，从十几二十米深的地基，向地面抬卵石，我都干过。好在我们班上只有我爱人一名女生，一般轻活，看家、扫地，都会照顾她。

这劳动是义务劳动，所幸能够放开肚皮吃饭。我由于50年代初有过东兴的艰苦磨炼，这种苦能吃得消。经常和体力最好的王凌云配合抬两个大筐的卵石，那重量超过两百斤。大食堂彻夜灯火通明，随时可以进去吃饭。大“杠子馍”一个八两重，经常是进了食堂像饿狼，左手抓一个，边走边吃，右手再拿一个。劳动强度太大，天快亮时容易犯迷糊。有一次我和王凌云抬起筐脸对脸，转过身子背对背，惹得在场人哄堂大笑。这一下倒没瞌睡了。

临近毕业的时候，听到了两个不幸的消息。1954年我上大学的时候，前后有两个好朋友放了外任，一是李俊章兄到酒泉当了中学领导，一是顾群去了西海固当了中学领导。结果两位都被打成“右派”。俊章兄被定为“右派分子”以后，其夫人王学梅仍在给省委副书记、副省长霍维德当秘书。省级领导哪能容得“右派的家属”留在身边，无奈只得离了婚。

顾群兄就更惨了。我在1958年春，接到过他的一封信，关于他的情况知道得更详细一些。西海固这块地方，原是甘肃管辖，甘宁分家时又划给了宁夏回族自治区。这个回民聚居地，非常苦寒。1957年“反右”高潮时，我这位顾兄被通知到中央民族事务委员会开会。半个月后，回到固原，突然发现这个地区打了很多“右派”。他感情上转不过弯来，说了一句良心话：“西海固这地方就是旧社会，能到这里的知识分子都应该是爱国的。”就这句话惹的祸，定的是“极右”。定案以后，他给我来了封信，说通知他去劳教农场接受改造，家属遣返原籍——河南信阳。他希望我给他寄点钱，作为送他老婆和一双儿女（佐亚和舒拉）的路费。

我接到信后急着要给他寄钱，可又怕有人抓我把柄。当时师大和兰大的“反右工作组”领导是省委宣传部长阮迪民，我在省上工作时认识他。于是就大胆地拿了这封信，去见这位阮部长。我向阮讲明，我老婆生孩子时，曾向顾群借过钱（实际是编谎），借钱要还债，我可否给顾寄钱。阮部长当即就答应我的请求。我顺势请他在这封信上签注个意见，以防有人害我。

1961年搞“甄别”（审查辨别）时，我趁机托人向宁夏省委组织部打问他下落，才知道顾群兄被押送西湖农场，三个月后就去世了。

“惊弓之鸟”这则成语出自《战国策·楚策》，一般人很少知道。但是孩提时期，听过一则智力测验，问的是：树上有五只鸟，有人用弓箭射下来一只，还有几只？我想不是白痴都会答：其余四只全吓飞了，一只也没有了。讲故事的人倒很轻松，可我就是那吓飞的“惊弓之鸟”。不需“风吹草动”，就是风不吹，草不动，一年三百六十五天，也是日夜提心吊胆，做梦都会吓出一身汗来。

这样的日子实难煎熬，总盼着和妻子能一起分到边远农村教书糊口，只要不经“运动”就好。

分配方案公布了，我是调干生哪来哪去，从教育厅来的仍回教育厅工作。我妻子的工作单位照顾到离省政府最近的学校——兰州女师。

我们做了最坏的打算，这个结果真的出乎我们意料，能有这样的归宿我俩非常意外。

# 机关三年

我到教育厅报到后分到厅里直属学校——甘肃省干部业余大学。学校当时设在原省委党校，白银路西头的一幢三层木地板楼内。校长高元勤对我这个老教育厅的干部很重视，特地给我一间单间房。

妻子去了女师，学校领导对她也很关心，工作上分配了高中语文课，住房暂时分配为两人一间。所以我们的“家”，重点放在我的工作单位。

我给中干班和高干班讲授大学语文，基本上是晚上授课，学员济济一堂，很欢迎我讲课。省政府大院分三个班：后楼教育厅、计委、物委等单位一个班，前楼办公厅、财政厅、民政厅、粮食厅为一个班，外加一个高干班。每周每班授课两次，我周一至周五晚上排得满满的。工作很紧张，但心情暂为平静。一是暂时没有“运动”，二是我的课得到学生的认可，相比之下，比大学快毕业时情绪好多了。

妻子在女师教高二语文，工作、生活都比较有规律，心情也算舒畅。

每逢周末她都到我的单位来，这算是回家。她的单位在广武门，而我们住的地方在安定门。这段路不通公共汽车，她又不会骑自行车，走路需四五十分钟。周末，我定时先在单位匆匆吃过饭，再走路到双城门去迎接她，在双城门的饭馆给她买饭吃。一盘烧腰花、一个什锦砂锅、一碗米饭，加起来九角钱，算她的周末晚餐。

星期天上午洗衣服或理发、洗澡，下午到电影院看场电影，再一起在街上吃顿饭，就该送她回学校了。晚饭在城里吃，走路送她回校；如果晚饭在我的单位吃，一般我都骑自行车带她回校。

每月发工资两人加起来一百二十多元，寄四十元给母亲作为父母和孩子的生活费，余下八十多元两个人生活尚很宽余，家庭必需品慢慢添置。

1958年国庆节，我们俩已经发了两个月工资，我把余钱集起来给她买了块苏联坤表，这就算我们家的“大件”了。

鲁迅曾经把时代分为“暂时做稳了奴隶的时代和想做奴隶而不可得的时代”。这个短暂的时间是“大风大浪”来以前的相对的平静。坎坷、灾祸总是会降临的。“暂时做稳了奴隶”总不会长久的。

忽一日，接到大哥从西安来信说，父亲被家乡的公安人员带走了。既没有“逮捕证”，也没有讲明为什么，我对这突然的事件则“恭候”已久了。既然“阶级斗争”越来越紧张，像父亲这样的“历史人物”决不会放他在外面的。但不知以何罪名判刑。据我所知，1949年以后，无论在广东、广西、武汉、西安父亲都会主动向当地政府交代自己的历史问题。历次“运动”，从来没有找过他的事。即使在旧社会做事，也既无血债，又无劣迹，谁说得上他有什么罪恶。

父亲被带走，这是事实。我拿了大哥来的信，向组织交代问题，附带还要写书面材料，表示支持政府，与父亲划清界限。至于组织上怎么看待，我就顾不得了。

真的是祸不单行。父亲走后不久，西安莲湖区公安分局通知我母亲和我一岁多的儿子，还有高中毕业的三弟和初中毕业的小妹，将户口迁往原籍农村。

这是按遣返“反革命”家属来处理的。大哥在市文化局系统，大妹丈在西安市委宣传部，对当地公安部门的决定谁也没有办法，只能眼睁睁地看着他们走。

我们小两口很短一段时间相对平静的生活，又算破灭了。

这样的家庭背景，对我来说，面前只有一条路：夹着尾巴做人，低着头走路。自己的言行，再不敢出半点差错。

哪曾想到，1958年年底，接到通知，调学校教导主任黄××和我到中共省级党委宣传部工作。开会传达的时候，我实在不敢相信自己的耳朵。我在想：像我这样的家庭，能到党委机关去工作，真的不可思议。我真的怕这是“祸”。

1959年元旦刚过，我就在机关党委报到上班。行政处安排了办公用房，在三楼秘书长办公室对面。住房暂时安排在地下室向阳的一间，阳光非常充足，暖气很热，严冬季节温暖如春。再有一个好条件是离我爱人学校走路只需十分钟。她中午可以到办公厅食堂吃饭，晚上可以回来同住。

领了工作证，领了我和家属的省政府出入证，机关党委常务书记杜芳召同志找我谈话。杜书记儒将风度，平易近人，温文尔雅。这位晋察冀根据地来的老高干是个九级干部，没有一点官僚习气，倒像个知识分子。杜书记开门见山地对我讲，党的机关不分党内党外同志，一视同仁；党的机关党团组织生活在一起过，只要通知大家开会，你都应参加。这一席话打消了我很多顾虑。

我和黄××由宣传部赵部长主持分了个工。黄分管农业、工业、建筑、财经等系统。我分管人事、组织、宣传、公、检、法、文、教、卫、体、民政等系统。

我先到分管的各厅、局、办、委摸底了解情况，机关党委下来的同志谁也不敢问是“红”是“黑”。

不到半年的时间，各厅、局的情况熟悉了，也有些过往比较密切的同志。一日在公安厅政治部王主任那里办完事后，闲聊。问起家里情况，我如实地谈了母亲带着孙子和我弟弟、妹妹在家乡农村的情况。王主任表示同情，当即让我填了一份申报直系亲属，母亲及幼子及无劳动能力的弟弟、妹妹户口迁往兰州的表格。其他手续他找兰州市公安局城关公安分局签注意见，盖了甘肃省公安厅的户籍专用章，直接寄给对方省公安厅。不到半个月，家乡县公安局就找到当地公社催办这一户人的户口迁移。

按照母亲的说法，家乡的人都在猜想她儿子在甘肃不知当了多大的官，竟然把遣返农村的“反革命”家属户口直接迁进了大城市。

弟弟、妹妹拿着通知去县上办转迁手续。进的还是那个办公室，找的还是那个经办人，但和几个月前由西安回来时简直是天上地下的差别，客客气气、和颜悦色地办了手续。这些小干部，实在摸不透这一家有什么来头。

母亲说，她像做梦一样逃出了“火坑”。我接到三弟的来信，赶快准备房子。在原来我住的那个院子里，临街一排平房北屋借到两间房子和做饭的厨房。一切准备妥当，只等家人的到来。

母亲带领一家人，乘火车到达西安。本来是路过看看大哥、大妹两家，住上几天，没想到事情起了变化。当时大哥作为市上干部正在北关外大明宫街道，协助基层工作，顺便向街道领导讲起我在兰州办户口迁证，母亲要带全家去兰州的事。哪知街道领导说：既然是从西安迁走的，就回西安来吧！老实说家在西安多年，母亲已适应了西安的居住环境，当然是喜出望外。他们竟然持兰州的户口迁证，在西安报了户口。

我听到这个消息，也感到这样会更好些。毕竟家人在西安的多，对三弟、小妹找工作，会有更多的方便条件。母亲又习惯西安生活，各方考虑更合适些。我随即将此变动告诉了帮助办手续的公安厅王主任，表示了谢意。在当时的同志关系，只说谢谢就可以了。

1959年夏天以前，“一派大好形势”，群众都走上了“人民公社”这一“康庄大道”。我们在省委机关待着，只看报“成绩”报“喜讯”。政府办公楼大屋顶绿色琉璃瓦下面有个小楼，每逢周末给首长们放映内部电影，我和我爱人能享受这种特殊待遇。《安娜·卡列尼娜》《红与黑》《奥赛罗》《李尔王》《第十二夜》等外国经典名片，我们可以连续看四五个小时，经常看到凌晨两三点钟。

如果不放电影，就在中山堂、木地板大厅里举办舞会。兰州军区文工团乐队或省上歌舞团乐队伴奏。主办的人总要发些票给我，要我邀请我爱人学校的女教师来跳舞。舞会上经常遇到一些省级领导，像马青年、苗彪等同志。

1958年8月6日，毛泽东视察河南七里营，9日到了山东北园，提出“还是办人民公社好”。他说人民公社一曰大，二曰公。公社包括工农商学兵，管理生产，管理生活，管理政权。只有公，没有私。从生产到生活，公社、大队、生产队领导说了算。个人没有牛马羊，鸡犬豕。连做饭用具、种田的犁和锄，全“共产”。男女老少吃饭都进食堂。再说这“大跃进”，其实是以大办钢铁为中心的全国性的群众运动。毛指出：如果达到四千万吨钢，“超过英国，不是十五年，也不是七年，只需要两到三年，两年是有可能的”（毛泽东对薄一波《两年超过英国》的批示）。

于是各行各业全国全民大炼钢铁。到处都在建土高炉，城乡处处冒烟。全国投入了多少人力，消耗了多少物力、财力，无法统计。“钢铁是元帅……元帅升帐，众神退位。”群众能找到什么废铜烂铁，全往炼钢炉里扔。吃饭的锅、勺、铲，取暖的炉子，连同每户门上的锁头、门扣子都砸下来炼。不管想什么法子，只要完成任务。完不成任务就偷，偷国家放机械的仓库。最可怕的是偷铁路、偷钢轨，全国简直乱了套。

各级报纸，天天胡吹。我当时在党委干的就是宣传，要掀起全省诗歌大擂台，每天都要有一百首诗贴出来。我把机关通信员叫来，剪各种报纸登的诗歌凑数字。省委宣传部的汪××要替人捉刀，以省委领导的名字，第二天出现在《甘肃日报》报头。有一天夜里，我们去参观省直机关南城巷小高炉。两人骑着自行车，你一句，我一句，这诗就来了。诗曰："骑车路过南城巷，不见星星和月亮。……"

"大炼钢铁"打乱了正常的生活和工作。全机关百分之九十的人都去炼钢了，我是作为诗歌擂台的"秀才"留下来的。谁能想到运输紧张，食堂连面粉都没有。我们留在机关的同志夜里要参加"短途运输"，用自行车去载面粉。深更半夜，一袋、两袋、三袋。一百五十斤从土门墩面粉厂，驮回省政府食堂。一趟、二趟、三趟……驮到后半夜，我可以在西津路上随着车队骑在自行车上睡觉。

1958年农业为了大生产，出了个"八字宪法"："土、肥、水、种、密、保、管、工"。

当时各省绝不只是"上行下效""亦步亦趋"，绝对是"上高一尺，下高一丈"。比如这"八字宪法"的"土"大江南北都搞深翻地。翻它一人多深，把田里的营养土填到沟里，把底层一半多的"死土"翻到地表，明年的庄稼能出苗，那才怪哩。

再说这"密"，把种子铺在田里，厚厚的一层，真的出苗，也是"密不透风"，庄稼不出穗，净长叶。有"聪明人"，把鼓风机搬到田边去吹。收的庄稼是假的，公社干部为了"放卫星"，把周围十几、二十亩地的收成堆到一亩地里，这样可以上报纸，记功劳，捞政治资本。

甘肃是个干旱省份。时任省委书记张仲良为了个“水”字，提出了个大胆的口号叫“引洮上山”，要把洮河水引到山上去。这叫“人往低处走，水往高处流”，这劳民伤财的“引洮工程”投入了几十万人。

“大炼钢铁”要人，“引洮上山”要人。机关、学校、医院、工厂到处抽调人。我爱人的学校一个老师教四个班的课。她因怀了第二个孩子，不去炼钢，不去引水，但要一天到晚上课，这还算照顾呢！

在紧接着来的“反右倾运动”中，霍维德说张仲良不是共产党，是“一贯道”。我认为这个比喻太深刻，太形象了。他们确实能“呼风唤雨”，请听这些口号：“人有多大胆，地有多大产”“只有想不到的，没有做不到的”“敢想，敢说，敢干”“无雨大增产，大旱大丰收”。

这城里、乡下，工业、农业都违背了事物发展规律。从1958年开始大动作，折腾到1959年。

1959年8月底，全国省一级就开展了“反右倾运动”。我记得当时机关党委已把彭德怀的“万言书”，下发到各厅、局党组，供高干参阅批判。没几天中央又来紧急通知，让各省立即收回，密封上交。我虽然是亲自收文件的人，但一眼也不敢看。

中国人“搞运动”可是“专家”。上边一布置，下边马上行动，雷厉风行，暴风骤雨。哪个机关哪个单位都有一批“专业打手”，专门靠“运动”提级、升官、入党。于是一夜之间省政府大院、前楼、后楼贴满了大字报。

首先揭发省委、政府、各厅、局头头的“右倾”言行。我记得最严重的代表人物是省委副书记、常务副省长霍维德。

他在省委常委会上严厉批评省委书记张仲良不顾群众死活，好大喜功，报假成绩。霍说张是盲目冒进，劳民伤财搞水利，八盘峡水电站是八百条人命换来的。农村虚报产量，强迫统购，农民把种子粮都交给国家了。农民开始吃树皮、草根、观音土。民生凋敝，无法生存。农村三种声音听不到了：鸡不叫、狗不咬、孩子不哭。鸡、狗杀完了，妇女挣扎在饥饿死亡线上，已经闭经，不能生育了。

彭德怀的“万言书”我没看到，但“霍老头”的这些言论，我一方面吃惊他的直言不讳、他的大胆，一方面敬佩这共产党内真的有提着脑袋为民请命的人。

前楼东头贴的是民政厅长王子庄的大字报。这个“老革命”，战争年代得了一种病，腰弯得直不起来。我看他神色坦然地看着给他写的大字报，很有点久经沙场的战士不怕枪林弹雨的样子，我倒怕和他相对而视。

中山堂墙上挂着办公厅主任苗彪的大字报。这苗主任是个耿介不随、廉洁自持、有话当面讲的硬汉子。我和这位值得尊敬的领导，同在一座楼办公，真的是抬头不见低头见。见面了他总要先开腔，大腔大口地问上几句。这一下，我可怎见他？不想见，偏要见。正犯愁时，偏在楼门口碰上他。他提高嗓门问我：“你看大字报了吗？”这难为情的场面，实在记不清我是怎么回答他的。

没过多时，畜牧厅的霍建山厅长全家被下放到陇东子午岭农场去。霍建山同志就是我1953年在河西时的酒泉地委书记、军分区政委。他工作上朴实能干，对同志特别好。我们相处半年多，承蒙他多方照顾。霍回到省上工作，家就住在前楼平房院。当搬家的卡车来时，我借故特意去给他送行，遗憾的是没能见上面。

省级机关的“右倾机会主义分子”越揪越多。我们机关党委的同志白天上班，忙着到各厅、局收集情况，很少能见面。深秋的一天夜晚，突然通知大家，到会议室开会。会议是副书记苏福奎主持的，杜芳召是常务书记，但他一言不发，满脸的不高兴。

苏书记开腔便说：“前一段时间我们只忙着整别人（指下面厅、局）的‘右倾’，我们本身的‘运动’没有开展，谁能担保我们机关党委内部没有‘右倾机会主义分子’？”这话里有话，大家听了一言不发，只是面面相觑。会议室空气凝结了，只听得墙上的挂钟“嘀嗒、嘀嗒……”一秒一秒地过去。

突地一个人站起来了，此人叫李福存，陕西省长安县人，大学教育系毕业，算刚分来的大学生。我脑子里马上想到，才工作几天，他能揭发谁？只听得他请求苏书记把关主任的日记本拿来公布一下。这关主任叫关学明，机关党委办公室主任，现在又兼机关公社书记。老关为人忠厚、老实，对工作勤恳、求实。前一段省上抽干部下基层蹲点，他带着这刚来的李福存下到了通渭县某公社。苏书记叫老关去拿日记本，李福存还亲自跟他去监视。

他自告奋勇，抢过老关的日记本，大声地朗读起来。

“×年×月×日，通渭××公社。几个饲养员在抬牛，牛饿得趴在地上起不来。牛粪很轻，风一刮就吹跑了。”

“×年×月×日，通渭××公社。这里的社员，只分男女，没有‘家’的概念。女的住女营，男的住男营，真像洪秀全进南京以后的管制办法。上工排大队，吃饭排大队。没有‘家’，就没有‘私’字，这难道就是‘共产主义’吗？”

老关把所见、所闻、所思都如实地记在日记里，这里边提到很多想不通的问题。坦率地讲，这是一个共产党员应该采取的态度，实事求是嘛！

老关此人心系百姓，是个能与人民同甘共苦的好干部。老关土改时期，二十几岁，就成了皋兰县水阜区的区长，对甘肃农村的情况他是了如指掌的。不到十年，农民生活困苦到这种程度，作为一个有人性的干部，他能不发问吗？

老关的错误有二。一是“写日记”，这玩意儿害过多少人，日记里记了想不通的事，就被打成“反革命”。有人日记里只写错了一句话，被打成“右派”。风浪里滚了多年的处级干部，怎么还敢记日记讲实话成为白纸黑字的“罪证”？二是政治上太幼稚。连个起码的“害人之心不可有，防人之心不可无”都不知道。你怎么记日记，让一个“人心隔肚皮”的“政治打手”看见呢？太可怕了！

第二天接着“深入”揭发、批判老关的“罪行”。中午12点过了才散会。老关和我住隔壁，是个单身汉，老婆孩子都在乡下。我看着他闷头闷脑走进房间，倒在床上。我进家门，看见我爱人从食堂打了菜回来正在做面条，就告诉她先端给老关吃。我用饭盆端了面条进去，老关忽地从床上坐起来，惊讶地看着我。我说：“快起来，吃面条。”至于下面他是什么表情，我就不愿看见了。

老关的问题处理得比较快，因为不需要调查取证。自己亲手写的，白纸黑字，农村那“千村薜荔人遗矢，万户萧疏鬼唱歌”的境况记得一清二楚。这是“彭德怀言论”的佐证，那还有什么好讲的？对老关的处分，估计重一点就是“两开、一改”，即开除党籍，开除公职，劳动改造，反正党籍是保不住了。

不久后的一天晚上，开会表决开除关学明党籍，到会二十四人，我和王淑美是团员，没有表决权（我们两个是会议记录）。会议由杜芳召书记主持，组织委员沈茂义宣布支部决议，提请支部大会表决。只听杜书记说了一句：“同意开除关学明党籍的举手。”接着他扭转头对我这个记录说：“同意的二十人。”

我当时真的有点纳闷：到会二十四人，我们两个没表决权，尚有二十二人，关学明本人不举手，还有二十一人，为什么说二十人？难道还有一个吃了豹子胆的人敢表态不同意？此人是谁，我一直不敢问。

事情过去十四年后，“文化大革命”后期，我早已被打成“反革命”。杜芳召同志被定为“走资派”下放红旗山农场劳动。记得是1973年夏天，杜书记从农场进城，我们正好在广武门巧遇。我执意请他就近到家里吃顿便饭。杜书记草帽布鞋跟我进了家门。我爱人高兴极了，把家里最好的东西做来招待贵客。

吃饭的时候，我请杜书记把1959年开除关学明计票的事讲给我听。慈祥的老首长只是微笑，并不正面回答，倒反过来问我：“那天谁主持会？”我说：“你呀。”“谁查票？”“你呀。”他接下来说：“我举手了没有？”我一下子恍然大悟。杜郑重地说：“我根本不同意开除关学明同志党籍，更不同意给什么处分。一个共产党员讲实话，受处分，今后谁还敢向党说心里话？这种逼人说假话的极‘左’思潮，党的历史上出现多次，过后又来纠正。真正的共产党员就是要坚持真理。”

通过关学明的问题，我进一步认识了这位来自晋察冀的九级干部、这位党委书记的人格品德。

原来关学明只开了这么一次开除党籍的会，就被杜书记暗中保护，把材料压下来没有报，让他跟随办公厅的园艺工人到青年农场和宁卧庄高干宿舍区劳动去了。

机关党委除了李××之流，多数同志同情老关，只是谁也不敢替他说话。但是老关没文化的农村老婆很“积极”，一听到老关被打成“右倾机会主义分子”，马上提出离婚表示“划清界限”，另外嫁人走了，孩子也判给了她。

关学明同志是1961年“平反”的。“平反”以后，我们夫妻介绍他与干部业余学校老师刘桂兰相识，重新组织了家庭，生儿育女，白首偕老。那是后话。

1959年8月到1960年春开展的“反右倾”运动带来了严重后果。一大批坚持实事求是，敢于说真话，反对“浮夸风”“共产风”“高指标”“瞎指挥”的党员干部被打成“右倾机会主义分子”，已经开始纠正的“左”倾错误再次泛滥起来，使全国的工农业生产遭到严重的破坏。

记得那年10月间，机关党委在家的同志，根据中央文件精神，认真地讨论了实现共产主义以后，要不要挂牌子的问题。一致的意见是苏联是老大哥，即使我们实现了共产主义，也要让人家先挂牌子。

现在讲给后人听，谁都会认为当时的人幼稚、可笑。明明吃的是树皮、观音土，还要打肿脸充胖子，高唱“共产主义一定来到”。

这年11月中央在郑州开会（第二次郑州会议），给“运动”加温，“三个元帅升帐”——钢铁、粮食、机器，“两个先行开路”——铁路、电力先行，使国民经济严重失调。

省委、省政府的领导都到郑州开会去了，留下一批小车司机。办公厅组织他们到榆中农场劳动，我是没有参加过“大炼钢铁”“引洮上山”的干部，被抽出来和霍维德的秘书王淑美担任领队到榆中参加劳动。

司机们来劳动名曰“补课”，他们都会开农业机械，没什么繁重的体力劳动。我带三个司机丈量土地、规划水渠，真的没什么劳累。农场吃的不成问题，特别是洋芋很充足，蒸好的随便吃。

一日农场吴主任对我说：“坪南沟底下有个生产队，你们机关党委的冯锦川同志就在那里下放劳动。榆中南山的公社，粮食很缺，已经开始饿肚子了。”

当晚，吃过饭，我告诉王淑美要去看看冯锦川，也顺便给吴主任打个招呼，算是请假。老吴一边应允，一边走到伙房去用面袋装了七八斤蒸熟的洋芋给我。我知道他是让我拿给老冯的，彼此什么也没说。

从坪上下到沟里，能看见村子，走起来可得个把小时。幸好那夜有月光，我踏着如水的月光走进村子。首先是虚张声势的狗叫个不停。村头一间房子出来一位披着破棉袄的老汉。我上前问他，工作组的冯同志住在哪里，他指了指不远处打麦场的一间小房。透过小方窗，尚能看到房内昏暗的灯光。

我敲门喊老冯，老冯惊喜我月夜来访。这房真小，差不多只有六七平方米，一个单人炕，一张学生课桌，再就是门口的一方空地。老冯的样子很“农民”，老羊皮袄不离身，头戴一顶旧棉帽，很地道的一个西北老羊倌。

我把带来的“礼物”交给老冯，老冯真的两眼噙泪望着我。他让我上炕，两人背靠墙煨在炕上，腿上盖着他的羊皮袄。他一边吃洋芋一边问我机关的情况。

我安慰他，再坚持三个月，过了年下放期就满了，让他多保重。还能说什么呢？

这一夜，他边吃我边说，眼看只剩七八个洋芋了，我才意识到事情的可怕，坚决制止，让他明天放到炕洞里煨热了再吃。

他让我睡觉，我也着实困了，合眼就睡着了。一觉醒来已是凌晨三点多，老冯还坐在那里。问他为何不睡，他说胃太撑，躺不下，这下我可真吓坏了。我劝他跟我去农场看大夫，他坚持不去，只说过一会儿会好的。

天麻麻亮，他要去放羊。我看他能下地走动，就放心地回农场去了。冯锦川的“饥不择食”，是我1959年以后遇上的第一人，所以记忆犹新。

从农场回到机关，干部的粮食定量，已减到每月二十六斤。我发愁的是妻子的身体，孕妇需要营养，加上讲课节数增加消耗体力。主食减量以后，省政府食堂副食品丰富，我就让妻子回省政府吃饭。青海鳇鱼，甘南的牛、羊肉，只要能增加营养，不在乎钱，就买了盛在盆里给她吃。

又过些日子，肥皂、白糖开始限量供应，凭票购买。有次在饭桌上我问组织部长沈茂义，为什么没有肥皂，老沈说："听说宝鸡站把肥皂堆积成山，只是运输问题一时过不来。"说这话时汪臧锐同志看了我一眼。老汪是个敢对我说真话的人，我已经明白几分他的意思了。吃过饭我故意等着老汪一起走。老汪家在甘肃陇东农村，了解的情况比我多。一边走，老汪一边小声对我说："以后不管什么限量都不要问，人家能过，我们也能过。形势会越来越不好。"

转眼就到1960年元旦和春节了。在省政府大院里歌舞升平的景象还是有的，挂宫灯，贴政治口号式的红对联，摆花盆，"形势不是小好，不是中好，而是大好，越来越好"。

一日下午下班，在楼梯口，碰见行政处长彭道林。他轻声对我说："你到我这里来一下。"我随他到了办公室。他打开一间储藏物品的房子，指着一纸箱对我说："这里装的是兄弟省送来的礼品，按样给省级领导每人一份。你爱人怀孕需要营养，拿一份去吧！"我实在不知怎么感激这位彭处长。平时除了工作关系，真的没什么深交。这些糕点、桂圆肉、香肠等，在困难时期是拿钱无法买得到的啊！用"喜出望外"来形容当时我们夫妻二人的心情应该是准确的。

春节过后，马上三月份就是爱人的临产期。由于怀孕期间，她讲课站的时间太久，孩子容易提前流产。彭处长告诉小车队说，只要我有电话要用车，随叫随到。所以春节前后，两个月内，我爱人四次去医院保胎。这里还要感谢高干保健科陈主任，每次去医院陈大夫都是亲自陪同。省人民医院医护人员看到是省政府送来的病人，照顾得特别尽心。

1960年3月15日凌晨，爱人叫醒我又说肚子痛，我马上通知陈大夫和小车队，迅速去医院，这回可能真的要生了。路上爱人问我，孩子生下来叫什么名字。我说如果是女孩儿就叫李黛，因为妈妈皮肤黑。说这话时，东方已见曙光。爱人说："如果是男孩儿呢？"我说："就叫李炜吧！炜是光明的意思。"

我们把孕妇送进医院，就放心地回去上班了。早上8点刚过，我接到省医院妇产科护士长打来的电话。对方先说孩子已降生，母子平安，请放心。我问："是男孩儿还是女孩儿？"护士长反问我："你想要男孩儿还是女孩儿？"我不假思索地说："要女孩儿。"护士长笑着说："错了！还是男孩儿！"我简直偷着乐。

可是乐过之后，又发愁，孩子生在这时候，连大人都限量减粮，我可怎么养活这个小生命呢？

中国有句成语叫"遇难成祥"，说来也算这儿子命大，总有贵人相助，逢凶化吉。一日又碰到彭处长，他笑着对我说："恭喜呀！母子还好吧？"我连忙说："谢谢处长关心。"这位魁梧的处长倒不会说客套话，只说"你到办公室来一下"。他从抽屉里拿出一张奶卡，上面标明是两大瓶（四磅）牛奶。彭处长低着头小声说："这本来是给新任副省长王孝慈同志准备的，他现在被叫回北京不再来了。你拿去给孕妇和娃娃吃吧。"这天大的喜事，对我来说真的叫恍如梦境，我不敢相信他说的话是真的。但想到王孝慈同志为民请命，被打成“右倾机会主义分子”，心里又有点酸楚。我岂不是有点“乘人之危”得到好处吗？唉！也罢，也许这孩子今生今世都会永远记住这位老人的恩德，做出大事，来报答恩人，报效祖国。

几十年后，儿子读了博士，当了教授，每当逢年过节，我总要来点“忆苦思甜”，希望他记住两位大恩人，彭道林处长和王孝慈爷爷。

1960年7月，中央要召开全国干部教育工作会议。由于全国文代会在北京人民大会堂召开，时间冲突，这个会就改在天津举行。甘肃省代表团团长是机关党委宣传部长赵援。我和公安厅政治部的张树勋算代表团秘书。代表团成员有各厅局主管干部教育负责人，及部分地区宣传部长。

团里交通、生活、活动安排归我负责，老张重点管会议文件、纪要。我提前在兰州铁路局包了一节硬卧，除了赵部长坐软卧外，其余几十号人整队跟我进了硬卧。那时的干部好带，年轻的睡上铺，年龄大的睡下铺，真的能做到“把困难留给自己，把方便让给别人”。一路无事，第二天车到河北境，有几个熟悉的同志，如办公厅、教育厅、公安厅的来找我，反映同志们的意见，说不少同志是第一次进京，特别是十年大庆以后，都想看看天安门广场，让我行个方便，在北京转车去天津时，适当多停留一两个小时。起初我不同意，因为会后安排有四天在京停留考察参观，可是经不住大家七嘴八舌的说服，总的是想先睹为快；他们要我不要直接给赵部长讲，签好票后，再汇报赵部长，给同志们自由活动一小时。其实北京去天津的车次很多，我想做这个人情也不是难事。车到北京站是8：10，我签了9：50去天津的车。我“一本正经”宣布：“9：30集合点名，谁误车谁负责任。”大家心照不宣，齐声答应，一哄而散。贵宾候车室只留下赵部长和两三位不愿走动的同志。我被同志们连推带搡地上了公共汽车。

天安门在当时人们的心目中无疑是“圣地”。在旗杆南边看金水桥天安门，红墙绿瓦，庄严肃穆，神圣宏大。只有一个叫金万明的“老陕”说：“我看还没有西安的钟楼高。”这话让大家群起而攻之。有人说：“你把城门两边的字，任何一个搬到你家看能不能放下？”我惦记着早回车站，催促大家走马观花地看，快快地拍照。西边大会堂、东边博物馆都是会后返回北京参观的重点项目，就不要再多逗留了。

车快到天津时，我心中有些嘀咕。在家时和天津大会接待处通过电话，按计划7月23日上午10点前，即可到天津，现在快中午了，我们在北京多待了一个多小时，还会不会有人接？

车一到天津，我就急忙往出站口走。站台上迎面过来位三十多岁精明干练的女同志，后面紧随两位男同志。她冲我微笑着问：“是甘肃代表团吧？”我实在佩服她的识别能力，我身上没有佩戴“甘肃”的标记，茫茫人海她怎么就判断我是甘肃代表团呢？我还没有缓过神来，她紧接着又来一句：“如果我没说错的话，您就是电话里的李秘书。”我一边答应“是”，一边和她握手。后面两位男同志赶紧上来介绍，这是接待处的肖主任。我连忙说：“劳你们久等了。”

这时张树勋同志也跟过来，我给他们一一做了介绍，就对老张说：“请同志们快过来。”同志们分乘两部车，肖主任陪赵部长上了小车。我和接待的两位男同志一起上了大轿车。车到天津解放路天津大饭店楼后停下。我在大厅里按接待处准备好的房间，开始念名单分配住房。我和张树勋住在赵部长隔壁。一进房间，我就感到气氛不对，每个房间门口都有两个服务员站着，你去餐厅，他们跟你到餐厅。赵部长住的是豪华套间，摆设布置非常讲究。

吃饭时，接待处的一女二男和我们一个桌。肖主任介绍情况讲，天津大饭店（总店）是旧社会德国人建的，现在归市政府交际处，是涉外饭店，现在还住有丹麦、挪威两国的远洋轮海员，这次大会安排了内蒙、新疆、甘肃三省代表住在这里。

吃过饭，赵部长叫我到他房间。这位抗日战争的老干部进门，就给我下命令，说这个饭店我们不能住。理由有二：一、涉外饭店，房价高，害怕超标准，回去报不了账；二、每个房间，昼夜有人把守，太不方便，提出要接待处给我们换住所。我们哪里还敢午休，赶快去找肖主任交涉。肖很和气地对我说，各省来的代表团不管住哪个饭店宾馆，住房标准完全一样，天津大饭店有中央空调，你们西北很凉爽，天津七八月份很热，不可再换地方，况且，全国现在同时在天津开几个会，连机关招待所都住满了，不好调，请向赵部长解释清楚；至于国内同志不必让服务员守在门口，这个可以改变。

艰苦朴素的赵部长听到收费标准统一，也就再没说啥，这算一波平息了。

下午是大会预备会议，我们从住地乘大轿车去会场，倒很方便，五点多钟就回到饭店。我们发现天津接待工作效率就是高。上得楼来，就发现各房间的“岗哨”已经撤了。服务员集中在各楼服务台待命，只要发现代表们回房，赶快主动去开房门，送开水。

我进房就想躺下休息。老张突然发现我的床头多了一个拉线开关，一边说：“这是啥玩意儿？”一边用手拉了一下。我一下子感到有问题，忽地坐起来，说时迟道时快，不到几十秒钟，就有人敲门。我赶快应声“请进”。两位总值班齐齐地站在我们面前。我灵机一动，就说：“今晚大会安排代表们看‘小白桦剧团’演出，请通知6点准时开饭，7点上车出发。”两位应了声“是”就离开了。

门一关上，老张就向我做了个鬼脸。我说：“说你手狂吧，还不服气。”这是各房撤掉服务员后，特地给我们这儿安装的电铃。通过这件小事，可见天津工作做得特别细。

天津大饭店伙食非常丰盛，鸡、鸭、鱼、肉绝对吃不完。甘肃下面来的代表第一次用公筷子很不习惯，进了饭厅，由于地板光滑，表现得特别拘谨。

有一次，饭店请狗不理包子的师傅，专门来给代表们做灌汤包子，这回西北干部对口胃，吃了个肚圆。

会议期间，安排了一天参观塘沽港、大沽炮台，并从港口乘轮船进入渤海湾海面。午饭是在轮船上吃的。碧海蓝天，烟波浩渺。这对西北这些“旱鸭子”来说是个十分难得的机会，他们游兴甚浓。

有一天晚上，活动安排到天津市工人俱乐部跳舞。接待处的同志介绍，这舞厅在天津也是独一无二的，是20世纪20年代德国人建造的，碎积木地板，每一小木块下边有一个弹簧支撑着，人踏上去有一定的弹性。

我们这次除了在天津开会外，还要沿途到北京、太原、西安等地参观学习。这样我和张树勋总要早行一步，提前去联系、安排。

由天津到北京，我们乘上午的那趟京津直达快车，很快就到了北京。下车前，老张提出个问题和我商量。他说："我们下车后，先在北京城转一转，再和中央直属机关党委联系，免得一接上头就不自由了。"我们下了火车，乘公共汽车去了天安门广场，转了一下前门大街、珠市口那一带。中午找到全聚德吃了一顿烤鸭，印象中这顿饭是高消费，两人一共花了十几元钱。回过头来，又穿过天安门广场到了王府井。下午两点半以后，给中直党委有关同志打了电话。本来是想问清地址，我们自己找上门去，对方却说："不行！我们不用车子接你们，你们进不来。""这样吧！你们在王府井新华书店门口等着，我们马上派车接你们去住地。"

车子很快到了王府井新华书店门口。中央机关的同志就是机灵，直冲我们笑着说："甘肃的同志吧？快上车。"车上我们互相介绍了一下，他们一位姓徐，一位姓常。

那位姓常的开车，接我们到了北皇城根37号，实际是中央组织部招待所。进得门来倒没有什么明的岗哨，可是暗哨很严。住进以后了解到警卫、接待人员连同那位开车的常同志都是8341部队的。到了这里觉得会随便一些，不像天津大饭店那样的涉外饭店，人觉得拘谨。

天气很热，他们招呼我们先洗个澡。中直机关党委的徐同志，送来了我们两人的出入证，特别交代要妥为保管。出门随时有值班车可以乘坐。喝过茶水，徐同志介绍了整个团在北京停留时间的具体安排，我们表示感谢。下午这点时间，他让我们休息一下。又说这院后面是个小花园，可以转转。

我俩按照他的话，走进了小花园。后来发现这里有个后门，就和后门警卫打了招呼出去走走。

出得后门，信步走来，看到一路公共汽车，就顺便踏了上去。问座位前边的人："刚才是什么站？"答曰："红庙胡同。"我们真的是胡乱上车，毫无目的，到终点就下来，权当坐车逛北京。回程就麻烦了，我们按照来的车站对面，反方向上了车。购票时，售票员问我们："去哪儿？""红庙胡同。""错了。你们到底住在哪？""北皇城根，中组部招待所。"售票员不收我们钱。又往前走了一站，停车后，她招呼我们下车到另一路公共汽车上，给一位女售票员说了很快的北京话，只听她说："到站招呼他们下车。"这样负责的服务态度，应该是四十年前北京公交车上，就有了"李素丽式"的人物。

进得门来，常同志正在焦急地等待我们。我们非常不好意思，只得实话实说："出去随便走走，却坐错了车。"常同志马上说："这里随时有车，到哪里去，招呼一声就是了。"

晚饭已经开过，常同志特别招呼餐厅专门为我们做了饭菜，他陪我们一起吃晚餐。

第二天，我们不敢随便走动了。天气一早就闷热，阴沉沉的，像是快要下大雨了。用早餐时，发现两位老同志坐在不远的餐桌上吃早点。我小声问常同志，他小声说："左边是安徽省委书记曾希圣，右边是山东省委书记舒同。"

吃完早点就下起了倾盆大雨。八点半以后正在房中没事可做，听得有人轻轻敲门。打开门，看见常同志打着伞领一位老同志进门，只说："池坚同志来看望两位。"这位池坚同志，老徐昨天特别提到是中直党委的部长。我们真的不知怎么是好，一位部长，下这么大的雨特地来看两个年轻同志，的确让人过意不去，受宠若惊。

池坚同志是位忠厚、朴实的"老革命"，他说："下这么大的雨没法让人带你们出去玩，我特地来找你们聊聊天。"

雨后第二天，大约是8月6日，大队人马从天津到达北京。在北京的四天安排得满满的。让人记忆深刻的是两件事：一是参观人民大会堂，二是到中南海怀仁堂看演出。

参观大会堂和对面的革命历史博物馆，花了一整天的时间，只是中午仍要回北皇城根吃饭。大会堂和博物馆均属国庆十周年十大建筑的标志性建筑，尤以大会堂为最，当时还没有对外开放，是中直党委开了介绍信来，特意安排的。大会堂管理处的工作人员非常认真热情，讲解很细。印象最深的是万人大礼堂庄严宏伟。先在大厅正中看主席台，竟要摆动头才能把宽大的台面自左至右看全。再看头顶大堂正中悬挂的那盏五角星灯，每个面其长度超过十米，总重量二十五吨。工作人员特地为我们开了灯。光辉灿烂，满天星斗，簇拥着大五角星，其象征意义为全国各民族、各阶层人民拥护共产党。再站在主席台上，看那一、二、三层的万人座位，层层叠叠，开阔整齐。工作人员又细讲了大礼堂的力学结构、灯光、音响及每个座位的收听、译音设备。大家都为能到这样神圣的殿堂而异常兴奋激动。

大会堂总体包括三大部分：万人大礼堂、五千人宴会厅和全国人民代表大会常务委员会办事机构。我们参观的重点是大会堂。除了这万人大会堂，周围还有几十个各省和直辖市的厅。全国开大会，讨论时各省代表回自己的厅，如福建厅、四川厅、河北厅、甘肃厅、台湾厅等等。如果一个个走马观花来一遍，也得好几个钟点。我们只有随讲解员看几个重点省、自治区的。每个省的布置都有自己的地方特色，突出历史、文化和物产等。比如新疆厅，以地毯、壁毯、挂毯为主，正面墙上大幅画面是雪山、天池、牧场、白羊。两边墙上，是各族人民的丰收图和各族人民大团结图。陕西厅，体现的是秦汉盛唐文化，摆设着各种出土文物的复制品，大厅门前摆放两个直径约三米的大搪瓷缸。甘肃厅的家具是天水脱漆，壁画画的是敦煌莫高窟和天水麦积山。四川厅以竹器为主，连窗子上挂的窗纱也是用如丝一般的细竹篾编织出来的各种花卉图案，甚是工巧。

在楼上高处看了下面的五千人宴会厅，只见中间是个硕大的圆桌，其余桌子都一样大小，整齐排列，像士兵列队。

记得是8月10日前后，那天参观故宫回来，晚饭前老徐找到我，很神秘地说，通知大家吃完晚饭去会议室，不许请假，不许外出。连我也不敢问，晚上要干什么。

会议室里很安静，等着老徐宣布消息。宣布前反复核对人数。老徐说："今晚8点，我们要到怀仁堂看广西进京演出的《刘三姐》。大家可能是第一次进中南海看演出。一定要严守纪律，发给每人的票，要仔细看上面的规定，如实地填好票上的项目，不许换座位，不许迟到早退。其他的规定每人看仔细。”票很特殊，存根和正票所填项目一样，看来是要存档的，有姓名、性别、年龄、籍贯、政治面貌、工作单位，票号、座位号、日期是印好的。大家都填得很认真。

大家鱼贯上车，进去是哪个门，我也不敢问，只觉得车子是按下面警卫指挥的方向走的。道路两旁树木茂密，看不清房舍，更没有高楼大厦。

八点差五分，周围的人一下子都站起来鼓掌，我只看见周总理给大家挥手，其余还有哪些中央领导，不得而知。后来才知道，广西进京演出的正是拍电影的原班人马。

接下来的两个地方，没有什么太值得说的。在太原我们住的是迎泽路的迎泽宾馆（即省委招待所）。这街道名、宾馆名都是为迎接毛泽东而改的。在太原也游历了不少风景名胜，但印象最深的数晋祠。它是周代晋国开国君主唐叔虞的祠庙，在太原市西南。晋水发源于此，风景优美。李白《忆旧游寄谯郡元参军》诗：“时时出向城西曲，晋祠流水如碧玉。”指的就是这有名的“难老泉”。难老犹长寿也。

到西安住人民大厦，这是当年西安最高级的宾馆之一。在西安去了很多地方，什么钟楼、鼓楼、碑林、雁塔、半坡、华清池等。但是我的家人大多住在西安，这些地方我都去过，余下时间陪老母亲、儿子、弟弟、妹妹在一起团聚，倒是十分难得。

1960年下半年，物资匮乏到令人难以想象的地步。甘肃的干部口粮减到每月二十四斤。没有洗衣肥皂，小孩吃的白糖按人头发票。一切都实行票证制，统得非常严。肉要票，油要票，豆腐要票，糖要票，布要票。各家的票证放在一个珍贵的小盒子里，像命根子一样。孩子吃奶没糖不行，我就设法买水果糖，砸碎了放在奶锅里。逢年过节，会发点心票、餐券。糕点铺子，做点心油少，“到口酥”用牙都咬不碎。过元旦，抱上不满周岁的小儿子，去吃天津包子。不会说话的孩子，一手抓一个，往嘴里塞，真的叫狼吞虎咽，叫人看了心寒。

人的体质普遍下降，医学叫“三缺”：缺糖、缺蛋白、缺维生素。星期天的食品中有一种饮食，是煮糖萝丝撒些许玉米面做成的饭。谁家都害怕来客人，本身也不愿在别人家厚颜无耻，混顿饭吃。再有一种办法就是尽量少活动，减少消耗，没事儿多睡觉。

谁也估计不来，这种全国性的饥饿将持续多久，下一步还会出现什么样的后果。

# 饥寒交迫

1960年冬天，天气出奇地冷。也许与人肚子里没有热量有关系，不管穿多厚，手脚都是冰冷冰冷的。一场雪接着一场雪，积雪覆盖，天地一笼统，一片白茫茫。这在正常年景，可是个好兆头。河西农谚说：“一九一场雪，米面都不缺。”可遇上这样的“人为的灾难”之年，这宇宙真有点像给整个中华大地“戴孝”。

1960年11月的一天，党委突然通知我到省委五楼开会。到会的有省直机关四十几个干部。会议由省委副书记王秉祥传达西北局兰州会议精神，成立农村工作组（老百姓叫抢救人命工作组）。至于“西兰会议”如何批判张仲良的错误我都不甚关心。我只注意抽调这些同志，分定西、河西两路，参加中央工作团，迅速奔赴灾区。这次会上，我第一次听到省委领导承认甘肃有饿死人的现象。中央的钱瑛同志亲自揭开甘肃的盖子。中央派公安部、石油工业部、总工会等部门干部及在各大医院的大夫，组成工作团进驻甘肃灾区。

念名单时，我得知被分配到河西组。解放初期我在省上工作时，曾分管河西三地区：酒泉、张掖、武威。对“金张掖、银武威”这个富饶的河西走廊，还是有感情的。

中午回去吃饭，只告诉爱人到河西出差，别的什么也不敢说，也不能说。放碗筷时，爱人动了一下我的会议记录本，我像触了电似的，赶紧抢过来。不是因为会议内容是绝密，我是害怕她知道我要进灾区而替我担惊受怕。

这顿饭我吃着直愣神儿，我没有担心我自己，只愁这儿子幼小，爱人工作负担重，体质瘦弱，肚子又吃不饱。我走了他们母子可怎么生活？好在只能在家吃顿饭来不及多想，马上就要打包行李，下午两点以前在省委集中。

下午乘火车，经过一夜，第二天到张掖。当时中央工作团的领导是中央统战部副部长汪锋同志，正在张掖。河西工作团由三部分同志组成——中央机关、省上工作组和地区同志，加在一起已有百十号人。这三级干部，再打乱分组。没想到我的名字先念，我被抽调到总部跟随汪锋同志工作。下午的会议，汪锋同志的讲话就实际多了。汪锋同志说：“同志们，要有思想准备，下面的死人现象，要比我们掌握的数字严重得多。我们是来抢救人命的，要想尽一切办法制止死人现象。我们是来‘救火’的，火势大了，也会烧死消防队员。同志们，我们要做好牺牲的准备。这和当年的战争年代一样，生和死在考验着我们。”

听了汪锋的讲话，我真不知道是什么滋味。昨天和今天，天堂和地狱，有时候只差半步。

我们在河西连续看到中央的“简报”：河南信阳、湖北的孝感、贵州、安徽、山东等等，从南到北，从东到西，越来越多地暴露出缺吃少粮，饥饿—疾病—死亡现象可以说“遍地开花”。

别的我不知道，只说说我的亲身经历、所见所闻吧！一年前，即1959年深秋，甘肃省委书记张仲良参加“庐山会议”刚回来，正赶上在兰州火车站迎接班禅。班禅作为副委员长从北京回西藏，他不愿乘飞机，只能坐火车，过兰州，经青海乘汽车，翻越唐古拉进藏。达赖已经逃亡印度，所以班禅进藏意义特别重大。兰州的党、政、军要员一齐出动，远接远迎。最引人注目的两个人是甘肃省委书记张仲良和兰州军区政委冼恒汉中将。省直机关的欢迎队伍原先是女同志列前，男同志站后。张仲良一来到就喊：“怎么能这样站呢？人家是喇嘛教活佛，不会跟女同志握手的，快让男同志站前来。”这样我就被调到前排与张仲良对面而立，近在咫尺。过了不久，冼恒汉下了小车快步走向张仲良握手。冼先说：“书记同志好！”张说：“将军你好！”再说：“会（指‘庐山会议’）开得好吗？”张答：“很好，很好！主席对甘肃的工作和公社化速度评价很高！”这段话是我亲耳听闻，张仲良得意的样子也是亲眼所见。

面对全国的饥饿—疾病—死亡现象，任何人只要不是傻子都能想到这是什么造成的恶果。我亲身到达重灾区，越深入了解，越感到愤恨、悲痛。我好像变了一个人。我想起1953年冬天在酒泉河北区，搞统购统销的情景。那些农民一张张淳朴、憨厚的面孔，如今在望着我求救。任何一个有良心的人，面对此情此景都会为这些可怜的百姓站出来说句话。我想到了黄炎培、章伯钧、彭德怀和张闻天。

一开始，刚进河西，汪锋同志要我们在张掖街上接触一下老百姓，多掌握一些第一手材料。

我先到张掖小什字食品公司看了看，发现货架上摆放着各式各样的食品罐头，饥饿的百姓却无人问津，难道是老乡没有钱，买不起？我要售货员拿下来看看，的确是真罐头。问他："怎么卖？"答曰："不卖！""为什么？"他为难地说："上边只让我们摆出来。"我一下子明白了。1959年"反右倾"的时候，霍维德说："张仲良放出去两条'疯狗'：一个是河西的安振，一个是定西的窦明海。"看来安振这位张掖地委书记，还在弄虚作假。

我又走进了张掖饭店，这地方应该是张掖市对外的最大餐厅了。这里正在卖一种叫作"西北大菜"的食品，热腾腾、黑糊糊的一大碗，下面是洋芋，上面是蒸好的荞面，切成片，再烩烩，像是肉片。就这玩意儿一碗两块五，外加半斤粮票，还得要当地机关发的食品票，干部一个月才能吃上一碗，老百姓饿死也吃不上一口。

晚上开会，我汇报了这两点。汪锋同志指出，就是要这样掌握实情，发现问题。下去工作决不能浮在水面上，不要害怕问题严重，我们只害怕问题的严重性没被发现。

在张掖又待了两天，根据初步掌握的情况，灾情严重的有高台、张掖、山丹等县。高台是公安部下去的点，汪锋让我随中央同志一块去，选个重点公社"解剖麻雀"，掌握第一手材料。第三天晚上，我们坐胶轮马车到了县城，一路之上，真的叫“万户萧疏鬼唱歌”，很难见到一个走路的人。城南有个烈士陵园，破败不堪。这是红四方面军和马家军浴血奋战过的地方。成千上万的红军为了这片热土的解放，献出了自己的热血头颅。然而几十年以后，同是这片土地上的人民，没有战争，没有瘟疫，却在和平的年代被政治夺走了他们的生命。

我根据县委书记的汇报和公安部的刘司长的研究选了一个点，叫“四坝公社”。进村的第一步工作是糊窗纸，烧热炕。打糨糊得用面粉，拿五斤面来也得我给粮站打条子签字。粮站主任姓郑，对拿条子很为难。我就给这位同志做工作，讲什么叫作“饥寒交迫”。眼前的问题是死的人要掩埋，更重要的是奄奄一息躺在冷房子的人要抢救。肚子里没油水，寒冬腊月，风雪交加，窗户是破的，炕头是冷的，会加速这些人的死亡。于是第一要供销社出纸，粮站出面，全体干部糊窗子。第二步把村头的破庙扒了，取下木料给群众烧炕。

这些工作除了工作组，还得依靠社、队两级干部。他们多吃多占，保住了自己的命，所以村子里能自己走路的人，不用问都是干部。虽然我心知肚明他们如此，但眼前的工作不依靠他们，能去找谁？

接下来的工作是在村食堂的大锅里，每天煮两顿糊糊。“民以食为天”，这时我才体会到吃饭是活人天大的事。说是“糊糊”绝对是用词不当。群众的口粮，不管男女老少，一口人仅有四两粮，这四两粮可不是面粉，是粗粮。要把这小麦碾碎，连麸皮、碎屑和面粉都吃到肚里。每日两餐，一餐每人二两，怎么能熬成“糊糊”呢？没有一滴油，撒上些许盐，拌上些无论什么叶子。小的时候听大人说“稀汤瓜水”，如果能放些“瓜”类那就好了。这时想“瓜”往哪儿找去。真的是盛到盆里的稀汤，能照见人影子。再说一句，工作组也是每日四两口粮，真的做到同甘共苦。

挣扎在死亡线上的农民们，把这两餐汤看得比天还大。食堂煮饭必须有工作组在场，开饭时候，必须是工作组组长掌勺。我把这份工作看得非常神圣，因为是人民的重托，我似乎在掌握着人民的命运。

有一天，公安部有位姓齐的女同志吃过饭后，端着饭盆含着泪来找我，说今天这顿饭她才吃到十三粒半麦粒，实在饿得顶不住了。她是警校刚毕业分到公安部工作的，今年才十九岁。我耐心地劝她：“小同志，粮食我们的确正在想办法，但目前实在困难，只能这样坚持与群众渡过难关。你年轻，正在长身体的时候，肯定需要更多的食物。这样吧，我明天派人买火车票送你回北京。”这么一说，她反而不哭了，问我：“你怎么不说饿？”我说：“你到高台来看见烈士陵园了吗？我们有许多同志都做好了进烈士陵园的准备。”小齐没说话走了，从此再没提到“饥饿”两个字。

北京地坛医院的医疗队来了，带队的是刘大夫。我们在小学（小学早已停课）里成立了病号院。三天过后，刘大夫说：“活着的人全有病，也全没病。病源只有一个字‘饿’。”“病分三个阶段：浮肿—消瘦—死亡。”大夫治病不给药，恐怕说不过去。刘大夫发明一种药叫“康复丸”，实际上是黄豆泥、枣泥煮后加点蜂蜜团成的丸子，看一次病给六丸，一天三次，一次一丸。

以上这些情况，我都及时写成书面材料，由公社邮政局的投递员老李直接送给在张掖指挥工作的汪锋同志。

当时，通信设备很落后，需要由张掖打电话到高台再转到四坝公社。有的时候听不清楚，还需要接线员转述。所以不是特殊情况，指挥部不会打电话来。

有一天晚上，公社来人传达指挥部电话记录，说是要我速去太子寺公社处理事情，但什么事情没说。第二天坐供销社的马车走了三个多小时，到了太子寺。这里也有工作组，但不是重点灾区，人数不多。其实他们的组长知道我要来是张掖电话通知的，不需要我问就直接讲了情况，说是三队有两户人家，互相交换吃孩子，一家的女孩三岁，另一家的男孩四岁。现在已经把两家夫妻绑到公社来，等候处理。我听了简直是五雷轰顶。这传说中的“易子而食”竟然就发生在现实生活中，而且偏偏叫我碰上。《左传·宣公十五年》《史记·赵世家》均有记载：“城中悬釜而炊，易子而食。”极言天灾人祸所造成的惨相——交换子女以煮食充饥。

公社干部问我提不提审，我说既然承认了，就不必再审了吧！当即在他们审问的口供材料上批了一句话：“暂押看守所，等候处理。”然后交由公社治安委员去办，算是结束了这件事。

1960年年底前，灾区死人的现象一直制止不住，从地方到工作组到中央，各级都很着急，总理办公室每天凌晨催报各省死人的数字。我们在第一线工作的人真的心急如焚。

好消息是部队从南疆用汽车转运的粮食已经到达兰新线

的新疆段某个车站，正在装火车东运。受灾的面越来越大，挨饿的人愈来愈多，就是火车专列运粮，也是杯水车薪，分到具体的县、公社、大队也就微乎其微了。

正在这时，中央又抽调一些部级干部到各地巡视。高台来的是公安部副部长王弗。地委派车，直接把他送到我这里。随他一起来的还有地区的一位领导干部高鹤龄同志。我和刘司长向王弗同志汇报了工作。看了两个队，其中一个庄子（即一个大队），群众叫它“寡妇村”，可以说百分之七十以上的男性青壮年都死光了，又看了病号院及食堂。

王弗同志向我提出两个问题：一是为什么不把粮食分到各家各户去，群众为两餐饭走路到食堂消耗体力。他又笑着问我：“你是不是害怕解散食堂，会犯错误？”（当时有个说法，叫作“食堂是人民公社的心脏”。）二是病号院里已经换了细粮，而且有北京来的高级大夫，死人现象为何制止不住。

关于这两个问题的答复，应当实际查看，我又领这位王部长进了公社所在的村子。不管进哪个村哪个家，只管推门直入就是了。因为门里户外要插要锁的门扣插板全被撬下来炼了钢，群众家里连个铁锅铝盆都没有，用什么煮饭？更严重的是粮食不能发给群众自己掌握。人饿到这个程度，不要说发一个月的粮，就是三天五天的麦子，一顿煮了吃下，绝对会撑死。食堂要解散，但现阶段条件不成熟。等多数人的身体慢慢恢复了，我就报请省上运些锅来，哪怕是兰州的砂锅也可以。这些条件具备了，各家各户就可自起炉灶。

关于第二个问题，我在没申明前，先请这位王部长查看病号院厕所，然后再发言。这些住进病号院的“病号”多是吃树皮、野草，破坏了肠胃功能，现在做了大米稀饭，他们是吃大米，屙大米。就是天天输营养液也保不住他们的命，终究救不活。

王弗同志听了我的解释连连点头，表示对我工作的肯定。

下午他要我陪他去南华公社。当地干部大体上给司机指了指方向，我们就乘吉普车上路了。冬日天短，眼看太阳快落山了，还没看见村庄的轮廓。正焦急，前面出现了一个路人的背影，再往前走看清是个女的，而且身体比较壮实。我告诉王弗同志此人是个干部，问她准知道公社。车子到她跟前，我跳下来就问她是干什么的。她看是坐汽车的“大官”，就小声答应是“妇联主任”。再问她公社地址，她顺手指着右前方说：“向西不到一里路，出沟上坡就到了。”车再往前走，闻见一股油香味。迎着西风，味道越来越大。饿肚子的年代，油炸食品的香味太诱惑人了。我告诉司机，顺着油香味找公社准没错。司机加大油门，一下子就冲到公社门口。我、司机和地委派来的警备区带手枪的警卫员从车上下来。我跑在前，他俩紧随其后，三步并作两步，就跨到了这个庙宇式建筑物的大殿。几个慌了神的男女，有人端着油饼正在设法藏起来；有人搬动大半圆锅盖，正往锅上盖；又有人用脚踩柴火灭火。我上去先吼一声：“打开！不怕滚油冲起来烧了房子。”就在此时，王弗、高鹤龄两位领导也站到他们面前。我怒火中烧，一股热血往上涌，不管什么场合，破口大骂：“你们这种不顾人民死活的干部，老子真想毙了你几个！”王部长开口问：“谁是公社书记？”那位手上和面的人，所问非所答道："炸油饼是送病号院的。"我一生最厌恶当面说谎的人，在这伙人里，找了个最年轻的叫到院子里问话。此人是民政干事，看我怒气冲冲，吓得两腿直抖。我要他做两件事：第一，把在场所有人的姓名、职务写出来；第二，说清楚这多吃多占的油面是从哪里来的。这人一五一十倒得很干净。他去办公室拿了本公社的干部名单来，也省得再动笔写。他又口述交代了公社干部有个黑粮库，经常在办公时间做吃的。今天要搞的是油饼子夹甜糕：油饼子炸好，还要蒸一锅红枣、糯米糕卷在油饼里吃。

一边是饿殍横尸村野，一边是吃民膏喝民血的虎狼。这帮丧尽天良的家伙，实在十恶不赦。所有名单已落到我手，等我慢慢收拾他们。

送走王弗同志，不几天，指挥部又来了电话，要我赶快去张掖乌江火车站，那里有事情。这回我是骑驴子到高台车站，赶火车去的乌江站。乌江是个小站，所谓候车室大小也不过平常老乡家的三间大房那样，里边已经来了几十个中央、省上、地区的三级干部。站长室里坐的有高鹤龄同志，我去报了到。地区公安处、张掖县的负责人及乌江车站站长，分别向大家介绍了情况。原来群众早就听说中央从新疆往甘肃调粮的事，有人就盯上了从新疆过来的货车。昨天一扳道工，无意中向附近村农民说了新疆一列货车晚上在乌江停靠的消息。结果一传十，十传百，天黑以后，乌江站聚集了几百饥民。他们砸开了两节车皮，抢走了货物，多是成袋的中草药。在哄抢过程中，民警和民兵见劝阻无效，鸣枪警告，当场踩死的不少，也有跑不动累死的。现场情况就是这样，问题是如何处理善后工作。中央工作团全总一位姓黎的领导传达了汪锋同志的意见。死人的事由地区县公安部门负责认尸、掩埋，给家属有个交代。追回大量被抢物品的问题，由高鹤龄、我和张掖县委一位姓张的同志负责，将今晚调集的三级干部编组，将车站周围三公里以内的村庄，挨家挨户进去做工作，特别讲清乱吃中草药致死人命的严重后果。我们是连夜出发进村做工作，但还是有三人因乱吃中药先后死去。

这件事情过后不到十天，接到一个电话通知，让我回张掖地区招待所（即中央工作团指挥部）有事。当晚联系了公社供销社，第二天有胶轮马车进城。我给刘司长打了招呼就上路了。我猜想是汪锋同志要我当面汇报工作，所以坐在车上，一直在脑子里整理工作汇报。来了这么多天，通过和当地干部群众的接触，思想上总有一个问题，那就是眼前的灾难是如何造成的。一个人把听到的、看到的苦思冥想，从不敢和谁展开推心置腹的讨论。有时候和别人在一起，偶尔引发起些问题，也只能是只谈现象，不提本质。历史的教训“话到舌边留半句”很好。

有一次，刘司长、供销社主任、小学张老师和我四个人从病号院出来，在往食堂走的路上，由于是顺风，能听到三十里外的火车鸣叫，刘司长就发问：“这里离火车那么近，为什么人们饿成这个样子，不往外逃命？”张老师说：“逃，谁敢逃！抓住了不是打死，就是坐牢。”王主任另有看法：“那还是老百姓相信共产党，认为共产党总不会饿死人吧！结果是口粮一天天减少，一天三两多粮，还得吃树叶、树皮、观音土，身体逐渐虚弱、消瘦，最后路也走不动了，你放开让他逃跑，也跑不成了，只有等死。”这真叫各抒己见，但谁也没谈到实质问题。我接着问了一句话：“这两三年，你们这地方有没有天灾？”这回他俩抢着你一言我一语地讲：“我们这地方公社化、大跃进以后这几年，风调雨顺，庄稼长势非常好。结果‘运动’一个接着一个，‘一大二公’什么都得‘大’。‘大跃进’各队干部报亩产，你说亩产八百斤，下一个就报一千斤，水涨船高，层层加码，谁也不敢‘右倾’。哪个队报的少，哪个队干部就会被‘炒豆子’，就是周围一圈人，叫他放在中间，大家推来搡去，直到口吐白沫，一头栽地。有的干脆倒到地下，再也起不来。”“虚报的产量太多，紧接着‘一平二调三共产’‘割资本主义尾巴’。最后，老乡把口粮都拿出来也凑不够数。”“接下来，各队还要扩大耕地面积，把余下的种子，背上撒到沙滩上，等于喂了麻雀，第二年寸草不生。秋庄稼、洋芋、甜菜长势也很好。结果，碰上大炼钢铁引水上山大修水利，男劳力，女劳力，只要是劳力，全抽走了，不管是老是少。结果，成熟的粮食烂在地里没人收。”

这样看来，这丰收之年的受害者，既是农民百姓，又是基层干部。

马车走得很慢，进得城来，天已经完全黑了。到了地委招待所，我先找汪锋同志报到，是招待所张主任领我去的。汪锋同志看见我，就给老张说：“还没吃饭吧？老张赶快安排他吃饭、洗澡、住下。”就这么简单，我就跟老张走了。这位张主任我们算老熟人了，他给我打开房间的门，我就提出要吃饭。老张说：“开饭时间已过，我得亲自给你下厨房做点吃的。”二十分钟以后，他端来了碗汤面条，真的香极了。只是很遗憾，非常稀，汤多面少。我顾不得许多，狼吞虎咽，风卷残云，一下子就倒进了肚里。老张不提“再吃一碗”，只催我洗个澡吧！这热水澡可是人生最大的奢侈。泡在浴盆里，好像每个毛孔都开了，舒服极了。人类竟然还有这种享受！泡了一会儿，肚子又饿了。穿衣服找老张，心里埋怨老张不够朋友，怎么一碗稀面条就把我打发了。我直接提出要吃馒头或米饭。他说：“实在没有了。我再给你做点吃的去。”这回端来的是“疙瘩拌汤”，实际是白面糊糊，有些面疙瘩，放些许盐和葱花。再说什么呢？要干给稀总比不给强，喝了吧！喝了好睡觉。

肚里有了这两碗汤，周身洗了个热水澡，加上房间有暖气，热热和和，被褥那么柔软暖和，我这一觉真的像死过去了一样，一不翻身，二不做梦，一觉睡到大天亮。

时间已8点过，食堂还有早点，但人已基本走光了。我吃了大米粥、小馒头、腌小菜、煮黄豆、花生米，香极了。只是不好意思吃得过多，怕服务员笑话。

吃过早饭，就直接到汪锋同志房子去，门锁了，屋里没人。向老张打听，他说：“一早坐车下去了。”上午不敢走远，一直在房里看文件、看报纸，只怕首长随时回来找我。中午吃饭不见汪锋同志回来，我心里急了，到处打问，看他究竟去了哪里。下午没事睡了一觉，醒来在院子里转，遇上省政府办公厅的秦彦章同志。老秦告诉我汪锋同志去了山丹县，听说山丹县委书记刘丰浩问题严重。我这时真的很纳闷，心想：他叫我回来，肯定有急事，那为什么我来了，他又不布置任务，自己走掉了呢？

第三天上午，汪锋同志终于回来了，我顾不上那么多，直接去房里见他。他好像毫不经意地问我：“休息好了没有？吃得怎么样？”我问：“有什么任务？”他说：“没有，就是让你回来休息一下。”我说：“我很感谢领导的关心，可是下面灾情依然很严重。中央和省上来的同志生活都极端艰苦，我一个人上来心里也放不下。”老汪同志拿起电话叫招待所张主任来，当面交代两件事。汪锋同志问他：“东西准备好了吗？”老张点了点头。汪锋同志又说：“派部车送他回高台。”

我随老张到了他的办公室。他从柜子里拿出一个像枕头一样的袋子，递给我说：“这是汪锋同志要我特地为你准备的。”我打开看，里面装的是炒面，掺和了一些豆粉、枣粉。老张很细心，袋里还放了个小勺。他又说一句：“实在顶不住了就吃几口。”我怀抱这件“珍品”，眼泪夺眶而出，哽咽着说：“难道老汪叫我回来就是为了这个？”老张接着说，前两天高台四坝有个老邮递员到招待所送材料，见了汪锋同志说：“听说你是领导，我要向你说个事：你准备把‘李工作’（指我）拖着回省，还是走着回省？”老汪听懂了他的意思，在会上讲要下面的同志轮流回来休息一下。老张又说：“这次回来，我很对不住你，一回来就给喝稀汤。老李，不是不给吃饱，是不敢给呀，你懂吗？”我明白，他的意思是怕我撑死。

有吉普车送回四坝倒觉得很快。晚上我告诉刘司长，通知所有的同志，开个会。刘司长以为有重要事情传达，尽量让工作组的同志都到会。公安部那位哭过鼻子的小齐来得早，我叫她把报纸裁成二十厘米见方的小块准备有用。前后一共来了十三个同志，连我共十四人。

我让小齐同志将这炒面分成十四份，告诉大家：中央工作团领导在关心着每位同志的健康。我带回的这包炒面成了全体同志进入灾区以来最丰盛的一次聚餐。

有一天，病号院的北京大夫，跑来找我说有一个老太太，一定要见我一面。路上北京大夫告诉我，老太太家姓郑，儿子、媳妇、孙子全饿死了，她瘦弱到一息尚存进了病号院。我去到她的床前，老人真的奄奄一息了，睁眼都很吃力。我摸她的手冰冷冰冷。她用河西方言声音微弱地说："我不是饿死的，医生给我吃了白米饭……"便再无力说下去，撒手人寰了。她的意思是感激工作组、感激抢救她的大夫。这件事对我印象特深。

冬至以后，天气愈来愈冷。当年我在嘉峪关时，当地农民说嘉峪关城门洞里的石头，冻得会叫喊。气候条件使工作越来越难做。

有一天，公社小王跑来通知我，晚上8点去接机关党委打来的长途电话。我想不到机关有什么重要的事找我，就准时到公社办公室。接一个这样的电话，可是费周折，先由省政府总机挂省上长途台，转张掖，再转高台，再由高台接线员通知公社找人接电话。这些程序是昨晚预约好的。就这样我还得耐心地等二十分钟，才算全线接通。

对方的声音是我爱人，真的使我又惊又喜。当年杜甫说“家书抵万金”，我竟然在千里之外，意外地听到亲人的声音，心中该是什么滋味！老实说，自从到了张掖，脑子里从来没有想过孩子、老婆。无法顾及他们，想也没用。只是大脑里除了抢救人命就没有他们的位置，实在愧对他们母子啊！我爱人告诉我，她得了营养性肝炎，说兰州很多人得了这种病。组织上为了照顾他们，由机关党委出面跟西安交涉，将他们母子的户口迁到西安奶奶的户口上。这样粮食定量会多一些，食品供应会好一些。今天是党委安排的这次长途电话。我听了很感激留在机关的同志和领导的一片好意。她又问我：“身体怎么样？”这时候我不知从哪里来的“左”的腔调，回答她：“你是学文学的，文学强调人民性。你应当多想想人民群众的生命。”下面我就听不到她的声音了。

这个电话对我是一石激起千层浪。小儿不满周岁，爱人染病在身，我不能照顾他们，真的痛心愧对。目前的情况使我无颜提出回去看望他们，很想面对茫茫的白雪痛哭一场。可是所幸的是机关减轻我的后顾之忧，千方百计把户口迁到西安，设法改善他们的生活，这是一般人办不到的，是我不幸中的万幸。

陕西的情况我从西北局来的同志嘴里略知道一些。别省“大跃进”时陕西省委书记张德生比较保守。西边有甘肃的张仲良，东边有河南的吴芝圃。两个老“左”夹着张德生这个老“右”，尽挨批判。现在又倒过来，陕西的情况要比全国其他地方好得多。谁不按客观规律办事，老天就惩罚谁，这就是真理吧！

时间很快就到了年底。一日我接到电话通知，要我回张掖准备到西北局（西安）出差。这回是真的要派人到西北局去送文件，当然也是汪锋同志用心良苦，想让我借机回西安看看老婆孩子。

我在张掖站只能乘坐乌鲁木齐到上海的快车。可自从“乌江抢粮”事件发生后，新疆过来的车，无论客车、货车，无论快车、慢车，都是门窗紧闭。地委派车派人专门到张掖站做了交代，说是中央工作团的同志因公去西北局，要他们保证我上车。我提前到站长室，站上领导都过来找我反映情况，说站上值班人员营养不良，经常看不清信号，把黄灯看成红灯，可否给他们多照顾点黄豆、食油。我答应把这一情况反映给中央工作团领导。

去上海的特快列车晚上凌晨一点半才到张掖站。真的是门窗紧闭，没有一个工作人员下到站台上。值班站长急了，打卧铺的门，高声喊：“车长下来！有任务！你不开门我就不给放行信号。”这一招儿真灵，列车长下来，站长把我作为任务交给他。列车长领我上了软卧，车上倒很安静，人不多，而且深夜都睡熟了。他找软卧列车员，打开了第三间的门。我看到进门左手上下铺都睡了两位军人。车长指着右手下铺小声说：“就睡这里吧。明天白天我来补票。”

软卧很暖和，我脱掉老羊皮大衣，和衣倒头而睡，很快就睡着了。这一觉实在是舒服，一觉醒来，已经是满车阳光，上午10点多钟了。

两位军官约摸四十岁，对着我直笑。我实在不解其意，有什么好笑的？临窗坐的那位先开腔说：“昨晚你把我们吓了一跳。车长叫门是我从里边开的，但是你们进来，我就又继续睡了。后半夜起夜，我开了灯见你躺在床上，头发胡子太长，不知是干什么的。我想找列车员，可一想是车长送进来的人，有什么好问的？放心不下，就叫醒了他。”那位靠门坐的军官接着说：“我起来看了一下，觉得的确应该提高警惕。坐了一阵，你翻身将枕边的资料掉在地上，看见‘中央工作团’的字样，才放心了。”我转头照见门后的镜子，的确叫人不放心。已经几十天没有理过发、洗过澡了，蓬头垢面，臭气熏天，军人把我当成逃犯、盲流是可能的。

我起身到洗手间去浪费一些水吧！洗了个痛快脸，刷了个痛快牙。照镜子梳梳头，虽然没法刮胡子，但也算大有改观了。

回到车厢，两位同路人已经热心地摆出他们所带的吃的喝的。我先用缸子，拿他们的茶叶泡了杯茶。我从包里拿出唯一可以招待人的东西“牡丹牌”香烟，让两位抽。两位军人都是西藏军区兵站的师级干部，一位是我的本家姓李，一位姓葛，一位在徐州下车，一位在南京下车，都是回家探亲的。桌子上摆着牛肉干、奶酪和烤小面饼，诚心诚意让我吃。我尽量控制自己的食量，不能太掉价了。但老实讲这些东西可真香。

能回到家里与家人团聚，真的像是从地狱回到了人间。我真的恍如梦境，能见到我的老母亲、妻子、两个儿子，真的是人生最大的幸运。母亲忙着烧水，让我洗热水澡，妻子将我换下来的衣服里里外外包括袜子都卷到院子里。内衣内裤虱子太多，就在院子里点了一堆麦草，拿笤帚往下扫，噼里啪啦响，像是春节放鞭炮。我这几个月怎么过来的，为什么身上有这么多小动物，自己竟然不觉得。老百姓有句话叫“虱多不痒，债多不愁”，看来是真的。

一整天搞的是个人卫生，洗澡、理发、烧虱子、煮衣物。没有搞彻底以前，连床我也不敢坐，孩子也不敢抱，我简直成了神农架的野人啦！

第二天去西北局交了文件。剩下来的时间是领导准许我的探亲假，在西安过春节。小儿子还不满周岁，很好玩。大儿子三岁多，对人事有点似懂非懂，经常缠着我转前转后。杜甫见妻儿时写的《羌村三首》真的非常深刻：“夜阑更秉烛，相对如梦寐……娇儿不离膝，畏我复却去。”

1961年春节，无论如何是和家人一起过的，尤其是母亲，我已是多年不在她老人家身边过大年了。

春节过后，我先回兰州，准备到机关打个招呼再回河西。结果刚好碰上机关全体检查身体，我也参加了。抽血化验结果出来，说我也是肝炎患者，大夫建议半休。杜书记的意见，认为我不再适宜去河西工作，就向中央工作团打招呼，让我留在兰州养病。

# 非常岁月

1961年上半年，内部通知有个总结三年教训问题的会，提法是“畅所欲言”，实行“三不”：不打棍子，不戴帽子，不抓辫子。有一次党组成员开会，副省长兼机关党委书记马青年，点名要我发个言。我说：“领导开会，我有什么资格发言？”马说：“你跟汪锋同志，在下边了解情况多，还是谈一下吧！”杜芳召书记也示意我谈几句，我就谨慎地说了不到十分钟。这几分钟的谈话，没想到竟招来了九死一生的横祸。这是后话。

1961年下半年有个“干部下放”也叫“精简机构”的政策，各机关都有一定的比例。我们宣传部有个指标轮到了韩发荣，老韩愁眉苦脸的。我这时倒很想下放，这样可以“急流勇退”。这政治斗争越来越紧，我这样的出身，待在党委机关终究会招祸，不如及早给自己找个退路，保全性命。于是我就去找杜书记，主动申请下放，顶替韩发荣的名额。

我给杜书记讲：“老韩家老婆在小学工作，孩子多，都在城里读书，下放他一家回农村，困难大。”“我从省上下放到兰州市，去个中学教书，比较简单，况且党培养我上师范大学，就应该去当老师。”开始杜书记不同意，经不住我再三要求，也就答应了。

档案很快送到了兰州市教育局，等我去教育局报到，人事科就告知，我的材料早被兰州七中校长高钊同志拿走了。七中的新校址在东岗，离女师远了一点，但是校长如此看得起我，我也就只得从命了。去报到那天，爱人和我一同去。这位高校长对人厚道、热情、礼贤下士，招待我们，边吃饭，边介绍学校情况。根据中央当时提出的八字方针——整顿、巩固、充实、提高，将大跃进时期新建的兰州师专下马，校舍全部归七中，一部分教职工，合并到七中。它是市立中学，“充实、提高”的重点是要办好高中部。高校长说马上给我分住房，还要我做好准备，接任语文教研组组长，提高高中教学质量。我们这种家庭出身的人被人看不起惯了，一旦有人把自己当作“人”看待，真的是受宠若惊，十倍努力地工作。高在我上班的一周内，兑现了两件事：一是给我四楼向阳的一间房子，二是宣布我任语文教研组组长。原来的组长、东北老太太王老师被任命为副组长，主抓初中教学。

七中当时的校舍、场地，在市属学校是比较好的。原因是市上原计划办个高等专科学校，盖了一幢五层拐角大楼，教室、办公、宿舍都在这幢楼上，共有二十几个教室，拐角是图书馆和阶梯教室，楼后是操场，再后是礼堂和家属院平房。

到了1962年，教学质量显著提高。这年我带高三两个班，一个文科班，一个理科班。理科班升学率达到了百分之九十七，很多学生考上东北军医大、西安交大、甘肃工大、铁道学院、兰州医学院、甘肃农大。实际上四十几名学生，只有一名落榜。文科班考得差一点。两班合计，排名仍是市属学校第三。我被评为校先进工作者，而且成为兰州市中学语文中心教研组成员。

这段工作，心情比较舒畅。到了第三年，七中情况有些变化。一是原兰州一中领导、1959年受批判的陈范邱平反，恢复职务，顶替高钊，当了七中校长。此人业务能力强，很重才，对我特别重视。陈上任不久，就找我个别谈话准备推荐我当副校长。与此同时，也出现了一件对我不利的事。

陈的新班子里来了个我意想不到的人物。此人我前面已经提过，群众叫他阿黄。此人个子矮，心眼多，贵州某师范专科学校毕业，业务很差，但是是党员，曾当过省级干部业余学校教导主任。1959年，我俩同时调到机关党委。调到党委以后，我俩只有分工不同，不存在领导与被领导的关系，他就老大不高兴。加上1959年“反右倾”时，他虽然没被定什么“分子”，但由于工作拖沓，被重点批判过。有些同志，好心不办好事，批判他时却把我拉出来表扬，这他就怀恨在心了。没想到几年以后，我们又走到一起，前后到了兰州七中。这叫冤家路窄，在劫难逃。偏偏人家是共产党铁定的教导主任，而党外人士陈校长要推荐我当副校长。他能甘心吗？！1963年年终，我又被评为全校先进工作者，这更容易招到他的嫉恨。

1966年那个不平常的夏天来了，一夜之间天翻地覆。阿黄当了校“革委会”主任，我被列入陈范邱的“黑集团”，陈算“大掌柜”，我算“二掌柜”，下面涉及十几个业务骨干，都成了“牛鬼蛇神”。

阿黄人矮鬼大，十分恶毒。他的“打手”中有一个真正的中统特务，叫张云之，解放后靠出卖他的组织秘密送好多人赴了法场。他保住了一条狗命，结果学会了一套咬人的伎俩，什么“运动”来了他都跳出来先揭发人，立功保命。

他的“打手”中，还有一名贫下中农子弟，叫良申民，平时趾高气扬，某某重点大学中文系毕业，盛气凌人，自高自大，一无所知，品德恶劣，“运动”一来就跳将出来，上纲上线，添油加醋。

当然还有一批像“蒋门神”“朱杂种”之流的孬种，不学无术的混混儿，这时摇身一变都成了“革委会”成员。

我的第一批大字报是1966年6月3日黑夜，由“张特务”亲手贴出来的。空喊的东西很吓人，但仔细看没什么实际内容。什么“揪出修正主义教育路线的黑店的二掌柜×××”“打倒大地主、大军阀、大资本家、大恶霸的孝子贤孙×××”，等等。这种东西一出来，我就感觉到厄运已经临头，不如一死了之。我脑子里一个闪念，就是想去跳黄河，可是转念又想到妻儿，还是回到兰州女师看一眼。这天晚上我骑车出校门，无人阻拦，顺利地回到了家。但眼前的一幕，使我震撼。阿黄、张××之流，串通兰州女师造反学生，把给我和我爱人的大字报糊满了门窗。六岁的小儿子进不了家门，就哭着去撕大字报。结果造反的学生把糨糊扣到他头上。母子俩抱头痛哭，我的苦命的妻子，干脆拉着小儿子去跳黄河，幸亏被好心肠的张留轩、吕胜西等老师救了回来。我摸黑回家知道前面的一幕后，决定不死了。

我一下子脑子亮了。我觉得老婆孩子为了我承受这么大的磨难，我应该活下去，不该自残给家人带来无法弥补的痛苦。

那一夜，应该是决定命运的一夜。我向爱人说了我的心里话，我表示今后不管遭遇多大的苦难，都会顽强地活下去，为了这个家，我绝不会自尽。

孩子太小，哭过了以后自己在小床上睡得很香。我和爱人坐在床上，嘴对着耳朵说话，怕窗外有人偷听。深夜里，起了风。风吹着吊起来的大字报，“哗啦……哗啦……”地响，凄凉悲惨，神哭鬼嚎。根据历次“运动”的经验，我猜想到我马上就会被限制自由关起来，不准回家。我希望妻子做好这方面的思想准备，今晚钻空子，回了一次家，能见上面就算万幸。以后的事，发展到哪一步谁也预测不了。

第二天一早，我心惊胆战，回到了七中。整幢大楼乱哄哄的。有的班级在上课，有的教室里学生们打打闹闹也没人管。真的是人人自危，吉凶难测。最好少碰见人，最好少说话，难免有人盯梢。广播大喇叭里高声喊着：“打倒邓拓、吴晗、廖沫沙。”“批判‘三家村’‘四家店’。”我心想，这与我能扯上什么关系?

倒是那个《五一六通知》叫人听了明白几分，这个“运动”要打倒的是哪些人。《通知》要求“高举无产阶级文化大革命的大旗，彻底揭露那些反党反社会主义的所谓‘学术权威’的资产阶级反动立场，彻底批判学术界、教育界、新闻界、文艺界、出版界的资产阶级反动思想，夺取在这些文化领域中的领导权”。这说得很清楚，“教育界”资产阶级反动思想是重点，当然要揪斗我。

大概是这一周的礼拜五，早饭后，广播高音喇叭突然响了。通知下列人员马上到礼堂开会：“李锐（书记）、陈范邱（校长）……”第三个就叫到我的名字。下面就没心听了。这次一共点了三十几个人的名。礼堂台子下，站着黑压压的一片，周围围了很多学生。台上的蒋门神、朱××喷着唾沫星子骂人，杀气腾腾宣布“通令”：第一，从今天起一律不准回家住，全部集中在西平房，由革命群众看管；集中吃饭，集中劳动；在校外住的由革命群众押解回家取行李第二，男女一律剃光头，挂牌子。这一下，男女学生一拥而上，将我们压跪在青砖地上，开始剪头发。男老师还能顶得住，有些女老师四五十岁了，从来没受过这样的侮辱，头发被乱七八糟剪一地。哭的喊的，打的骂的，什么声音都有。

说来也怪，不知什么时候，老天下了倾盆大雨。那《六月雪》说的是“感天动地窦娥冤”，这老天痛哭流涕竟是为了谁？

“革命分子”事先准备好了各种各样的高帽子，一人一顶戴到头上，用棍子打着我们到雨地里去游街示众。口里还要唱：“我是牛鬼蛇神，我是牛鬼蛇神。我有罪，我有罪……”整个楼的窗户上扒满了学生，喊着，骂着，看我们的丑态。蒋门神还带领我们串教室，让学生们用各种东西打我们。谁说“士可杀不可辱”，他们就是想方设法地辱你。

这算先来顿“杀威棍”，往后“辱”的日子还长着呢。

这天晚上，我们这些被“揪”出来的分子，已按号入座关到了西平房。我这时突然挂念起老婆、孩子来。老大在西安跟着他奶奶，也许会好一些。老二才刚六岁，万一他母亲也像今天的女老师一样，孩子可怎么办？我越想越急，急中生智，有了。我被关起来，可粮食关系在家，我得月初回去拿粮票，不然没法买饭票。我把这条理由告诉了管“牛”的体育老师包叔庆。老包开恩，准我一晚的假回家取粮票。老包派了两个家住广武门附近的高一学生，押解我回女师。下午分手时，他们告诫我明天上午8点在女师门口集中，就回家了。

这次请假不到十二小时，但对我来说太重要了。首先弄清楚了我爱人已被采取了“革命”行动。剪了“阴阳头”，挂了牌子，打扫厕所。罪名有二：一是我被“揪斗”没有和我划清界限，算是“夫唱妇随”；二是自杀未遂，对抗革命行动。所幸还没有完全限制她的自由，晚上还可以和小儿子回家睡觉。但是大字报糊门糊窗以后，接着被“抄了家”，所谓的“家”已经被“洗劫”，小孩子在这种环境里，十分恐惧。加上保育院二部因“闹革命”提前放了假，小孩子整天生活在中等学校这种天翻地覆的环境里，更加险恶，我们实在想不出救孩子的办法来。

真的是天无绝人之路。我们正陷入绝境时，竟然有好心人站出来，收留我们的孩子。这个危难之中伸手救助我们的人，竟然是女师幼儿园的阿姨——陈妈妈。陈妈妈当年三十多岁，家住离女师不远的五福巷，是个四世同堂的大家庭。上有两位老人陈爷、陈奶健在。陈妈的丈夫陈伯是兰州通用机械厂的八级钳工。夫妻二人共生了四个儿女：二女二男。大姑娘是民航空姐，已结婚，生有一小女孩儿。大儿子随父亲也在“兰通”当工人。下面的一男一女还正在上小学。陈家是兰州老户，又是血统工人，可谓“根正苗红”。家里收入很是可以，不愁吃喝。为什么自找麻烦领回来一个父母都是“牛鬼蛇神”的孩子？这完全是陈妈妈的一片仁慈之心。当我们的小儿子，哭着闹着去撕门窗上的大字报时，“革命小将”将糨糊盆扣到他的头上，这残酷的一幕刚好让陈妈看见。这一瞬间，使陈妈良心上当即做出决定，领这个可怜的孩子回家收养。她的这一举动，得到全家老小的支持。算命先生常说“逢凶化吉”“贵人相助”。我真的不敢相信，有如此侠肝义胆之人，救助我们于水深火热之中。我趁这次回家去看了看儿子避难的环境。一条秦安路分支南北走向的巷子，叫石头巷，石头巷的中间再向左手拐去的巷子叫五福巷。整条巷子的格局都是老兰州的建筑模式。大门建有门廊，南北朝向，有门墩和门槛。进得院来，基本上是四合院。北房出有廊檐，靠门住着陈伯、陈妈。隔间的北房，住了陈爷、陈奶两位老人。东房住了他们的大子女，南房住了一户称“娘娘”的亲戚。西房做厨房和存放杂物。正当院有棵槐树，绿荫如盖，看来很有年头了。陈爷喜欢花草鸟鱼。石台上摆个鱼缸，五彩缤纷的金鱼，摆动着它那宽大的尾巴，悠哉，悠哉。旁边放着一盒精致的盆景：槐根突现于槐树下，两位着古装的老者正在对弈，那微雕的神情惟妙惟肖。旁边是石板叠起来的花架，依层次摆放着石榴、刺梅、月季、吊兰、倒挂金钟、满天星斗等多种花木。此时的中国群魔乱舞，可没想这小巷深院竟是这样一片净土，真的是世外桃源。我庆幸儿子到了这样一个幽静的环境，但又担心好景不长。

当晚回到女师那间平房小屋。遵照“革命小将”的“通令”，我们要开灯、开窗睡觉。我们夫妻二人偎着靠着坐了一夜。后半夜我附在她耳边说了一句话：“请放心，我不会死。”

第二天一早，押解我的两个学生来了。我已无言告别，匆匆离去，回到关禁我的地方。

关于我的系统“罪行”的大字报是1966年6月20日以前的一个夜晚突然贴出来的，足足有五十张，整个大楼依次贴满，还在东头拐了个弯。我这时倒很镇定地仔细看，边看边思考。这些“罪行”，有些话好像我是说过，可是“上纲上线”的东西似乎又不是我的话。唉！这有什么好讲的。现在和哪个去讲理？！这叫“欲加之罪，何患无辞”！可是这“罪状”哪儿弄来的？看到第二遍我突然想通了。是那个阿黄干的。这个矮子，人矮鬼大，把我1961年在机关党委的发言牢牢记在心头。遇上这“大风大浪”，他就去查当年的会议记录，从中整理出我一百三十七条反党、反社会主义的“罪状”。

事情既然走到这一步，我反倒异常平静。这也许就叫“既来之，则安之”。这时候的心情有点像“脱了袜子，不怕穿鞋的”。“运动”来了，“在劫难逃”！以前好像走在悬崖峭壁之上，总怕失足掉下去，现在公布了我的“罪状”，就等于我跌崖落水。掉进万丈深渊，也不过如此。还得活下去，承受侮辱，承受折磨。当人把这一百多斤豁出去的时候，也就无所谓了。

到了7月底8月初，毛泽东的《炮打司令部——我的一张大字报》出来了。北京揪出最大的人物——国家主席刘少奇。1966年8月8日，毛在写给江青的信中，提出用“天下大乱，达到天下大治”，要“发动广大群众，自下而上地摧毁资产阶级司令部”，又说：“文化大革命过七八年又来一次。”“七八年以后还要有一次横扫牛鬼蛇神的运动，尔后还要有多次扫除。”

8月25日，姚文元在《工人阶级必须领导一切》一文中公布了毛的“最新指示”：“建立三结合的革命委员会、大批判、清理阶级队伍……斗、批、改……”

工宣队进来了。第一批来的是刘家峡水电六局的工人，说实话，整体素质不错，执行政策比较稳。尤其是有一位叫李淑文的女师傅，对我特别好。“牛们”开玩笑地说是我本家的妹妹。我向她反映的情况，一般都能办到。有一次我们在劳动中，学生们拿石头、土块乱砸我们。我就去找李淑文师傅。结果工宣队专门给学生们学了《要文斗，不要武斗》。由于我在李师傅跟前办事有“面子”，这几十号“牛鬼蛇神”公推我为“组长”，戏称“牛头”。我觉得李师傅是有文化的女同志。她和另一位姓张的女师傅分管“牛鬼蛇神”。她俩就住在我们隔壁的房间。几乎每晚10点熄灯前半个小时，李师傅会准时弹风琴，而且第一支曲子肯定是：“抬头仰望北斗星，心中想念毛泽东。……”我躺在架子床的上层，每听到此曲，我就想哭，已经成为“条件反射”。我想我千里之外的高堂老母，我想我那受苦受难的妻子、儿子……

开始的这一段，由于刘家峡工宣队“领导一切”，我们日子过得还并不惨苦。可这好景不长。1968年3月以后，各级学校革委会要成立了。学生们的红卫兵组织战斗队，各派斗争很厉害。工宣队调换了。刘家峡的撤了，临走也没跟我们见个面。新来的工宣队是对面街上长津电机厂的，清一色的“天津卫”腔口，横眉怒目，一看嘴脸就知道苦大仇深，好像这些“知识分子”都亲手残害过他爹妈似的，这回可逮住好好地报个仇。

革委会是个三结合的班子：工宣队王师傅、教工代表阿黄和红卫兵头头周兴。成立革委会就是要搞斗、批、改的。所以成立大会必须高举阶级斗争大旗，在这群“牛鬼蛇神”身上开刀，要砸烂、砸碎这批“分子”，打他个“头破血流”，真正“打翻在地再踏上一只脚”。

革委会成立大会，在礼堂召开。第一项就是“把牛鬼蛇神押上来”。我们三十几号“罪人”一字排开从后门进来，由座位中间的过道鱼贯而入。每排头上座位都安排有打手，木棍、皮带、绳索、铁棒，劈头盖脑地打。口号声声嘶力竭，掩盖了我们的惨叫。等到登台的时候，两个人扭一个“罪人”的胳膊，翻转朝天，头栽地，这叫“喷气式”。眼前一片漆黑，浑身上下，钻心入骨地痛，头上汗如雨下，脚下的青砖地滴湿了一串串，真像雨天的房檐滴水。至于“革命群众”喊了些啥，吼了些啥，我一个字也没听见。其中有一项是“牛鬼蛇神”“报猪名狗姓”。这一下你可以松绑，直起腰来，对着麦克风给自己戴帽子，报姓名。但是不管你说什么“罪行”，统统地台下喊打，台上真打，所以这“舒展了一下腰”却换来“拳打脚踢”，皮肉换个地方受苦。

我只觉得这是几十年来开的时间最长的一次会，真的像“跳火海，下油锅”，难煎难熬。会议最后一项是让我们两两相对，跪下来，互相打耳光子。我和李锐是一组，这位延安老干部骨瘦如柴，我实在下不了手。突然从我背后飞来一脚，把我踢得嘴啃地。跪起来，不敢看对方，互相在脸上头上乱打一阵。

台上台下乱作一团，骂声、吼声震天响，“牛们”夺路而逃，各奔东西。那场面真像西班牙“斗牛”。心狠手毒的“革命者”早准备了砖头石头，像砸“野兽”一样，石如雨下，将无辜者砸得头破血流。我被砸的是肩膀和脊背，尚未见血。最惨的是谢磊，这个从夹边沟劳教农场死里逃生回来的“右派”，左边耳朵被砸得血肉模糊。

经过这次“洗礼”，我对生死已经置之度外。心中没有“惧”字、“怕”字，只有“仇”字、“恨”字。这“仇恨”化作我活下去的坚强动力，使我万死不辞地活下去。今后再大的痛苦我也不会哭，我要笑。“笑到最后的人，最会笑。”我要笑看这一伙伤天害理的人最后的下场。

接下来的批斗会五花八门，有学生的、教师的、个人的、集体的、班级的、群众组织的。但是万变不离其宗，就是低头、弯腰、挨骂挨打。被批斗的“牛们”，什么都成了“罪状”，真的成了“罪大恶极”。记得有一次开“张特务”的批斗会。突然那个“左派”良申民问张：“你有几个子女？都叫什么名字？”张答：“三男一女，名叫张建中、张建华、张建民、张建国。”良高喊：“张××，反动透顶！要他的子孙牢记中华民国。”群众一哄而上，打得张××头破血流。张××挨打过后，赶快拿上户口簿，给子女改名字。这回要改个革命的名字，叫张工、张农、张学、张兵。这下子，又让良给抓住了，高叫：“你个反动透顶的家伙，工农兵竟成了你的儿子？”又是一顿痛打。

良申民可真的是狼心狗肺坑害人的高手，什么事情他都能上纲上线，捏造陷害。有次批斗我的会，他突然揭发我，把称“万岁”的毛主席叫作“老毛”。这可是弥天大罪，罪不容诛。

良是1961年大学毕业分配到这里的，当时我是教研组组长。有一次他拿了毛泽东的《沁园春·雪》来和我讨论。良问：“词里提到的秦皇汉武、唐宗宋祖、成吉思汗都是历代封建皇帝之有成就者，为什么最后的风流人物解释为人民群众呢？我看应该理解为毛本人。”我答：“诗无达诂，别人的诠释，不见得是作者的本义。”

这事情，说完就算过了，我早就忘得一干二净。哪知过了四五年，有心害人的人，却把它当重型炮弹来打我，而且添油加醋，罗织罪名。他把我俩那次的谈话记了下来，最后加了一句，说我篡改毛主席诗词：“俱往矣，数风流人物，还看老毛！”不管良的用心如何险恶，群众的吼声如何凶狠，我本义不是那样，当然是打死也不能承认的。

那年月，称呼毛主席，前面一定要加“四个伟大”：伟大的领袖、伟大的导师、伟大的统帅、伟大的舵手。这还没有完，后边还要加上："万岁！万岁！万万岁！"

良的这一招儿，极为恶毒。我已做好了死的准备，但不知何故，过后却不了了之，阴差阳错地又活了下来。

8月份以后，北京红卫兵到全国"串联"，也来到兰州，"运动"的新花样就更多了。记得我和徐肇辛等人被红卫兵押解到城郊的青白石乡黄河岸边去盖房子，叫作"学农基地"。我和徐肇辛到山脚下去抬石头，路过铁路两边，只见每根电杆上都绑着两个跪着的草人，一男一女，说那就是刘少奇和他的老婆王光美。说那刘少奇是睡在毛主席身边的赫鲁晓夫。全国"革命群众"要把这个"叛徒、内奸、工贼"刘少奇，当作南宋害死岳飞的奸臣秦桧一样，让他们夫妇跪在"万岁爷"面前，让亿万群众口诛笔伐。

抬石头要下苦力，走远路。但事情总有两面性，去时空担，回时重担。空担两个人可以讲话，但也要认准对方是否可靠，才敢讲心里话。

徐肇辛和我这一对劳动搭档，是看管我们的红卫兵精心安排好的。他们认为我是"现行反革命"，徐是"历史反革命"，两个人在一起串不了供。徐是个沉稳寡言的人，长我五岁，1925年生，湖南人，解放前兰州大学哲学系三年级学生，地下党员。解放前夕，甘肃地下党和兰大地下党都遭到破坏。有一天夜里，徐正睡觉，听得有人猛烈敲打窗户。徐惊醒来赶忙翻身逃跑，连夜翻山越岭向南逃到了临洮境内，找到同学家躲避了一段时间。直到马家军溃败，解放军进城，他才回到学校。回校后听到骇人听闻的消息，国民党撤退前在沙沟杀害了一批共产党员，有的枪毙，有的活埋。

老徐算是一个幸存者。1949年8月26日彭德怀解放兰州以后，各方面都缺干部，老徐是地下党，又是大学生，很快就被抽调到公安厅五处当了副处长。

“大难不死，必有后福”，这话可说得绝对了。福兮？祸兮？实难预测。

徐的这个处长位子，仅仅坐了一年。1951年2月，毛泽东就整党和建党问题向全党发出重要指示：“在组织整顿阶段，首先要将混入党内的阶级异己分子、叛变分子、投机分子、蜕化变质分子，清除出党。”

组织上找老徐要他交代解放前那段历史。老徐一遍一遍地说，一遍一遍地写：“有人敲窗户，我认为是党内同志给我传递消息。我赶忙起身，连夜逃到了临洮……”问者曰：“敲窗户的是谁？你咋知道是党通知你？……这些问题谁能证明你说的是真话？”再进一步推断：“你编的谎言是个无法查证的谎言。”“其实你才是隐藏在党内的特务。”“你出卖了同志，保住了你自己这条狗命。”

大概是“物以类聚，人以群分”吧，我很同情老徐，也相信他的人格，不会编谎。我认为他讲的是实话。感情的投合，认识的一致，使得我俩成了“患难之交”，可以讲心里话。

有一次，我们俩谈外交关系。从“牢不可破的友谊”到“欧洲社会主义的一盏明灯”，又谈到“海内存知己，天涯若比邻”。对国际也好，对国内也好，从来是“今天的朋友，明天的敌人”，反过来也是一样，“今天的敌人，明天的朋友”。真的是无“信义”可言，用老百姓的话说，“脱裤子变脸”。

这“朋友”“敌人”的谈话，正说得热闹，突然从沟里钻出来个戴红袖章的红卫兵。这小子可能听见我们说的话，但也有可能什么也没听清，管他呢，走一步，算一步吧！

岂不知那年月，不少人良心被狗吃了，告密已经成为“时尚”。谁能告密，谁的立场就最坚定。

事情还是出来了，而且措手不及。有一天，没等我俩收工，就被分别隔离开审问。来头很猛，拳打脚踢。但要听他问些什么。一顿狠打，只说不老实改造，可没听见下文。我只是被动挨打，一声不吭，让打的人开腔，我再回话。终于有人问话了：“老实讲，你俩说什么朋友、敌人？”我这下心里有数了，看来那小子只听见“朋友”“敌人”就好办多了。刹那间，我脑子在迅速判断：凭老徐品德他不会出卖朋友；再者他是公安人员，凭他的职业道德也不会轻易向这些家伙缴械投降。我下决心咬死不说实质性的话，只是说：“我们两个解放初就在省级机关工作，算是朋友。哪里想到十几年后，都成了人民的敌人。”我万没想到，我说出这番话后，他们再没打我、追我，只是让我重复一遍，然后写成书面材料，等候处理。到了吃晚饭时，就放我出去了。

我端着饭盆往前走，迎面碰到老徐，他也非常镇定，彼此再不敢说什么，只能“道路以目”。过去给学生讲《国语·周语上》，讲周厉王的暴虐统治，“国人莫敢言，道路以目”。人们路上相遇，不敢说话，只是彼此用眼睛互相看看。哪曾想到，历史会在今天重演。

又过了几天，他们重派我俩在一起劳动，我们谈了被隔离后的过程，这里不必重复，想来各位也会猜着，我俩那“可怕的巧合”，说得好听一点叫“心有灵犀一点通”。彼此只能惊呼“好险！好险哪！”叫人后怕。

在青白石参加盖房劳动实在很劳累，但是锻炼了身体。更重要的是，不管你有多大的思想包袱，倒头来就能睡着，而且睡得很实在。

盖房子的匠人就是本地请来的杨师傅、刘师傅。这些人是朴实的贫下中农，根正苗红，从来不把我们当成什么“牛鬼蛇神”、什么“罪人”。他们把我们看作“人”，看作“有用的知识分子”。我们在他们面前找回了“人的尊严”。这在那个视知识分子不如猪狗的年代是最可贵的。

青白石乡参加劳动这一段，很像判刑后的罪犯交劳改单位服刑。没有自由，监督劳动。劳动强度很大，但不开批斗会。干完活，吃饱饭，倒头就睡。这算是“暂时做稳了奴隶”的时期。

接下来就是“想做奴隶而不可得”了。

从夏到秋的转换，非常快。兰州农谚有“早上立了秋，下午凉飕飕”的说法。秋天来了，有闲情逸致的人，会说上句“何处合成愁，离人心上秋”。其实这种人何尝懂得什么叫“愁”？那个喊出“秋风秋雨愁煞人”的秋瑾，也不见得能体会到在这史无前例的年代，这一代知识分子已经没有“愁”的愁滋味。

人已经和草木无异了。说人已经感情麻木，老实讲形容得不确切，因为“麻木”也是一种感觉，人已无任何感觉，何谈“麻木”？今天死，明天死，跳楼死，棍棒打死，真的已无所谓了。

1968年到1969年，学校一直处在“斗、批、改”的高潮。阶级斗争与“造神运动”，一浪高过一浪，花样翻新。

兰州地区，各行各业革命群众，开着汽车，排成长龙队，到临洮空军部队去“取经”。那忠字舞跳起来，要手捧红宝书，紧贴胸口，再高高举起。为学忠字舞，各行各业跑到几百里外，去学那一套像巫婆“跳大神”的规定程式。这叫“取真经”。

忠字舞是革命群众跳的，“牛们”是没有资格的，这条界线很清楚。“牛们”只能列队参加毛主席像前的“早请示、晚汇报”，但要改一个字，叫“早请罪”。人人天天都要早晚两次“请罪”“汇报”，哪里有那么多东西可讲？只有挖空心思想办法。你道这“牛们”中间，可真有“聪明人”，我说的还是那个“张特务”，一次“晚汇报”，他带着哭声说：“毛主席我真的罪该万死，我今天在读你的红宝书时，放了个屁。”这个“下贱货”出的这个新花样换来的是看管红卫兵美美地打了他一顿。

有一个阶段，红卫兵懒得起早押解“牛鬼蛇神”“早请罪”，就让我们跟随后勤的人一起做。后勤的陆士弘主任是个四川人，听说在部队当兵时手脚不干净，被处理到地方学校当了总务主任。工作能力谈不上，只会当“应声虫”，算是赵树理小说中的人物。上级说：“砂锅能捣蒜。”他说：“打不烂。”领导说：“公鸡能下蛋。”他答：“亲眼见。”

这种人搞起“左”的形式主义比谁都卖力。“早请罪”

他是领头的，低头鞠躬九十度，说起话来抑扬顿挫，活像“抓壮丁”里的王保长。拉长声调喊：“毛主席呀！毛主席！您老人家早上好！我们一早为孝敬您老人家，准备好了一切。单师给您老人家熬了稀饭，王师蒸好了包子，您老人家尝一尝。老康为您老人家喂饱了马。”陆大主任还要向后问一句：“老康，喂好了没有？”老康高声应：“喂好了！”

天冷以后，我们的日子越发难过了。十月国庆节前，工宣队命令我们全部搬到长津电机厂集中管理。我们背上自己简单的被褥、衣服，集中在一个大房子里，席地而卧。进去以后，一个大个子小李子，宣布“号房”规矩：出入立正报告；整夜不准熄灯；不准交头接耳；睡觉时交出腰带（防自杀）；不准带水果刀、刮胡子刀片；排队洗脸，排队吃饭。刚刚宣布完这些禁令，我还没有倒过神来，就听得“跑步到院里集合，接受训话”。队伍前面来了个凶神恶煞的人物（后来知道姓刘），手里提根皮带，不管三七二十一，劈头盖脑地乱打。这个畜生，一个个轮着打，谁躲闪，谁挨得更厉害，百分之九十的人鼻眼见血。老实说我已经不知道什么叫痛，也不晓得哪儿流了血，只觉得有一股腥味的东西流到自己嘴里，胸中燃起复仇的怒火，人却像石头一样呆呆地立在那里。

长津电机厂除了管理像“看守所”一样，每天还要劳动，这一点又像劳改队。我跟的是模具钳工刘师傅，听说他有历史问题，也进了这劳改队。他的地铺和我隔一个人。每天三班倒劳动，我就成了刘师傅的徒弟。在这点上我算烧了高香，刘师傅为人和善，沉稳寡言，从不多说一句话。刘师傅手艺很高，解放前曾经用手工制出飞机部件，在天津是个小有名气的人。师傅耐心地教我，怎样拿锉，怎样用钢锯，两脚站的姿势、双臂握工具的姿势，一点一点纠正，手把手地教。

跟上刘师傅学艺，进了车间，站在工作台旁，好像找到一点安慰，因而我干活很卖力，恨不得二十四小时不去看守所睡觉，一直在车间劳动。

看守所的花样很多，想方设法折磨人。我的邻铺住着一位老者，叫殷坚。老殷是河北冀中人，是白洋淀的老游击队员。这个“老革命”，20世纪50年代曾经当过河北省重工业厅副厅长。1959年被打成“右倾机会主义”下放工厂，跟长津厂西迁兰州，算是这个厂的走资派，加上历史犯的错误，所以看守们爱找他的麻烦。有一天晚上，一个看守叫老殷背毛主席语录。老殷上了年纪，记忆力差，越怕越背错，越错越挨打。我看不过去，就站出来替他受过。结果反倒两人都挨打。从此老殷非常信任我。

有一次，老殷被他们叫去三个多小时，没见放回来，我很担心他进了审讯室受刑，吃不消。有天夜晚，他们叫我去打扫卫生。这审讯室正在审讯长津的一个工人，有关一条人命案子，那个被审讯的人三十岁上下，身体非常结实，已经被打得皮开肉绽，满面是血。我当时心惊肉颤，心想当时叫我去打扫卫生其用意该不是“吊起骡子叫马看吧”！

有一夜，大家正准备睡觉。忽听看守大李叫我的名字，说是外面有人找我。大家都很惊奇：一是这“号子”里有规定，家属不准“探监”；二是这深更半夜，哪里来的人找？三十多号人都用惊奇的眼光望着进口。此时分明进来两个八九岁的孩子，其中一人正是我的大儿子。孩子呼喊着“爸爸”，扑向我的怀里。我们父子快一年没有见面了。我也几个月没有见过他母亲了。家里发生的事，我在这里是死是活，双方全然不知道。

原来几个月前，因为西安的奶奶被戴上“地主分子”的帽子，每天被街道管制改造，实在无法管孩子，就托人从火车上把他带到兰州交给他母亲，随班在秦安路小学读书。八九岁的孩子，就是见不到父亲，不知父亲是死是活，每逢问妈妈：“爸爸在哪里？”母子俩只有抱头痛哭。有一天，吃过晚饭，他提着水壶，去水房打开水，听到杨萍姨姨和刘叔叔小声谈话。一个说：“他爸爸关在长津厂被打死了。”另一个问：“谁说的？”答：“工宣队师傅。”儿子听得真切，回到家里，妈妈打扫教室去了，他迅速出门找到广武门的同班好友徐志恒，要他一起去长津看个究竟。不知道问过多少大人，两个孩子一路小跑，费了两个多小时，真的找到了长津厂。什么地方都有好人，长津这天把门的被两个孩子感动，破例直接把他们领到我们被关的地方。孩子诉说着事情的经过，全房几十号人哭泣落泪。不知谁说了句：“老李，多好的孩子呀！你要好好活下去。”家在长津的人，床头总送有吃的，王师傅拿来两个馒头，刘师傅拿来白糖。白糖开水泡馒头，给两个孩子吃了点东西。我这时倒为他俩回去犯愁。还是看门的两位师傅，自告奋勇用自行车送两个孩子回去。

学校那边，母亲不见孩子，急得眼前一片漆黑。学校几位同情她的老师潘爱莉、吕胜西、康润东、张柳轩、杨萍等把各个角落，厨房、洗浴室、操场、城墙根，都找了个遍，也不见孩子的影子。拿了手电走出校门，正在广武门街上寻找，一个陌生的叔叔，用自行车带着孩子回来了。孩子跳下车子，奔向母亲，呼喊着："我爸没有死！我爸没有死！"母亲愕然，孩子说出事情的原委，母亲才放声大哭。众人感谢这位师傅，感谢他助人于危难之中。

孩子来的第二天，不知是什么革命节日，要"牛们"给全厂打扫卫生。我刚好和老殷分到一个车间，有机会说话。我问老殷："为什么去那么久？挨了打没有？"老殷说："没有打我，只是问我老伴的事。"据老殷讲，他的老伴也是个20世纪40年代初的老革命，解放后任过天津市轻工业局局长，"文化大革命"开始被揪斗，上个星期在天津轻工系统开她的批斗会，据说会后从四楼跳下去自杀了。现在通知老殷说他老伴是"畏罪自杀的反革命"。我问老殷："自杀，你相信吗？"老殷说："我想了几天，根据她的性格，没有可能自杀。我怀疑是他杀。"我说："老殷，记住这个大体的时间，总有算账的时候！"

在长津关了大约两个月，不知什么原因，我们这批人又搬回了学校。

秋去冬来，天气开始冷了。阶级斗争又有了深挖的动向。有一些人全家被送往农村，如付跃龙、丁鸿志等。也有些新人被揪出来。新的批斗对象出来了个伙食管理员陈生瑞。陈的忍耐性好，身体又胖，大家喊他"狗熊"。此人可是个见过大世面、经历曲折的人。兰州解放前夕，一野彭德怀总司令下面的情报部门要潜伏兰州提前做工作。有个关中侦察员请缨，愿意自告奋勇。他早年有个思想进步的同学在兰州中央银行工作，名叫陈生瑞，估计找到此人就能完成上级交代的任务。彭总交给潜伏同志的任务是：兰州战斗打响，保证电厂不停电。这位同志进城找到了老陈，漂亮地完成了任务。彭总对老陈很赏识。解放不久，一野师以上的干部要开庆功会，这酒宴就是老陈按彭总的意思安排的。彭总很满意，就任命陈生瑞同志为一野驻兰招待所主任。一野及一军、三军、四军首长，彭德怀、习仲勋、甘泗奇、张德生、张仲良等经过兰州他都接待过。战争刚结束，百废待兴，安排这些首长的吃住行是不容易的。当时财务制度也不健全，要物质都是求首长批条子，再贵重的东西，首长随便撕个纸烟盒，写几个字就算命令。孰料想，1952年“三反五反”开始，陈生瑞却成了军内的“大老虎”，就是满身长嘴也说不清。据他说，在宁夏他坐的是军队的牢房。一个“号子”十几个人睡下还戴手铐，用根铁棒子串起来。一个人小便，大家都得起来。一直到了1957年甘泗淇将军到了兰州，问起陈生瑞来，才又是一张条子把他放了出来。

老陈出来后，转业到市教育局当了机关食堂管理员。“文化大革命”运动初期，他没有被揪出来，后来算是深挖出来的。刚进来时，有点“老运动员”的样子，满不在乎。人家上过军事法庭，坐过共产党的牢，把红卫兵的批斗会当作“毛毛雨”，不算个什么。

有天夜里，天气很冷。吃过晚饭，我去提开水，走到礼堂前面碰上老陈正往前楼走。我问他：“干什么？”他声音很大地说："娃们通知我，今晚开批斗会。"谁曾想到这是我俩最后的一面。

那天夜里，老天无声无息地下起了小雪，匀匀称称、细细绵绵下了大半夜。第二天早上，大地一片白茫茫。雪天的早上，不到六点钟屋里已经很亮了。不记得是谁，去马圈解手，发现梁上挂了个人，惊恐地回房告诉大家。第二个去看个究竟的是"牛们"的长者、大家叫"老汉"的刘自芳。老刘看清了是陈生瑞，要我赶快去报告管理"牛鬼蛇神"的包叔庆。大家都在议论纷纷，可没有革委会的命令谁也不敢近前。

这时候赶马车的"车把式"老康说了昨晚的动静。他说，半夜以后，他听到有动静，马也叫了两声，以为是人起夜，解小便，天又冷得很，就捂捂被子，睡着了。谢磊小声对我说："这家伙要是起来，陈生瑞兴许不会死。"刘自芳则说："怎么没人管呢？早把人卸下来，说不定还有救。"

陈生瑞夜里上吊，天亮被发现，一直到上午十点钟，革委会的革命派一个人影都不见。

十点以后，阿黄摆着架子，拉着长声对"牛们"宣布："陈生瑞畏罪自杀，顽固不化，与人民为敌到底。警告你们不要走他这条路，自绝于人民。"讲话一毕，指示我和谢磊"把他拖下来埋了"。

"四人帮"倒台后，胡耀邦主政，落实政策。兰州军区为陈生瑞同志平反昭雪。

各单位"牛棚"里关的"牛们"是很好的劳动力，真的成了万能维修队：盖房子，修桌凳，裁玻璃，做烟筒，样样都得会。兰州有句俗语："下雨墁墙，刮风扬场。"时时有事干。

有一天，总务处的陆士弘主任找到我说："要派几个人把礼堂的机瓦补修一下。"因为"小将"们经常在礼堂屋顶架高音喇叭，踏坏了好多瓦，害怕下雪下雨漏水。

那天我派了四个人去修礼堂房顶，有刘自芳（老汉）、谢磊、徐肇辛和刚揪出来的郭玉海。他们上去不到半小时，谢磊就喊我说："老汉叫你上来。"看神色四人都不大对头。我赶快顺梯子爬了上去。眼前的一幕实在叫人难以预料，礼堂东坡房顶上有一个打碎了的毛泽东石膏像。这事真让人棘手，怎么办？报告"革委会"，反过来"造反派"准说是"牛鬼蛇神""贼喊捉贼"，到头来又是一桩现行反革命事件等着我们；不报告把它处理了，可是万一被发现则是罪上加罪。我脑子发热，急速地转，想不来万全之策。情急之下，我选择了后者，我脱下外衣把那玩意儿全部包了，疾步下房。跑到苹果园，老边正在挖树坑。我以极快的速度把它倒进去。老边好像心领神会，不问是什么，赶快掩埋。

若干年后，想起这件事来还有点后怕。但是事情到头上，必须当机立断，怕是无济于事的，一定要"每临大事有静气"。

这以后，我们共同经历了多少出生入死、千难万险的"坎儿"，竟然无一人当奸细出卖大家。这品德实在是贵如金玉。

1968年秋天，庄稼收割后，青白石的田里要灌水。当时浇灌黄河水，是个重体力劳动。挖渠放水，填土堵水，都是分秒必争的事情。弄得不好，水漫了堤，是收拾不住的。所以这放水的事，还得派“牛们”去劳动。

这时候，各单位正在紧张地搞“清理阶级队伍”，揪出来的“阶级敌人”，有被送去关押的，有遣返农村的，有判刑的，有劳改劳教的。“牛鬼蛇神”人人都是惶惶不可终日，气氛非常恐怖。这当儿，能派到青白石劳动，再苦再累，情绪上也会好一些。

这次放水，派出的人员中，仍然有我和老徐。按规定，十天可以轮流回家，请假取一次钱和粮票。老徐的老伴儿在省人民医院当大夫。有一次，老徐回家取粮票，在省人民医院听到了一些消息，回农场悄悄对我说，省革委会武装保卫部（即过去的省公安厅）专门派人给省人民医院革命群众开会，传达省革委会的决定，近日将镇压一批反革命分子，其中有省人民医院外科主任李大夫，罪名是历年来手术事故，专门残害工、农、兵，还有一个是西北师大历史系教授张师亮，罪名是攻击毛主席的阶级斗争学说，公开讲“阶级斗争的学说不能解决历史问题，还要光喊阶级斗争”。我听了觉得实在太可怕了。

进入冬季，红卫兵“大串联”开始了。学校走的“革命小将”很多，顾不上“批斗”我们这些人。于是不知道谁想了个点子，押解我们到农村接受贫下中农再教育。

这次是乘火车慢车去的永登。红卫兵押解我们二十几个人上了一节车厢，实际上是把其他乘车的农民赶跑了。个别经过的乘客，也用惊恐的眼光看着我们这批“罪犯”。

一路之上，由李兰纪教大家唱语录歌。车到永登，天已经黑下来，不知不觉飘扬着雪花。我们下了火车，背着行李，整队步行到了永登县委党校。我们在一间像礼堂的大房子里，席地住宿，屋里没火，气温越来越冷。大家把带来的馒头、饼子用开水泡了充饥。

红卫兵都跑到有火炉的房子取暖去了，看管我们的人一个也不见。真的他们也不怕有人跑了？我找他们请假上街买点药，我有老肠胃病。红卫兵说："去再找两个人来，三个一起去。"我回去找人，结果李元蛟、李兰纪提出一起去药房。我在药房买了些附子理中丸、阿司匹林、银翘解毒片等常用药，三人一起规规矩矩回党校销假。

第二天乘车去大同。车到大同，我们列队背着行李被带下车来。此时雪下得正大，雪如花团漫天飞舞，寒风刺骨，我们在一个庙宇前边（大概是公社办公处）列队，低头等候训话。那个革委会头头满腔怒火地用当地土语骂人，能听懂的只是"只许规规矩矩，不许乱说乱动""砸烂、砸碎"一些陈词滥调。

我们二十几个人，每人对面都站着一个村干部。从今而后，我的命运将掌握到谁的手里，只有天知道。正在胡思乱想，突然听到叫我的名字，下面还说了"五队"两个字。

一个大个子、五十岁左右的农民过来领我。他面无表情，脸色铁青，使我觉得凶神恶煞的。转眼过来看到众"难友"的眼神似乎都在替我担心。

由于我是"重犯"，押解我的红卫兵有六个人。他们都穿着军大衣，跟在我的后面。天已经黑了下来，雪也越下越大，远处的村落、枯木、田野，覆盖着厚厚一层雪，倒看得很清晰。天地之间只有我们这六七个人跟着那"大汉"默无声息地向西南方向行进。雪地上留下长长一串脚印。天静地幽，我们踏雪的“吱喳、吱喳”声，清清楚楚。

走了一公里多路，来到村头一家坐北朝南的院落。也算是四合院吧，南房算是四间，靠东南角的是大门。北、西、东三间房各住着老少三代，十几口子一家人。靠门的南房是灶房和放家具的地方，这就是那位大汉张队长的家。

大家抖了抖雪，进了北房。我知趣地靠门边放下行李，听候发落。队长招呼“革命小将”上炕暖和暖和，对我似乎视而不见。我预感到形势不妙，不知这位苦大仇深忠于毛主席革命路线的“队长大人”会给我来个什么“下马威”，心里十分嘀咕。

看来，这一家对这次“接待任务”早有准备。饭很快就端上来了，是灶房的妇女端的，一碗一碗的热腾腾的苞谷面散饭疙瘩。实际是一锅苞谷面稀粥，里边煮了一些面疙瘩，每个疙瘩有元宵那么大。炕桌上摆了四样小菜：萝卜丝、洋芋丝、雪里红、豆角，全部是腌的。人说饥不择食，我实在是饿了，闻着这饭菜的味道真香。正在期待着给我一碗的时候，猛听得张队长冲我吼了一声：“你出去！”我一下子冷汗流到了脚跟儿，心想“革命行动”终于来了。接着听见他对炕上正在狼吞虎咽的红卫兵讲：“他不能和小将们一起吃饭，这是规矩。叫他到灶房吃去！”

我刚迈出门，那位队长大嫂就轻轻地扯了我一下，我随她到了灶房。屋里烟熏火燎，灯火昏暗，看不清楚东西，只能分辨几个人。这灶房里除了队长大嫂之外，还有两个女人：一个头发花白，七十岁上下，猜想是她婆婆；另一个比她年轻二十几岁，估计是她儿媳妇。西房里有灯光，是这家后生们也在吃苞谷面疙瘩。队长大嫂拿了个小凳让我坐在灶火旁暖和一些。奶奶端了一碗热气腾腾的饭递给我。我一下子愣住了。哎呀！怎么是这饭？白面长面条，洋芋丝炝了油葱花，里边还埋了一个荷包蛋。我一下子站起来，手足无措喊了一声："大娘！"热泪簌簌地流下来。正在这时，我都没觉察队长不知何时站在我身后，轻声地说："吃饱、吃饱……"饿的感觉没有了，我真不知道怎么吃下了这碗饭，心里苦甜酸辣，啥味都有。我真想把这一家对我的无声的爱，用心灵告诉我那远在城里的妻儿，要他们替我祷告，我遇上了一家好人。

这天晚上，我和六个红卫兵被安排在他家马圈院子的小房里。房子很小，通间是炕，宽度只不过三米左右，我睡在最里边，虽然暖和但挤得很厉害。我怎么也睡不着，越睡不着，越想起来小便。结果离开那铺位，就再也无法躺下去了，只好在地下坐着。迷迷糊糊，脑子里还是浮现这位队长大汉的形象。他冷面如霜，却肝肠似火。

第二天，四个红卫兵押着我去翻地。向东紧挨村头，他们就任意指了路边的一块地，"画地为牢"，规定一天翻完，翻不完、翻不深就跪在地头。实际上这是谁家的地、该不该翻他们全然不知道，说穿了是变着法儿折磨人。

我埋头服苦役，寒冬腊月，汗流浃背。他们却闲得无聊去打那刚拉车回来拴在村头白杨树的一匹马。"马毛带雪汗气蒸"，可见它负重拉车，出了多大的力，走了多远的路。它对人类不声不响，任劳任怨，做出贡献，到头来像我一样任人折磨，这世上还有没有天理？有没有人性？四个红卫兵用鞭子、石头、树条轮番抽打那不会反抗的畜口取乐。那马仰头吼叫，似乎在向我这个“同命运的伴侣”呼救。

快吃晚饭时，队长来接我们。这样，这些无人性的家伙也就不好对我下手了。这些人听见吃饭，可绝不落人后，跑得比谁都快。落下我和队长走在后面，正好说话。队长问我昨晚和今天的情况，我如实地说了一遍。他半晌无言，走了一阵才说了一句：“这样不行。”好像是对我说，又似乎是自言自语。吃过晚饭，队长来到我们住处，关心地问吃的、住的怎么样，然后说：“农村条件差，委屈了各位。昨晚睡得太挤，今晚变动一下。我想了个办法，如果小将们放心，让‘牛鬼蛇神’搬到灶房去，大家会宽敞一些。”这些口念“最高指示”的人不会理解队长的本意，满口答应“好”。

队长粗中有细，施了个金蝉脱壳计，先救我离开虎口。我跟随队长拿了铺盖，到了他家住的院子。原来灶房里间有个小炕，一墙之隔与灶火相通。一日三餐做饭，烟火都通过这个炕出去，已经够热的了，况且不做饭时，还可以煨炕。队长和奶奶特意在炕席上又给我铺了毛毡。这种特殊待遇，我真不知道怎么感谢。

当晚我睡得很香。后半夜只觉得脚下热，就缩了腿。结果，第二天早上发现炕上的毡都烧糊了一大片。原来是奶奶怕我冷，半夜又起来烧炕。

住进灶房的第二天晚上，大约9点钟，队长来了。此时大门已上，一家老小和全村人一样都睡觉了。队长坐在炕上，一边抽着他自己卷的“喇叭烟”，一边低声问我：“老李，你能不能给我说说你的事？”我明白他是问我到底犯了什么罪。但我还是很为难地说：“上边临走有规定，不让我们给贫下中农说自己的罪行，说了是放毒。”他又反问一句：“你对我还信不过？”我赶忙解释：“不，不，不是。只是罪恶太大，反党，反毛主席，反对三面红旗，说了农村困难时期饿死人。”队长进一步问我：“饿死人的事是从哪里听来的？”我只得把1960年我作为中央工作团代表在河西抢救人命的事，大概讲了一遍。队长抓住我的手，颤抖着对我说：“你讲的是实情，你是农民的救命恩人，你说的是千真万确的实话。我家半年光景，饿死了七口子：老爹、弟弟、弟媳、妹妹、侄儿、侄女，还有我的老三儿子……”

这夜的谈话，等于互相交了个心。张队长是贫农出身，老父亲解放初是农会主席，后来当过村支书、队长。1957年“反右”时，城里送来了一批“右派”。有个银行女干部是上海支边青年，因领导想霸占她，她反抗而被打成“右派”。老队长同情这位可怜的姑娘，把她收留在自己家里。1961年给她摘了“帽子”回了城。姑娘感激老人的恩德，认老队长为干爹。队长对我说：“我从爹那里认清一个道理：城里搞运动，差不多整的都是好人。”

从此以后，我和张队长一家的心，贴得更近了。

有天劳动回来，我突然发现炕上被子里似乎有什么东西。揭起被子，原来是热乎乎的饼子、烤洋芋。我手里拿着洋芋呆坐在炕上，眼前似乎看见一位两鬓花白的老奶奶在悄悄地给我放吃的。不知不觉，眼泪下来了。我想起远在千里之外的老母亲。

又过了几天，一天深夜，队长急切地打我的门。我赶紧披衣起床，预感到发生了什么事。进得门来，队长着急地说："隔壁，我的婶娘半夜浑身发冷发烧，打哆嗦，病得厉害，把你从城里带的药给她吃些行吗？"这下可难为了我，一个七十多岁的老奶奶病了，我当然应当去救助；可我又不是医生，万一吃错了，致人死命，我可要罪上加罪。几秒钟之内我的思维在快速地转，我陷入了两难的困境。队长看我表情为难，急忙说："治病要紧，有事我担着。"我想了一下：发冷、发烧，奶奶可能着凉了。我给了两粒阿司匹林、三片银翘解毒片给她吃了。没想到，吃药过后，老人煨在炕上，盖了被子，发了汗，没到天亮病情就大有好转了。

第二天，张队长拿这事大做文章，到处宣扬"老李能治病"。其实，我连"蒙古大夫"都不是。只因农村老人一辈子没吃一片药，所以普通西药一片就很管用。农民普遍没钱买药，把厨房的食品当药品：葱、姜、蒜等都是药。有个头疼脑热，熬一碗姜汤，放些红糖，发散发散就好了。

永登这地方，有个习惯，秋庄稼收割以后，堆在场上，到了冬季，好太阳的天气，才摊开晒干，打粮食。一天吃晚饭时，忽然刮起了北风，接着就是雨雪交加。只听队长大喊："屋里有人吗？都快到场上去！"我丢下饭碗，拔腿就跑。我虽不会打场，但看着别人咋干我咋干。大家手脚不停，很快把摊开的粮食都堆了起来，用席子盖了。我的衣服全淋湿了，但心里很踏实。回村的路上，我才发现，这次行动，红卫兵一个也没出来，看得出队长心里很不高兴。

队长故意带我去畜口圈，借故烤衣服，实际上是有话讲给那些好逸恶劳的口头革命派听。他说："老李干农活可是一把好手。从明天起，我就专门叫他到场上劳动，你们几个去翻地吧。"这些红卫兵大眼瞪小眼，谁也不敢吭一声。

第二天开始，队长专门派我去看场晒粮食。半个小时，就用木锨翻一遍摊晒的粮食，再就是间或赶一赶觅食的麻雀、小鸟。往日队上的报纸当天送来，农民就抢着拿去卷烟抽，现在是先送到我手里看完了，再给他们。场上的事，队长给我派了两名小朋友协助：一个是他五岁的孙子小龙，一个是同村史家六岁的哑巴。这两个小朋友可机灵了，一发现红卫兵回村，就飞也似的跑来告诉我。小龙嘴里喊着："来了，来了。"手里就把农具递给我。哑巴急得哇哇叫，右手指指左臂，意思是戴红袖章的来了。我真感激这两位心地善良的孩子。如果，人与人的关系，都如此纯真无邪，这世界该多美好。我特别同情那哑巴，真的非常聪明，只可惜不会说话。不过，这年头，不会说话，倒可消灾免祸。

我在张队长家享受了十几天"人"的待遇，但好景不长，突然有一天大同公社通知，农村的"地、富、反、坏、右"，城里的"牛鬼蛇神"，统统到公社参加大型批斗会。队长脸上一下子阴云密布。他清楚地知道，我躲不过这场皮肉之苦。我倒很坦然，这场暴风骤雨迟早会来的。

晚饭吃过了（是提前吃的）。大队的锣声叫人听了惊心动魄。贫下中农排着队在前面走，后面是背枪的民兵押着"罪犯"。这次公社通知开会的干部，是民兵营长、队长的二儿子、小龙的爸，所以路上我没有受苦。我脑子里一路在想"喷气式"、打耳光、挨皮鞭等拳打脚踢的滋味，真的生不如死，但又舍不得、放不下我那可怜的老母和妻儿。我死了，他们孤儿寡母，又是畏罪自杀的“反革命”家属，今后的日子，可怎么过?

正在胡思乱想，猛听得后面有人喊：“站住，站住！”我回头看，原来是队长的大儿子用自行车带着老队长，气喘吁吁地赶了来。只听他对当民兵营长的儿子说：“你三奶又犯病了，现在非要老李回去，才能治好她的病。”民兵营长一时不知说啥好。老队长又加了一句：“你去给王书记说，人是我带回去的，有事叫他找我。”

人们爱用陆放翁的《游山西村》的名句“山重水复疑无路，柳暗花明又一村”来形容化险为夷，绝路逢生。我算是又闯过了一关，这算是逢凶化吉，贵人相助。你别小瞧了这位老队长，无计可施时，他干脆挺身而出，救人于危难之中。

与张队长一家相处，大约有半个月时间，接到上面要我们回城的通知。这时候我的思想很矛盾：一方面，我能回去，活着回去，看见我那昼思夜盼的妻子、儿子是件幸事；可另一方面，大同这一家对我恩重如山，在当时虎狼当道、没有人性的社会里，我再往哪里找这样事事处处相救于我的“避风港”和救命恩人啊！

临走的头一天夜里，队长又来到我住的小房里。那么个壮汉、大汉，只是低着头蹲在那里抽烟。烟雾缭绕中，我也垂着头，似乎真能听到他的心脏跳动。说什么呢？不说彼此也知道心中想些什么。此时无声胜有声。过了很长时间，还是队长先开了腔：“老李……你可千万要顶得住啊！遇事多想想老婆、孩子。世上没有过不去的坎儿，老天总会有亮的时候。我思谋着你是好人，应该有好报。……等到有了出头之日，告诉我一声……”说到最后，队长声音有些沙哑。油灯如豆，我看不清，也不忍心看他的表情，只觉得自己两眼一热，泪如泉涌。等我双腿跪在炕下，队长已离开了屋子。

这一夜，我恍恍惚惚，没睡着。我想那大汉也不会睡好，还有那位待我如慈母般的老奶奶。

第二天上午，红卫兵押解着我们到大同车站集中返城。路上的乡亲比平时下地的人多。我背着行李低头走路，不敢和老乡们告别。快出村子的时候，有两个小孩从后边跑来，我认得出是小龙和哑巴，他们跑到场边，那棵白杨树下，在那匹和我同命运的黄鬃马跟前站着。

天又开始阴沉下来，风雪中来，也该风雪中去。“牛们”从各个村庄陆续向火车站靠拢，大家又见面了，但谁也不敢吭一声，只能“道路以目”。

西北风刮得很紧，距此不到五里路，大同河那边就是青海地界。我忽地想起了王昌龄《从军行》的“青海长云暗雪山”来。就算是专家，不身临其境，恐怕这“暗”字是讲不透的。

大同是个兰新铁路线上的乡镇小站，不要说快车就是普通客车也很少在此停靠。我们只能等待东去的货车、煤车、油罐车。我们在这里挨冻了两个多小时。阴风肆虐、浓云密布是降大雪的前兆。越冷越饿，越饿越冷，饥寒交迫。我正偎缩在墙角处避风，突然发现远处一个熟悉的身影。不，是幻觉？越走近，越看清是老奶奶。她右手拄一根拐杖，左手提着个什么东西，径直向我走来。啊！看清了，是报纸包着麻绳捆着个四四方方的东西。距我有二十来步，奶奶就提高嗓门喊：“老李，你把什么东西忘到我家了，快来拿走！”我顾不得向“革命小将”报告，就跑了过去。我拿到奶奶送来的东西，觉得还有点热味。我一下子明白了，这又是老队长的大智大勇、大慈大悲的“计谋”，请老娘亲自出马来给我送大饼，为了瞒过红卫兵，把饼子切成四四方方像书的样子。

我面对老人，泪流如注，我真想跪在她老人家面前，大喊一声“娘”！感激这不敢表达的恩，无声的爱！

第二年春天，我劳动时，每天下午四点以后，左下腹疼痛难忍，起初在校医室要了些附子理中丸吃一吃，稍有缓解，但不能根治，渐渐地出现“鸡鸣便”，即天一亮就要溏便，人消瘦得厉害。只要一干活就出虚汗，加上夜里经常失眠，身体可以说完全垮了。牛棚里的“难友”们都十分担心我会病死，我也觉得活下去的可能性很渺茫。

“批判资反路线”以后，我爱人算是回到了教师队伍。她眼看我病成这个样子，就不顾一切地向我们单位革委会头头讲理，要求让我去医院检查、治病。

我算是命不该死。在兰州医学院第一附属医院门诊部第一次检查就遇上了该院院长、肠道专家杨荫福教授。杨大夫详细问了病情，仔细地诊断以后，果断地认为我患了乙状结肠溃疡。更令人奇怪的是杨大夫根本不问我身份，就直接开了住院通知单。我拿着住院证很是为难：能遇上这样的专家，诊断出病因，而且想都不敢想，还拿到了住院证，这简直是不可思议；可又一想，我是个被监督劳动改造的犯人，“造反派”能让我住院吗？

我爱人又拿了住院证来到我们单位据理力争。她说："就是劳改犯也允许住院看病，何况他的问题并没有定性。"这话把革委会头头们问得无言以对，只能说："放下，研究研究。"

就这样又熬了三天，算是同意我领公费医疗单去住院了。临走又把我叫到办公室"约法三章"：一、离医院去别处，必须向单位请假；二、不准向任何人讲自己的"罪行"；三、一切言行规规矩矩，出了事情后果自负。

安排我住院的护士长是个老大姐，姓罗，算是我的本家，大家亲切地喊她"罗大姐"。我的床位是10号，一间房住两个人，9号已经住了个小伙子，他见我进来，很高兴，好像有了个伴儿。小伙子很直爽，自报家门说姓刘。他越表现得热情，我越拘谨不自然，生怕他看出我的真实身份。小刘真的把我当成长者，什么都跟我说。我们这一对人生旅途中邂逅的同伴，实在是非常尴尬。他想坦率地给我讲一切，无拘无束，可他认错了对象，我实在不敢听，也不能听。我越是设法拦住他的话，他越要讲，好像要一吐为快，真让我听不得，又说不得。

我俩的身份差别太大了，真的是阴差阳错，命运摆布我们本不应该相识的人，住在一起。我这个"惊弓之鸟"实在太害怕了。

小刘是绝密单位酒泉发射基地的工作人员，一年前被从大学生中挑选到了河西基地，半年前患慢性肠炎，在基地医院治不好，通过批准报省公安厅备案，联系到兰州医学院一院，专门找杨大夫来诊治。他也不能随便外出，离开医院要公安人员（监护人）批准。小刘的家乡是陕西汉中，想趁住院期间回家看望一下父母，组织上不同意。在基地他只能进自己的工作车间，干指定的活。其余的事不许打听，不许问。更苦闷的是找对象很难。你找的是什么人家，组织上要审查，你看上的组织审查不通过就白搭，组织审查通过的姑娘本人也不一定愿来这戈壁荒漠。再说审查通过了，自己也愿意来，来了干什么？东风区（生活福利区）商店的售货员，名额也有限。所以，他一见我就把我当成说话的对象，把最痛苦的婚姻大事讲给我听。

从下午到晚上，除了大夫第一次来查房，这房子成了我们两个人极不协调的世界：一个坦坦荡荡，什么都说；一个吞吞吐吐，闪闪烁烁。

我看是纸里包不住火，不如采取主动。我说："小刘，我实话告诉你，我是'批斗对象'，请你再不要跟我讲话了。我明天就向护士长提出换床位，我的身份不能和你住在一起。这样我会罪加一等的。"

小刘说："请你千万不要这样讲，你能和我分到一个病房是缘分。我很希望找到一个有学问的长者，说说心里话，化解一下我心中的苦闷。"又说："'基地'目前还没有搞'运动'，我进了这城市见到这么多知识分子被打成'牛鬼蛇神'，实在不知道他们想干什么。"我赶紧截住他的话说："你如果真的不想让我离开你，就答应我一件事，今后绝不谈'运动'，谈政治，只谈生活，谈治疗。我们只能是'同病相怜'的病友。"

第二天，上午8：30，我们管房的大夫邹世敏领着杨荫福院长来查房。杨大夫慈眉善目，和颜悦色，平易近人，是个很有修养的长者，言谈举止让病人产生信赖，一身白大褂，细声细语地站在我床前问病况、问病史。

杨大夫问完以后，开了口服药和灌肠药，临走他说了一句："根本的治疗在于你的精神。回头我请护士长给你拿些资料看看。"

下午护士长给我拿了医学杂志。杨大夫很细心，他要指给我看的文章都夹了白纸条。我正躺在病床上，专心地阅读有关肠道病的文章，忽听高音喇叭里，震耳欲聋地喊口号："打倒资产阶级反动学术权威杨荫福。"我忽地一下起床下地，小刘跟我一起走出了病房。我俩并肩而行，谁也不说什么。人们都往开会的地方走，有大夫、有护士、有病员……不需要打听，跟着人群走，就会到达会场。会场设在一个大院中间，两根绳子串着批斗会白布黑字的横幅。内容和喊的口号一样，会场中间"造反派"押着七八个男女。杨院长在中间，陪斗的还有邹大夫（女）。

我当时一下子感到一股冷气，从后脑勺直下脚跟儿，看了叫人心寒。心里想，这世上哪里有净土？我才出虎口，又进狼窝，才说好不容易找个专家治病，又碰到这种事，实在是祸不单行。这样一来我只好明天就出院吧！

小刘也是同样的打算，准备着第二天出院。那一夜，我俩谈得很晚，小刘不想回基地，想向监护人申请去西安治疗，这样可以离家近一些，请父母到医院见面。我就凶多吉少了，因为兰一医院是"造反派"指定我就诊的医院。这里不行了，也许就再不准我看病了。所以七上八下，本来就有失眠症，结果一夜昏昏沉沉，难以入睡。

第二天一早，护士长罗大姐带着值班护士，照常忙忙碌碌，好像什么也没发生一样。这倒叫人疑窦丛生。上午八点半，杨院长、邹大夫穿戴整齐，从容地步入病房。只听得离门口最近的22床的小伙子喊着："来了，来了！"大家赶快各就各位上床等候。杨院长依次进了1号、2号房间，因为和我斜对门，所以说话的声音很清楚。病人问大夫什么没听清楚，只听杨院长提高嗓门说："只要准许我穿白大褂进入这个病区，我们的关系就是病员和大夫的关系。其余的什么也不要说，什么也不必问。"这话说得非常平静，我认为是故意给大家吃"定心丸"的。下午"批斗"，上午"查房"，若无其事。

多么伟大的意志，多么伟大的敬业精神！

我的病，杨院长定为"乙状结肠溃疡"。根据医学杂志上说的，病在肠子上，病根却在大脑。按照巴甫洛夫学说，人长期精神痛苦、忧郁导致的大脑皮层紊乱，这种紊乱可以引发身体其他部位的病症。最常见的是肠胃病。如是说，医药对我只能治标，根本的创伤在于精神的巨大折磨，是无法用药物治疗好的，这就成了我终身的痛苦。

我每天除服用三次口服药，临睡前外加一片安眠药。但我的失眠过于严重，要问罗大姐多要两片三片才能睡一觉。护士长经常劝我要安心调养，自我调整，靠安眠药睡觉，对身体是有害的。每晚护士长还要给我用黄连素等中药灌肠，药水盛在一个吊瓶里，挂在架子上，人伏卧将管子插向肛门，药物灌往乙状结肠。大夫要求药物在肠道最好停留十五分钟。这要护理人员测准病人肠道的温度，再把药液的温度调合适，药进肠内，才无刺激，否则太凉、过热都会引起肚子痛，药物在肠内停留不住。说起来小事一桩，但做起来是需要耐心和细心的。护士长罗大姐为我灌肠的事，几十年后我犹存感激之心。

由于我经常失眠，罗大姐值夜班时，经常把我当作半个护理人员，深夜有什么紧急情况，她都会来叫我去当帮手。

记得14床是西固兰化一个三十几岁的女工，身患肠癌，病情很重，平时她爱人在护理。有个星期六的晚上，她爱人回西固照看上小学的孩子，她突然病危，无声无息地死了。罗大姐来叫我时，估计在凌晨两点多。病人临死时很痛苦，虽没叫一声，但瞪大两眼。罗大姐用手抚摸她的眼皮，使她闭了双眼。罗大姐要我帮她把尸体放在推车上，盖上白单子，轻轻推到太平间去。当时天下着小雨，兰州的四月份，雨天的后半夜，还是有些春寒。这一切，我帮罗大姐做得非常平静。这一次突发事件，更增强了我们之间的友谊。

杨大夫虽然没有彻底治好我的病，但病情好转多了。住院三个多月，已经够长了。我主动提出出院，回单位。依旧是干不完的杂活，写不完的检查。漫漫长夜，煎熬度日。

进入1968年，最大的事件就是“闹派性”“打派仗”。学校、工厂都成立了群众性组织的“战斗团体”。这些组织都说自己是“革命”的，“造反有理”，要夺各级党组织和政府的权。北京各高校出了些学生运动领袖，像聂元梓、蒯大富、谭厚兰、韩爱晶等。各个组织都认为自己“最革命”，其他组织不服，这样就互相攻击、互相揭短。最初是

“动口”——上街游行、呼口号、贴大字报，口诛笔伐；进而越来越升级，“动手”——砸东西、打人；再进一步就真刀真枪搞起武斗来。

兰州地区原来是两大派：“革联”和“红联”。“革联”的大本营在兰州大学；“红联”的大本营在铁路系统，号称“火车头”。一开始是游行、示威，铺天盖地贴大字报。

“闹派性”成了社会生活的主要方面。一个家庭，父亲是“革联”，儿女是“红联”；或者丈夫是“红联”，妻子是“革联”，彼此水火不相容，反目成仇的有的是。

只有极少一部分人，成了“逍遥派”，哪派都不参加，坐山观虎斗。有的在家学做木工活，有的躲在房中看禁书。

不懂事的少年儿童，受“派性”污染，天天嘴里喊着“革联是个大杂烩，西关什字卖杂碎”。

“牛鬼蛇神”是专政对象，没资格参加“战斗组织”。但是“革命群众”天翻地覆地闹派性，对“牛们”的管理要松得多，每天只要老老实实劳动改造，日子就好过得多。

这世道真乱套了。工人不做工，农民不种田，学生不读书，天天闹革命，人人打派仗。

社会新闻天天有。什么“火车头”冲进兰大游行队伍，抓走三人。过两天又听说“革联”砸了省军区司令部。省军区敞开大门，让大家去参观现场。我也大着胆子，混在革命群众当中，去看了现场。满地文件书籍、砸坏的桌凳文具，甚至连座机电话也砸成碎渣渣。

兰州地区两派最大的冲突是“大战兰苑”和“对峙七里河桥”，也不过是推推搡搡，拉拉扯扯，顶多扔个石头、撩个砖石什么的，比起全国的武斗，真叫小巫见大巫。

我早年有个学生，叫徐广建，在交通厅公路局工作。这次在七里河战斗中负了伤，砖头砸破了头皮，流了血，作为伤员住进兰医第二医院。我去看了他，只觉得他是无辜的受害者。

“革联”“红联”闹得不可开交，后来又从“红联”出来一个“红三司”。这“红三司”虽是少数派，却成了本地区的掌权者。

我爱人的那一派参加“红三司”，掌了学校的权，我所在的学校也由“红三司”接管。当时同一个派别的战友好像生死之交一样，关系特殊。我也因此沾了点光。

我的结肠溃疡，经杨大夫治疗，病情大有好转，但并未根治。1968年暑假前，我爱人到学校找革委会领导，要求准我到西安治病。也算是保外就医吧。虽然费了些周折，但最终算同意了。这不能不和双方是同一派别有关。

我到西安治病，是大妹托人找的陕西省中医研究院的专家何大夫。我们全家四口人，住在北关龙首村母亲那里。算是离乱中的团聚，不幸中的万幸。大妹为我看病吃中药，每月接济我三十元钱，这在当时是个不小的数字。这次总共在西安家里住了两个多月的时间，前后吃了几十剂药，病情大有好转，不再赘述。

这次在西安正遇上真正的武斗场面。

西安地区的两派是“工联”和“工总司”。西安交通大学的学生头头叫李世英，领导一派跟庆安公司军工单位的一派对着干。几百万人的城市，几乎陷入瘫痪状态。这样大的城市，将要实现“三停”——停电、停水、停交通，是相当可怕的。市区、郊区，挖战壕、搞据点，各派都配真枪实弹，遇上冲突，手榴弹、冲锋枪都开了火。装甲车开在郊区城内的大街小巷，谁还敢坐公共汽车。分区供电供水，家家户户准备蜡烛、煤油灯、手电筒。一到夜晚，黑灯瞎火，能听到远近的枪炮声，看见发射的火光。家里的水管不滴水了，白天黑夜，水站门前，排起了长龙。挑桶的、端盆的、提罐的，只要能盛水的东西都拿来。西安是有名的“热城”，百姓叫它全国四大蒸笼之一。这如火的三伏天，缺水叫人咋活！我一家和母亲住在北郊龙首村，所幸三弟家住在同一条街。生活上经常过来看看，互相有个照应。只有小妹家住在雷神庙，大妹家住在南郊，心里老牵挂着。时间长了没消息，总得过去看看。

有天一大早，叫上三弟，徒步先进城，去看小妹，再穿越城过去看大妹。西安这个城市，抗战时期日本人也没有打进潼关。没想到几十年后，老百姓竟然过上如此凄凉恐怖的日子。往日车如流水马如龙的南北大街不见一辆汽车，只有稀稀拉拉的一些行人，行色匆匆，眼神恐惧，惊惶失措，不知所往。大部分店铺已关门上锁，胆大的铺子也只开个门缝。钟楼周围挂满了各派的高音喇叭，互相吵骂，声音响彻城里各个角落，噪声震耳欲聋，谁也分辨不清喊些什么。听得清楚的是，一个女红卫兵在高音喇叭声里嘶力竭地喊：“毛主席呀！快来救救我们吧！……”那声音像垂死前的呼救，凄凉悲惨。我们兄弟二人只管疾步往家赶，生怕这街道之上有什么不测之举。快步走到青年路口，一家铺子开门时，不小心砸下一块门板，“嘭”

的一声，吓得满街行人失色，真以为不知哪个角落里伏击者在开枪射人，叫人心惊肉跳。

回到家里，吃晚饭时，听对门胡大哥说“消息”。胡大哥是后地一所中学里的收发员，接触的人多，听到的“消息”多。他说，今天早上，天麻麻亮，“对立派”就围住了红旗机械厂。这个厂本来就是军工单位，有的是枪炮子弹。厂里的工人一声吼，推倒了一面三百米的围墙。依靠这倒塌的墙当工事，九百人一齐卧倒，举枪射击，打死打伤的人不计其数。救护车整整吼叫了一天，军队、地方医院住满了伤员。

隔壁蓉蓉的爸是现役军人，在军区机关当干事，消息更多一些。今天说重庆开了枪；明天说福州军区派军队“支左”出了问题，给一派群众发了枪，也发生了流血事件。

又过了两天，对门胡大哥的弟弟，从老家广西南宁逃到了西安。这小伙子讲的消息就更可怕。广西两派都到杀人放火的地步。

这个广西小伙子，真的是死里逃生，穿越四川，几千里路来投奔哥哥。人已到了西安，说起那边的事，还心有余悸。

有天吃晚饭时，居委会的王大妈悄悄地来通知晚八点开会。我去的时候已经到了一部分人，男男女女都在交头接耳地说着什么。这种会一般拖一个半个小时开始很正常，但小道消息已经传播开了。

王大妈站起来说话了，声音放得很低，神秘兮兮的。她讲，听说西安有了“五湖四海”，趁乱入户抢劫，我们现在只有靠自己组织起来自卫；各家各户的青壮年都得参加夜晚居民区的守护巡逻，自己准备防卫用的家伙，事不宜迟，明晚就集中。

第二天，我先安排好自己的家。检查一下门窗插销锁头的坚固程度。叮咛一下母亲、爱人看护好两个小孩儿，无事最好少在外面玩。我自己准备了一个手电筒，一把稍长一点的菜刀，这就算武器。天黑前，又过到三弟家看了看。

不需要看表，太阳下山，天一黑，大家都在王大妈院子里集合。我和邻居胡大哥及三十二幢林家老二是一个联防小组。任务是把守龙首村向北通往后地的口子。这地方十分险要，往北是一望无际的菜地农田。

三人靠树席地而坐，时不时照一下手电，那光束能照半里远，也算给自己壮胆。

林家老二在糖房街一个粮站工作。他哥在莲湖区公安分局当干警，他爹是人民大厦的厨师，所以这家人消息灵通。我们三个人中，经常他是主讲。什么昨晚农展会那边贴了条子，说要“血洗二府庄”。又说，前天夜里自强路的路灯全给砸了，还砸了几家开了门的商店玻璃，这就是警告。

在西安闹“五湖四海”那个阶段，我经历了几十天通宵值班。早上设法去农民菜地，买足一天的菜，然后倒头就睡，除吃饭时被叫醒，整天是黑白颠倒。但是，我从来没遇上一个“五湖四海”分子，时间越长，我越怀疑，究竟是不是一些人故意在散布谣言，扰乱治安，趁火打劫。

大约是7月底的一天，林家老二拿了一份中央的《布告》，要我借助当晚路灯的光亮看了几遍。文中要求陕西地区任何群众团体和个人，必须执行中央命令，立即停止武斗，解散一切专业武斗队，拆除工事、据点、关卡；立即恢复中断的车船、交通、邮电；迅速交回抢去的现金、物资；立即交回抢去的武器装备；对于确有证据的杀人放火、抢劫、破坏国家财物、中断交通通信、私设电台、冲击监狱和劳改农场、私放劳改犯的现行反革命分子及幕后操纵者依法惩办。

小道消息传说，对立的派别根据中央文件精神要坐下来谈判。可是第一次开会就遇上麻烦：高校的学生头头刚进会场，对方就打出大幅标语，齐声高喊："最高指示：李世英是疯子！李世英是疯子！"结果当然是不欢而散。

又有人传说，中央认为地方军区不好处理"派性"问题，要派野战军进驻地方。北京附近驻扎的二十一军，将经过山西过黄河驻进关中来。满街都贴出欢迎二十一军首长胡维、黄经耀的标语。群众拭目以待，是哪一个有回天之力的英雄来整治这个局面。

8月底9月初，学校要开学了。我们一家四口又无可奈何地回了兰州。

时间到了1970年夏秋之交，上面的新花样是"深挖洞，广积粮，不称霸""备战、备荒为人民"。"牛们"的具体劳动是挖防空洞。几个月的时间，都在地下劳动。操场挖空了，挖直洞，箍偏洞。

大约是9月15日，我在地下劳动，有两个学生搭帮手，其中一个是"独立师"（武警总队前身）师长的儿子，记得姓刘，他告诉另一个同学说："我爸昨晚说，林彪乘飞机叛逃，被打下来了。"

中午休息时，我见到了谢磊、徐肇辛，他们都不约而同地说起听到这个消息。这消息从独立师师长的儿子口里传出，谁敢说是谣言？

又过了一个多礼拜，中央正式传话说，林彪私自乘机叛逃，机毁身亡于蒙古温都尔汗。

这件事以后，政策上放松了一些。

1971年9月，学校开始复课。领导班子中一位姓顾的女主任负责教务。她找我谈话，要我到前楼上课。这件事，对我的政治生命，应该是质的变化，但是并没有宣布我的问题定性是什么。当时一般群众有个说法叫作“帽子提到群众手里”。这句话很形象，你说是敌我矛盾，并没有给你“戴帽子”，是“提到群众手里”；你说是人民内部矛盾，可又随时可以给你“戴到头上”。正式的名堂叫作“敌我矛盾，按人民内部矛盾处理”。

叫人想不通的是，批斗揭发我时轰轰烈烈，如今叫我回到教师行列却有点偷偷摸摸。那位顾主任只领着我一个人到初中一年级八班教室宣布我担任班主任，带他们的语文课。这位新来的顾主任和我没什么“新仇旧恨”，倒是用心良苦，派我到初一工作。初一小孩子刚入学，并不太了解我的“反动罪行”，对我本人少一些麻烦。对学校的革命教工，这种处理办法倒十分尴尬。相遇，点头微笑有之；轻声叫一句“李老师”有之；当年挥拳高喊，怒不可遏，如今低头不语者也有之。

我可不能在乎别人对我怎样，只在乎我又悄悄地成为教师了，这就算万幸。

宣布我到初一8班工作的那一天是星期六。当时我爱人正带领三中（原女师）的高二学生在榆中县夏官营劳动。两个孩子因无人照看，也带到乡下去，正发愁开学以后，孩子无法回城上学，我赶紧趁星期天去夏官营告诉她这个好消息。那天早上，在火车站刚好遇见邻居也去夏官营。她主动前来招呼说："我知道陈老师住的地方，我带你去。"这倒省了我问来问去，找不到地方。这位邻居只有我们两人在一起时，还有点"热情"。一旦到了夏官营见到"革命师生"多了，她就要和我"划清界限"，早早地给我指了一条路分开走了。这种情况，这些年来我已司空见惯。

快中午时，终于见到妻子和两个孩子。爱人听了我告诉的消息，当然是喜出望外，但却不能喜形于色。按照组织原则，她还是去告诉了这次劳动的领队、校革委会副主任梁西魁老师。梁老师原来就同情我们这一家，听了这个消息很替我们高兴，特地到伙房给我打了一份客饭。

爱人实在没有想到我会有这样的结局，心头压的那座大山一下子给搬走了。眼下最重要的事情是两个儿子，一个上中学，一个上小学，可以跟父亲回城上学了。一个女教师带领一班高中生来农村劳动，还得拖上两个儿子，实在是太辛苦了。小儿子每天不上学，跟放牛的农村娃娃满山遍野地跑，晒得黑不溜秋，也跟乡下孩子学会了在野外拉屎，用土块擦屁股。吃过午饭，母亲赶紧收拾一下两个孩子的东西，我要带他们返城上学去。好在只有两个星期她就返校了，这段时间我再苦再累，能和两个儿子在一起也是莫大的幸福。

一家四口人，一起来到夏官营火车站。母亲亲眼看着父亲带两个儿子爬上了一辆装木材的货车，父子三人稳稳妥妥依偎着坐在火车上，这情景是那个年月做梦也不敢想的事。火车开动了，父亲紧抱着两个儿子向送行的母亲挥手告别的场面，我一辈子也忘不了。

夕阳西照，晚霞似火，兰州的九月，天气不冷不热。火车向着太阳落山的方向疾速前进。清风拂面，心境舒畅，转眼之间就到了兰州火车站。

回到家中，大约下午六点多钟，时间尚早，第一件事就是带两个儿子到南关什字人民浴池去洗澡，要了一个双人床房间，对面就是两个浴盆，先把一个盆子放上温水，让老大先泡在里面，再重点给老二洗。下农村一个多月没洗过澡的娃娃，见了水十分兴奋，手脚乱动，激起水花，哈哈大笑。我和两个儿子在盆里舒舒服服地沐头浴身，这天伦之乐是过去那些岁月不敢想的。

洗浴过后，天近傍晚，父子三人索性在街头吃了饱饱的一顿晚餐：每人一碗馄饨，两个芝麻烧饼。

第二天一大早，给两个儿子换过衣服，先送他们上学，然后我骑自行车去上班。自不必细说。

我劫后余生，能有一份工作已经是求之不得，绝不敢挑三拣四。但是这初一八班的班主任真的是我一辈子没干过的苦差事。过去教学的对象是机关干部或高中毕业班，这么小的学生，我没打过交道。更糟的是初一年级入学八个班，它排在最后，我猜想，学校是否有意将表现差的学生集中在这个班上。

这个班男生多，女生少。小学多是就读于团结新村一校和二校的学生，居住在团结新村和回民巷子一带。这一带可以说是市郊有名的贫民窟，是1958年大跃进和平门外，扩建街道时，搬迁到这南砖互窑一带来的小商小贩，卖蔬菜、拉板车、卖煤球、蹬三轮的。这些孩子从小就没有什么家教可言，父母也不指望他们干什么大事，能读个中学，早早有碗饭吃就得了。他们上小学刚遇上“文化大革命”，除了会背几句“最高指示”，耳濡目染的全是“闹革命”“打砸抢”，中“读书无用论”的毒太深，实难管理。加上我教育方法上不对路，结果是越管越乱。我只会说服教育，但这些孩子根本不理你好言相劝那一套。

经常出事的学生有七八个。为首的叫刘有福、张生财。这刘有福还有个弟弟，小他两岁，名叫刘有禄，在小学里也是出了名的人物。父亲是个蹬三轮的，起早摸黑，干活无空时，有两个钱就买点高粱酒喝，喝了就醉，醉了就打孩子。母亲在街道打扫卫生，挣了那点辛苦钱，养活一家四口人。这刘有福上课给同桌画胡子，读外语领头出怪声。教室里有他是个祸根，逃学不来更让人担心。出了问题千万不敢告诉家长，因为他父亲听到孩子犯错误就往死里打。

那位张生财又是另外一种类型。平时不显山露水，在班上不合群，没有一个要好的朋友，和同学一闹矛盾就大打出手，一出手必伤人。还有一点，班上女同学经常反映丢东西，男同学就说是张生财偷的。作为教师，我没有证据，千万不能怀疑学生是贼。他经常旷课，独往独来，谁也不知道他在社会上干些什么。我去家访过，父亲是区蔬菜公司的工人；母亲是家庭妇女，有胃病，无钱医治，长期卧床。家访经常见的是他母亲，身体虚弱，十分可怜。我不忍心把他儿子的表现说得太严重，否则会加重她的病。问起她儿子哪儿去了，她只会说：“吃了饭就去上学了。”有一天，我刚下课，教务处的郑老师就来找我，说是派出所的同志找到学校，说张生财出事了。我赶快去教务处，警察同志说张生财在第二汽修厂偷废钢铁，叫值班员给抓住了。他只承认是我校初一8班学生，家住哪里，他死活不讲，只好找到学校。

警察叫我跟他到派出所领人，我回班上叫了两名班干部，一个女的叫陆小雅，一个男的叫刘卫东。派出所有个王所长，个头高大，大腔大口。他递给我一张纸，上面是张生财的交代材料。句子不通，错别字满篇。王所长听我说了他的在校表现和家庭情况，无可奈何地说：“放回学校，教育教育吧！”就从隔壁房间领出灰头灰脑的张生财。我看他的样子又生气又同情，先拿出钱来叫陆小雅给他买了两个面包，他狼吞虎咽地吃掉了。

时间已是下午5点多钟，快到放学的时候了。索性我们送他先回家，第二天我再找他个别谈话。到他家门口我让刘卫东一个人陪他进家门，免得人多送他惹他病中母亲生气。我担任这初一的班主任实在无能，屋漏偏遇连阴雨，偏又遇上这么些特殊对象，真的使我好话说尽，束手无策。不到一个月，把班管理得乱哄哄的，我的脸倒瘦了一圈。可是再苦再累也不能有怨言，因为人家高看你，把你从“牛”的队伍里分出来，暂且进了“人”的行列。

幸好妻子十几天就返城了。两个孩子有了娘照顾，我无后顾之忧，一心扑到工作上。我爱人回校后给我准备了两样东西：一样是用深绿色涤卡布做了件军便服，另一样是一本新的《毛主席语录》。这两样东西革命教工集合开会，上街游行是少不了的。

1972年，放暑假前听到一个消息，说是凡是在本单位批斗过的对象，落实政策后，可以要求调换单位。我当时算不算落实对象，心里没底：说算吧，又没有人给当众宣布“平反”；说不算吧，可又把我当教师对待。

前不久学校来了个新领导叫冯卓超。此人解放初当过张掖地委宣传部长，我下河西工作时有过交往。他来学校以后，和我个人关系不错。我大胆地向老冯提出调动工作的想法，他倒很支持我换个地方。基层领导这一关算是过了。我趁放暑假去市教育局人事科找了负责同志王军。王军同志“文化大革命”前就在这个岗位上，教育局恢复工作以后，算官复原职，我的情况他比较了解，因而很顺利地填写了调动申请表。

表是填了，但我这个“惊弓之鸟”倒担心起自己有问题，没人敢要我。越是心里嘀咕，越是着急想知道个结果。只隔了十几天，我就又去了教育局打探消息。一进门，王军就痛快地告诉我：“你的材料，十四中李纪英书记已经拿去了。”接着，老王大概介绍了十四中和这位领导。这十四中就是原来兰州军区的八一中学，交给地方以后，改名十四中。校址就在广武门外南昌路，兰州军区司令部、政治部对面。李纪英是部队团级干部转业到学校，任书记兼校长。

先不说别的条件，仅说这校址，离我爱人单位就比原来近多了，步行也不过一刻钟的路。但这军官出身的领导，如何能看上我，我心里没底儿。只要有人要我，总是好事儿，于是很快在教育局开了介绍信，准备到十四中报到。

爱人听到我调十四中的消息，很高兴，起码离家近是第一个优点。

我在十四中很顺利地见到了第一把手李纪英。这位书记见到我很随和、很热情，似乎一见如故，丝毫没有歧视我的感觉，这倒打消了我的顾虑。当时他办公室正有一位中年女干部在谈工作，李书记给我介绍："这是党总支的崔慈英同志。"紧接着就转头说："老崔，请你带李老师在校园内随便走一走，看一看。"老崔同志带我先从四楼书记室下到三楼党总支办公室，坐下来倒了一杯茶，开始了拉家常式的谈话。谈话间，崔老师很自然地给我介绍了学校的教职员工队伍、学生班级情况以及学校的建筑、教室、房舍。然后她领我看了南边的教学楼、东边的办公楼、北边的音乐教室和礼堂。

事后，我才感觉到李书记安排崔老师对我的接待，似乎是事先有所准备的。下午5点多钟，初中各年级的学生都陆续打扫完环境卫生，放学了，只剩下高中学生在教室里上自习，校园内一下子安静多了。

我由崔老师陪着，再一次来到书记室。书记对我仍是那样和蔼、亲近。他开门见山地说："学校各年级，现在并存着两种建制：一是平行班建立年级组，这是适应学工、学农、劳动多的形势；二是上学期开始恢复以教学为主的各科教研组。这两样并存，有矛盾。学校就是要抓好教学质量，办好业务教研组。我想请你担任语文教研组组长。"我赶紧接话："业务生疏了好多年，恐难胜任。我原想能否到校农场找点活儿干。”李书记笑着说：“我要的人是挑大梁的，学校不缺农工。”我看推辞不掉，就请求他暂缓一段，让我适应一下环境。李书记请办公室同志叫来了语文组负责人张克明老师，又请教务处乔主任安排我到高三年级组上班代高三两个班的语文课。乔主任、张老师好像事先都知道来了我这么个人，而且工作也提前安排是高三3班、4班两个班的语文课。我同张老师到了高三年级组办公室，年级组长是教政治课的王明珍（女）老师。给我的办公桌已准备好，就放在张克明老师的桌子对面。

第一天报到，学校给我留下很好的印象，似乎这个新单位上上下下都把我当作“人”看待，真有点儿受宠若惊。

骑自行车回家的路上，突然想起来：今天见到的这位李书记和我的谈话，为什么自始至终没提及我的政治问题？这倒让人捉摸不透。

这种政治上没有明确结论、不清不白的日子一拖又拖了几年，一遇风吹草动，总是心有余悸。

大约是开学的第四周吧，周四的全校例会上书记宣布了各教研组的任命。语文组是我和张克明老师，理化组是顾仲恺老师，数学组是陶家骏老师。

这李、张、顾、陶四位男老师，从业务上讲是学校的台柱，学校教学方面的活动，又经常在一起开会，这样慢慢地就接触多一些。一些靠“运动”吃饭的人，当然看我们不顺眼，背地里散布我们是“四条汉子”。

张克明老师，我来以后算是语文教研组副组长，此人是师大59届本科地理专业毕业，人很聪明，业务上是文理兼通的全才，专业是地理，但十多年来在学校教过数学、英语、语文，而且国学底子还算不错，管理学生也很有一套，当班主任当年级组长都能统得起来，是中学教师中少有的人才。

张老师对我一直很关心，多次交往中，他是一位敢说心里话的人。他在这个学校经历了大风大浪，他对周围这些人的品德都看得很准。其实他早就知道我这个人的底细，“运动”初期教育系统召开全市大会，批斗我和二中雷绪华、董家庵的“罪行”，我这个人可算是“臭名昭著”，可他偏偏愿意接近我、信任我。

转眼到了1973年，这下乡插队的事又轮到了我的家。

“文化大革命”造成了社会的大动乱，国民经济严重恶化。到了1968年，有三届毕业生积压在学校，出现严重的就业问题。这年七八月间毛泽东发表了一系列指示，“知识分子到群众中去，到工厂去，到农村去，主要的是到农村去”，“由工农兵给他们以再教育”。12月22日《人民日报》发表了介绍甘肃会宁县部分城镇居民到农村安家落户的文章，捏造了一个会宁老太太，提出“我们也有两只手，不在城里吃闲饭”。这件事使得当年红军会师的会宁，又大大红了一阵。事情传到大江南北的小县城，就成了强迫命令，赶着城里的各色人等到农村去。

这篇文章的编者按传达了毛泽东的指示：“知识青年到农村去，接受贫下中农的再教育，很有必要。要说服城里干部和其他人，把自己初中、高中、大学毕业的子女送到乡下去，来一个动员。各地农村的同志应当欢迎他们去。”这个最高指示，掀起了知识青年上山下乡的运动，先后有一千余万知青上山下乡，接受“再教育”。

北京知青去北大荒，上海知青赴云南，天津知青上新疆。几十年后，给小说、电影、电视剧提供了多少催人泪下的故事。他们把青春埋藏在贫瘠的土地上，忍受着人类难以承受的苦难与屈辱。

最高指示：“学制要缩短。”小学五年，中学五年。一个高中生混到毕业，就少学了两年。课程也要改，语文也好，政治也好，一律学习红宝书。历史要彻底改，要根据党的十次路线斗争，重新改写历史事件和历史人物。伟大领袖不是说了嘛，“凡是敌人反对的，我们就要拥护；凡是敌人拥护的，我们就要反对”。这种绝对化的界定划分，认为凡是封建的东西，都是坏的。“康、雍、乾”和“宣统”一样，都是人民的敌人。古代的忠臣良将，管你是岳飞还是文天祥，都是服务于皇帝老官的乱臣贼子，统统是坏蛋。“怀疑一切，打倒一切”达到了极点。这种错误的历史观贻误了几代人。

我的大儿子从小学到高中毕业，真的是在“闹革命”中读了十年书。由于爷爷奶奶是地主，父亲又是“三反分子”，所以不管孩子本人在学校表现如何好，最终连个红卫兵也当不成。1973年，他不满十六岁，就面临着毕业插队。当时中学毕业也要根据家庭出身、阶级成分划分等级定“出路”。“红五类”出身的当干部、参军、当工人。一般成分的去建设兵团、农建师、林建师。“黑五类”出身的肯定是到农村插队。可这“插队”也有离家远近的区别。我们的孩子是“末等”，毫无问题会分到戈壁荒漠河西走廊。这个结局真的愁坏了我们夫妻二人。

当时三中有个管理员关师傅，是山东人，和我认了老乡。老关人很豪爽、热情、乐于助人。有次我俩见面，谈起儿子插队的事，他主动提出去找工宣队的张师傅说一说。真没想到老关有这么大的面子，能把儿子插队河西调到皋兰县石洞公社。这实在是关键时刻帮了我家大忙了。这皋兰县直属兰州市管辖，距离也不过一两个小时的路，比那千里之遥的河西走廊近得多了。

母亲忙着为儿子准备行李，实际上儿子长这么大第一次离开家，什么都得重新准备。走的时候是深秋季节，毛衣、毛裤、棉袄、棉裤，还有新做的被褥都要准备。农村入冬以后，取暖设备很差，所以穿的、盖的都要新的、厚实的。

准备了一个大木箱，一个行李卷。母亲负责自家做的，我负责买的。日用品有牙刷、牙膏、毛巾、肥皂、香皂、脸盆、口缸、饭盆、饭盒，连用的筷子、勺子都得准备。穿戴的棉帽子、棉手套、棉皮鞋、围巾、口罩都得带上。虽然孩子只有十六岁，但从今而后，就要独立过生活了，怎么不让父母操心?

好在最后定下来的插队点就在这城北面的皋兰县，总算有点安慰。另外，和他同行的有南屋魏老师家的老三儿子魏俊祥，互相之间也算有个伴儿，彼此照应。

走的那一天，集合地点在学校操场。去皋兰的男女同学总共有四十多人。送行的人要比插队学生多三四倍，有的全家几代人都来了：爷爷、奶奶、父亲、母亲、哥嫂、侄儿。大家见了面，认识不认识的都会说同样的一句话：“皋兰近多了！”以表示自我安慰，也算安慰同命运者。

学校派了三位老师一起去插队点：有革委会的吕胜西老师、工宣队的孙师傅和教体育的李老师。每个家长都过去给他们说几句话，拜托拜托。他们也得个个打招呼：“放心，放心。”

车开了。奶奶和母亲们悄悄地抹眼泪，男人们不敢哭，害怕落个政治问题。

解放初期，我从中南离家到西北，可那是到一个省会城市去当干部。没想到二十几年后，我要把自己的儿子由大城市送到农村去当农民。究竟什么时候能回城，实在太渺茫了。

大儿子走了。过去两个儿子各睡一张床，现在空了一张，似乎家里空荡荡的，实际是心里空荡荡的。但当他母亲面，我得强撑着，不敢流露出痛苦的心情。

大约过了两个月，记得是1973年11月份，我求我们学校的司机王师傅，开着那辆客货两用的北京130去皋兰看了一次儿子。我们是趁星期天去的。其实头两天，父母二人都在为儿子准备吃的，买了三合公的点心、天津包子馆的包子，还在广场商店里买了几瓶白酒、几条兰州烟，称了三斤水果糖，满满堂堂带来四五提包东西。

按照儿子来信的地址皋兰县石洞公社魏家庄，汽车出兰州向北，直走皋兰县城的方向，路牌指示石洞的地方，也不过三四十公里。但从右手下了公路就上了农村土路，走着问着路，耽误些时间。上午11点左右，才找到了他们的食堂院。

生产队还没有为他们盖好知青点，所以暂时分散住在老乡家里。只给他们单独安排了三间房的小院，作为伙房，他们自己集中开伙做饭。

儿子这个点一共十个同学，四女六男，彼此都是同级同学，在学校都认识，这就好多了。他妈妈连忙拿出水果糖、点心分送给同学们吃。接下来，我们一家三口，提上烟酒，去看了队长、支书及儿子的房东魏大哥。

这被称为“大哥”的人，已经三十多岁了，人十分憨厚，寡言少语，见人只会嘿嘿笑，一位地道实诚的西北汉子。我儿子是队长分配给他学习喂养牲口的，所以就跟他一起住在牲口圈里。

这魏家庄绝大多数庄户都姓魏，按辈分叫他“大哥”的人多，入乡随俗，知青们也就叫他“大哥”了。

农民当时很穷困，但待人很善良、厚道；不像城里人斗人，多少年，个个都像乌眼鸡似的，没个人性。

这大哥是生产队的饲养员，李旭分给他主要是帮大哥喂牲口。这十几头驴、骡是生产队的主要劳力、主要财产。一般队上的饲养员都会选派能吃苦耐劳、责任心强的人。我看到儿子跟这样人品好的人当助手、学劳动、学做人，打心底里感到放心。

我这个人，自己年轻时遭过大难，主张后人吃些苦，对成长有好处。什么事情都是福兮祸兮，无绝对的好，也无绝对的坏。

儿子不像其他同学，在大田里劳动，早出晚归，跟农民一起劳动，按时作息，有热饭吃，有热炕睡。当饲养员可要吃大苦，整夜给驴、骡凑草加料，北方的冬季夜晚最冷，寒风刺骨，牲口圈里粪臭尿臊，四面透风。就是躺下来睡会儿觉，盖上老羊皮袄，身上也暖不热。头顶上就是月亮和星星。

早饭后，社员上工，牲口出圈了，可以抓紧睡会儿觉。中午过后，就要忙着挑水、铡草、磨料，整整忙乎到队上收工，牲口进圈。

初步的印象是儿子比别的同学要辛苦一些，可跟的人品德好，我们也不好开口提些什么要求。冬季就这样过去了。等到过年的时候，队上放假，让知青回家。我们做父母的明显感觉到孩子吃了不少苦头，脸上皮肤，又黑又粗，耳朵冻得红肿，手背龟裂。母亲买来了冻疮膏、百雀羚给孩子涂抹。大儿子从小能吃苦，性格内向，不爱说话。晚上睡觉前热水泡脚的时候，他对妈妈说："无论如何也得回城，就是拉大粪也比在农村强，太受罪了。"

他的心愿，我这个做父亲的怎么能实现？实在是太渺茫了。他这几句话，一直撞击着我的心。一个七尺大汉，无法救自己的孩子，是最痛苦的。

儿子的处境已经成为我重重的心事。前景黯淡，无计可施。说不定孩子这辈子，流落农村，再也回不来了。

大儿子已经插队农村，使我不得不考虑小儿子的出路问题。原来认为，小儿子才上初二，到高中毕业还有三四年，走到那一天再说吧！万没想到，有个机会找上门来了。

小儿子天资聪慧，从小爱好文艺、唱歌、跳舞，大模大样的。这些年来，到处播放样板戏。他就跟着学唱杨子荣、少剑波的大段唱腔，还专心听收音机，逐字逐句模仿。原来是在学校文艺演出，后来被选到城关区毛泽东思想宣传队。有老师给他点拨，逐渐走红，为学校争了光，各科老师不管他学习如何，都给他打了高分。上初中以后，曾经在东方红广场大舞台上演过少剑波，说是为迎接柬埔寨首相宾努准备的节目。

这个上初中二年级、不到十三岁的娃娃，竟然有两个文艺单位来选苗子选中了他。一个是兰州军区文工团，另一个是兰州市青年京剧团。我当时实在不想让孩子进入文艺界当个戏娃子，总觉得文艺这行当容易沾染上毛病，这碗饭不能吃。可不止一个朋友，劝说让孩子去当演员。他们说："你大儿子插队走了，说不定一辈子留在农村。你是否等小儿子高中毕业，再送一个到农村去？""好好想想吧！就你这家庭成分，儿子想抽上来，难啊！"想一想，也得听人劝。一个儿子插队就够愁死人了，哪还敢再送一个走？演员就演员吧！无论如何是在城里生活的拿工资的国家工作人员，比当农民好到天上了。

有了这个想法，夫妻二人沟通了意见，就决定送小儿子去吃文艺饭。兰州军区不敢进，虽是文工团，也算参军。军队要政审，家庭出身是要查三代的，绝对过不了这一关，趁早别给自己找麻烦。所以就选了兰州市青年京剧团，这是个地方文艺团体。剧团成员都是从各个学校选拔的文艺尖子。学习、训练、管理都是半军事化，纪律严明，家长比较放心。

实在是连自己也没有料到，小儿子的出路，意想不到解决得这么容易。两个儿子安排了一个，总算有点安慰。走一步算一步，车到山前必有路嘛！

大儿子在农村当饲养员，吃了一年多苦，不声不响，埋头干活。他的苦干精神被他所在的大队会计魏载军发现了，魏算是农村的文化人，当过小学教员，能写会算。他把李旭的事迹写成材料，登在皋兰县的县报上。结果，李旭被选为队上的先进知青、公社的先进知青，继而成了全县的先进人物，县广播站连续播放他的先进事迹。

看来舆论的力量作用很大。无论吃多少苦，没有人发现你、宣传你，你就可能一辈子没人知晓，默默无闻。

1975年秋天，兰州市召开了第一届先进知青表彰大会，儿子李旭作为皋兰县的先进代表参加了大会。那天从友谊饭店到工人文化宫，西津路的主干道军警戒严，各校师生及群众夹道欢迎先进知青。我和他妈妈在群众队伍中，心情异常激动。被侮辱、被践踏的老李家似乎又找回了人的尊严和荣誉。我看见儿子戴着大红花走过来了，雷鸣般地欢呼、鼓掌。刹那间我真想大喊一声，大哭一场。

1975年底，政府抽知青回城当工人，由于他是先进人物，很顺利地被选了上来，分配到兰州机床厂当工人。凭阶级成分，八百辈子也轮不到我们头上。儿子以常人难以忍受的痛苦换来了他命运的翻身，也算是苦尽甘来。

两个儿子工作以后，我实在对教书育人不感兴趣，几次找李书记主动要求到农场去劳动。1975年，我获批准去农场锻炼一年。

十四中的农场在榆中县和平乡山南麓的一个叫苏家庄的村子旁，东边又靠着兰州军区通信团。那年代的学校，虽复了课，但学工、学农照常进行，尤其是高中各年级，每学年学农两个月是计划内的事。

有段时间我和张克明随高三年级一起到农场劳动。集中劳动时间，中间休息也不返城，因为人太多交通不好解决。休息时间通常都在农场组织一些活动，比如和部队联欢、赛球，还要余点时间让同学自由活动，洗洗衣服、理理发等搞搞个人卫生。

这年秋天，高三年级组利用休息时间，组织了一次野游，去南山原始森林爬山，走路来回得一天时间。按照老乡的指点，从官路、王家坪一直向南，有一条沟，两边尽是山林，中间是条小溪，顺溪有一条蛇行曲折的小道，只能走人。步行二十里以后，林木茂密，秋山叶红，这山景野趣，令人心旷神怡。流水潺潺，鸟鸣上下，更显得这旷野之幽静。

我因早年是个竞走运动员，两个膝盖半月板损伤，走一段路，就需要坐下来休息一下，也拖累了同伴张克明老师陪我走走停停。三五成群男男女女的同学，都赶过我们向前走了，只剩下我们二人压阵。

人回归大自然以后，更能敞开心扉，畅所欲言。路边休息，看见一只麻雀，在草丛中觅食。张老师触景生情，感慨良多：这麻雀是哪辈子造的孽，被定为“四害”之一，要把它斩尽杀绝。1956年，中央通过了《全国农业发展纲要》，要在十二年内消灭老鼠、麻雀、苍蝇、蚊子，结果全国掀起了“灭麻运动”，中科院生物学部的专家提出对麻雀一分为二的看法，认为麻雀吃粮食是实事，但它是林木果树害虫的“天敌”，不能消灭。可老人家定性的“四害”，谁反对谁就是“右派”，就是攻击伟大领袖。几亿人民一哄而上与麻雀为敌。到了1958年大跃进，全国各地不完全统计共捕杀麻雀19.6亿只。

我说，打麻雀的年代，我俩都在大学读书。“运动”高潮时，全校停课“上战场”。兰州市到处都布置了人，敲锣打鼓，敲盆打锅，又吼又喊，总的是不让一只麻雀有片刻的停留、休息，使它不停地飞，活活地累死。

全市几十万人，工、农、商、学、兵齐上阵。整天这样胡闹，麻雀累死几只我不知道，人倒累坏了。早上天不亮就集合，带上一天的干粮整队出发。我们师大的阵地，在安宁堡的后山，步行走一二十里路。到了地方，散开来，每隔三四十米一个人。听到远处有喊声，大家胡吼乱叫，一呼百应。有的人还手里拿着扁担、竹竿、树条，梢头绑着红、绿布条，做武器来驱赶麻雀。

这样日以继夜、早出晚归，两头不见太阳，实在是疲劳战。我记得回到学校，吃过晚餐，洗脸，洗脚，上床入睡，恐怕就夜里十一点多了，最多能睡四个小时，起床铃就响了。我当时是系学生会干部，不敢迟到，又得比别的同学早起半个小时，这样睡觉的时间就更短了。我不止一次在行军的行列里一边走一边睡觉，后来和同学交谈，才知道，大学生都会走着睡觉。大队人马行军前后左右都有人，这样睡着走路，倒是很有安全感的。

有人瞌睡多，到了地方还可就地为床，睡个觉。我们班上有位王凌云同学，此人有两大特点：篮球打得好，瞌睡多。我们防守的这片山林生长着低矮的桃树，他要了我的扁担和他的扁担，叉开架在树枝上，两腿分开，躺下睡得好香，从他打呼噜的样子，想来已是“梦见周公”了。正当酣睡甜蜜之际，传来声声吼叫：“敌人来了！……敌人来了！”只听“嗵”的一声，这位瞌睡虫从树上跌了下来，惹得同学们捧腹大笑。几十年来，都是我们班上的笑料。

那年粮食增产是假话，第二年的果树可大面积遭了虫灾。紧接着因为人祸，全国开始饿死人了。这麻雀与人争食的事，再也没人提了。

这次野游最大的收获，就是张克明敢于相信我，大胆地给我说了心里话。难得啊！在那血雨腥风的年代，人人自危，三缄其口，竟然有人敢冒身家性命，向朋友说实话，说心里话。

从此张克（爱称）成了我休戚与共的知心朋友。隔一段时间，如果不在一起，说说心里话，谈谈忧国忧民的大事，总觉得胸中郁闷得很。

第二年，学校农场搬到兰州市最西端与青海一河之隔的交界处，一个叫米家台的村庄。这时在农场常驻的老师有个洪友生同志。阿洪也是我们高三组的成员，他本人要求到农场劳动一年。阿洪是北大中文系新闻专业毕业，安徽人，父亲曾是张治中先生的秘书。论出身，算是统战对象，但也算不上什么光荣。这位出身名门的知识分子，讷口少言，温文尔雅，明哲保身。老实说，我们相识很久，仍点头微笑而已。我也感到此人城府很深，只可敬而远之。

有一次我和张克到了米家台农场劳动，碰上连绵阴雨，无事可做。我跟张克到阿洪住的地方聊天。阿洪的住处在村子西头，好像是生产队放家具、杂物的一个小院。一个人住在这里倒也清静，院内拴着一只大黑狗，夜晚有什么动静，可以给阿洪壮个胆，吼叫几声。

阿洪见我们雨天来访，特别是有张克陪同，异乎寻常地热情，倒茶拿烟，好像变了个人似的。

阿洪和张克，风雨同舟好多年，彼此有着深切的了解，我和张一起登门造访，他当然心知肚明，我是何等人也，彼此也就没那么多戒备。

阿洪用搪瓷缸子泡了茶来待客。刚落座，就听得远处清晰的歌声，似乎是从收音机里传出来的："大海航行靠舵手……"听到这首全国人民耳熟的歌，很容易联想到"早请示，晚汇报"的岁月。阿洪油然发问："'早请示，晚汇报'是什么时候停止的？"张克说："大约是林彪事件以后吧！"话说到这儿，引起我听到的一段故事，说的是新中国成立初期，从中南和我一起调到西北来的那个王起雷，原来一直在文化局搞考古。"运动"来了，砸烂"封、资、修"，也不许他们再干那一行了，把他们下放到河西安西县当采购员。县里认为他在省城好多年，关系多，又派他常驻兰州，给县里采购东西。前几年，有一次他到贵州出差，回来后来看我。我问他："一向可好吗？"他说："别提了！我几乎葬身夜郎之国。"我惊讶地问："此话怎讲？"他道出个中缘由。原来这贵州"早请示，晚汇报"有其地方花样。第一句：祝毛主席万寿无疆！第二句：祝林副主席永远健康！还有第三句：祝李主任比较健康！我不解地问："这李主任何许人也？"答："就是贵州省革委会主任李再涵。"他接着说："省级干部比较健康，想来，这地级干部恐怕是有病住院，县级干部准会病危，我这一般干部还能活着回来吗？"

阿洪说，这种啼笑皆非的故事，真的可以再出一套《世说新语》。听甘肃日报陇东记者站的同志讲了一个故事，说是陇东农民为了“早请示，晚汇报”，家家户户都有毛主席像。有一年过春节，一个老汉要去镇上赶集，同村另一个老汉托他代“请”毛主席像。注意，实际是“代买”，但说“买”不恭敬。这老汉赶着驴，在集上买了年货，驮在驴背上，最后去“请”了两座毛主席石膏像。拿到手上，思来想去，没有地方放，急中生智，想了个办法，用驴缰绳套住两个石膏像的头，放在驴脖子上，稳稳妥妥，他这才放心地骑驴回家。走到村口刚碰上小学生放学，三五成群，看到了这一幕，起哄地喊：“反革命！反革命！”这下老汉才感到不妥，翻身下驴，跳崖自尽。

1974年，来了个新的运动叫“批林批孔”。毛泽东在一次谈话中说：林彪与国民党一样，都是尊孔反法的。中央文件中也说：林彪是孔子的信徒，尊孔反法、孔孟之道是他阴谋篡权的反动思想武器；为了深入批林，必须批倒孔孟之道。

我预感到形势不妙，曾私下和张克谈及我的担忧。我认为，孔孟之道是几千年来这个民族的道德准则、精神支柱。这样搞下去，会釜底抽薪搞乱中国。

我看，教育这一行这样下去只会毒害青少年。我实在不想干这罪恶的勾当。加上1974年下半年，工宣队又来领导教育革命了。1972年撤了工宣队，不到两年又重新搞“工人阶级领导一切”，表明政治形势愈来愈紧了。我不如早点给自己找下退路。

1975年初，我恳切地向李纪英书记要求到农场去劳动锻炼。李书记经不住我再三请求，勉强算是同意了。这一批下农场一共五位老师，两位留在场部协助农场领导管理学生劳动。后勤、生活安排由彭硕志、罗延明和我三人负责。学校有一部中型卡车北京130专门派给我们，从城里拉东西供应农场劳动的几百名师生的生活用品。司机是部队转业的王师傅，老王对工作认真负责，和我们配合得很默契。

我们干的这一行，实际上是采购：煤炭、米面、油盐、蔬菜什么都供应。农场设了个小卖部，毛巾、香皂、牙膏这些日用品，甚至糖果、糕点也由我们进货。这样我们每周几乎一半时间在城里，一半时间在农场，顺便可以照顾家里。

干这些琐碎而具体的事，心里要踏实多了，总比昧着良心“批孔孟”强得多。我的启蒙教育，就是《三字经》《千字文》，进而读四书五经。我的人生观、世界观深受儒家思想的影响。

这“人之初，性本善，性相近，习相远”“尺璧非宝，寸阴是竞”“己所不欲，勿施于人”等孔孟圣贤的至理名言，都被拿来当反面教材批判。这实际上是为人师表将自己的学生带领到罪恶的迷途，这是犯罪。认清了这一点，我就决心主动走下讲台，去搞杂务。

时间到1975年底、1976年初，形势变得愈来愈复杂。很多消息是老百姓私下传出来的所谓“小道消息”。我听到的“小道消息”多是来源于两个人：一是前面提到的王起雷，这位老兄，干采购这一行，跑遍全国各地，接触三教九流；二是我的一个邻居李国瑞大夫，李大夫算是个小有名气的中医，接触的上层统战人物比较多。这些人应该说关系通天，消息灵通。

一方面，听到邓小平要复出。毛泽东不顾江青、张春桥的反对，再一次提议邓小平出山。1975年1月召开的中央十届二中全会和四届人大一次会议上，邓被选举和任命为中共中央副主席、政治局常委和国务院第一副总理，接替病重住院的周恩来，主持中央和国务院日常工作。邓上台以后，着力对国民经济进行整顿，进而发展到对“文化大革命”的“左”的错误，进行系统的纠正。这样不仅触怒了“四人帮”，也为毛泽东所不能容忍。从提名邓小平上马并委以重任到再次把邓拉下马，不过短短一年时间（1975年1月至1976年1月）。紧接着在全国开展了“批邓反击右倾翻案风”的“运动”。

另一方面，“四人帮”篡党夺权的嚣张气焰愈演愈烈。江青、张春桥、姚文元、王洪文等一批“骨干分子”进入党中央。中共十届一中全会上，毛泽东当选党主席，王洪文、康生为副主席，张春桥为政治局常委，江青、姚文元为政治局委员。在“四人帮”的指挥操纵下，全国报刊大量刊载，以批周公、批宰相影射攻击周恩来。

乌云翻滚，吉凶难测。我这个九死一生、剥了一层皮的人，这次主动下农场，明哲保身，躲过是非这一招儿，应当是正确的。

1976年，这个多事之秋，天灾人祸，接踵而至。元旦刚过，大概是元月9日那天早晨，我骑自行车路过东方红广场，到学校去。天空像铅一样，阴沉沉的，一刹那间，雪花纷纷扬扬，弥漫天地。过往行人，迎风身白。我猛地发现广场中心旗杆附近，来往的骑车人到此都主动下车，低头推车步行走过去。我注意看了一下，旗杆上并无国旗。正纳闷这到底出了什么事，听得身边一个小伙子低声说：周总理去世了！我心里凉了一下。到了学校，发现老师们三三两两都在窃窃私语。我不敢轻易表达自己的感情，赶紧找司机王师傅，拉面回农场。

总理逝世的消息是我带到农场的，不过我也只是说了说我在中心广场的见闻。

两天以后返回学校，情况就大不相同了，学校在礼堂布置了灵堂。高中同学八个人一班，臂戴黑纱轮流守灵堂，正中挂着周总理的遗像，两边摆放着各处、室、教研组和学生班级送的花圈。哀乐低回，师生列队行礼，气氛异常悲伤沉痛。我随初中二年级一个班去参加祭奠，那位女老师泣不成声，感染得我也控制不住自己，禁不住泪洒青砖。

1976年接二连三发生的事情实在让人迷惘：东北陨石雨，河南遭洪水，唐山大地震。一年之内，周恩来、朱德、毛泽东三位共产党的领袖人物相继去世；“四人帮”做尽坏事，于当年10月，彻底垮台。风云变幻、局势动荡犹如走马灯一样，叫人难以捉摸。

1976年3月底、4月初，北京不断传来悼念周总理的消息。群众自发抬着花圈去到天安门广场，在人民英雄纪念碑周围越摆越多，层层叠叠；又有人把广场所有的树木都挂满了白花。形势由追悼活动发展为声讨“四人帮”的罪行，支持邓小平主持工作。天安门广场聚集的人群愈来愈多，高潮时，达到两百万以上。大字报、小字报、悼词、吊唁的诗词和文章还出现了揭发、批判“四人帮”的材料，甚至有人站在高处向群众激昂慷慨地发表演说。群情激奋，借追悼活动，把多年来积压在胸中的愤怒、悲痛，一股脑儿地倾泻出来，像开了闸的洪水一发不可收。

外地的群众，这段时间好像也没有那么多的顾忌了，茶余饭后，大家聚在一起，谈论的话题，全部是天安门广场的群众活动。我隔壁住的是蔡老师，她丈夫是师大赵老师。夫妇二人1957年均被定为“右派”。前些年，言词都很谨慎，这阵子也豁出去了，竟然在单位拿了些油印的、手抄的地下材料给我看。前院的李大夫也很积极，经常搞些小字报分发给大家。

4月5日是清明节，天安门从早到晚人山人海，把整个广场围得水泄不通。中央部分在京的政治局委员开会，把事件定为有计划、有组织的反革命事件。

1976年7月6日，传来了朱德逝世的消息。

7月底，还是三伏暑天，传来了唐山大地震的消息，只说是一座城市被夷为平地，但具体的情况谁也说不上，不知道是不是以讹传讹。又传说北京、天津的人都从房子里搬出来，住进了防震棚。

我们院子的南屋住着体育魏老师一家，他家子女很多，老二儿子，在建筑公司工作，这个公司今年初到唐山施工。一周以前他爱人才抱着刚满一岁的娃娃前去探亲。魏老师一家听到唐山地震的消息，心急如焚，但也没法子打问消息，只得听天由命。

大约8月初的一个下午，这魏家的三口人，突然回到了家里。这突如其来的惊喜惊动了全院的邻居。“回来了！三口人活着回来了！三口人平平安安回来了！”这魏家真给老天爷烧高香了！杜甫的《羌村三首》曰：“世乱遭飘荡，生还偶然遂。邻人满墙头，感叹亦歔欷。”真切描述了死里逃生后亲人与邻人的感受。

他们在唐山的经历真的是太离奇、太惊险了！据他家老二讲：7月27日夜里，天气闷热，他把来探亲的妻子、儿子安排在尚未交工的一幢楼房的二楼一间房子里。可那天晚上热燥难忍，无法入睡，他就独自到工棚去找工友聊天。可巧也有三四个工友没有睡觉。大伙儿相约到高处乘凉，一起爬上了建筑工地的脚手架。大约到了后半夜，也就是7月28日凌晨。突然觉得黑云密布，好像是暴风雨将至的征兆，只见东方有闪电，但与平时雷电不同，发出的紫光十分恐怖。紧接着听到刺耳的地下鸣叫声，令人毛骨悚然。一瞬间，天摇地动，如狂风巨浪大作，似乎要把人抛向太空。五个年轻人牢牢地抱住那飘摇摆动的脚手架，像荡秋千一样，任它东倒西歪。不知持续了几分钟，那天崩地裂、房倒屋塌的巨大响声震耳欲聋。一时间，火光冲天，更令人惊心动魄。脚手架停止了摆动，五个命大的小伙子得救了。小魏快速下了脚手架，赶快回住地找老婆孩子。这厢的母子俩，在这没装修的二楼糊里糊涂地睡着了。地震到来时，母亲下意识先顾身边的孩子，右手抱紧孩子，左手去摸山墙，没摸到，实际墙向外倒了，赶快抱着孩子找楼梯下楼。楼梯找不到了，二楼已经塌陷成平地了。就在这时候，小魏找到了他们母子二人。

一家三口人活了下来。三人逃脱虎口，已吓得魂不附体，下意识地跟随着活下来的人群，胡乱逃命，哪管他东西南北。人就像发疯一样，只顾朝一个方向跑，不少人一丝不挂，不会哭，不会喊，只会跟随别人向前跑，人已经没有意识了，不知是热是冷，全然失去了知觉。

天亮以后，才慢慢看清远处的村庄和村头张望的老百姓。村里的老乡给逃难的人们喝了水，吃了东西，才知道这是河北省丰润县地界。这丰润地方受灾轻多了，已成立了救助机构，魏家三口人住进了收容站。第二天北京、天津开来了大批解放军和武警部队。他家三口人又乘军车到了北京，经北京的收容站安置乘火车返回兰州。看来魏家三人是唐山灾区第一批逃出来的幸存者。

与唐山地震紧紧相连的是1976年夏秋之交的河南发洪水。暴雨成灾，淮河支流的汝河、颍河、湛河、沙河以及与这些河系相连的几座大跃进时期修建的大水库，决堤、崩口波及十几个县，几百万百姓。中原大地，一瞬间变成一片汪洋。这时群众中流传的北京上层的小道消息越来越多。

5月底，毛泽东接见巴基斯坦总理布托以后，中国政府对外宣布，毛泽东今后不再在外交场合露面。实际大家都明白，他健康状况很不好。

这年8月，一场“追查谣言”运动，要求人人过关，搞得人人自危。学校工宣队又有事情干了。7437军工厂派了一位车间党支部书记、姓朱的师傅，来学校当队长。朱师傅奉上级命令把学校的教职员工，集中在对面八一小学办学习班。农场人员全部撤回学校。学校戒备森严，停课集中三天搞运动。老顾、张克、阿洪、老罗、老彭等在一起的同志，都面面相觑，莫逆于心，守口如瓶。张克趁上厕所的机会，小声提醒我留心我所在的小组有一位画图画的吴老师，他在“文化大革命”中跳得很高，专门无中生有揭发陷害人。

有一次大家正在学习文件，姓吴的偷偷地溜出去，进了工宣队办公室。顾仲恺提醒我注意他的动态，我留心看了一下时间，那小子进去四十多分钟才出来。大家都正襟危坐，提高警惕。有一种卑鄙小人，人送雅号“运动狗”，只要有风吹草动，就会跳出来咬人。

人人过关，总得开口讲话。我在第二天下午，表态说了三句话：“不知道，没听见，没说过。”那位朱队长看我态度强硬，临散会，找我个别谈话：“老李，都知道你的社会关系广，知道的消息多，明天就在大会上痛痛快快说出来吧！”“我不知道的东西，你是否要逼着人编造？”这时两人的对话已经很僵持，朱有些生气地说：“还要等到明天大会上有人揭发你？”我这时气势汹汹地回敬道：“明天只要有人陷害我，我就说这些东西都是你告诉我的！”至此，那位朱队长才再没说什么。

我不知道，我的先发制人的办法是否吓着了他，还是朱本质是好人，在试探我的态度，总之这位朱队长再没找我的麻烦。

那晚回到家里，正准备睡觉，就听到有人轻轻敲门。我刚开了门，忽然闪进一个人来。定神看时，原来是前院李国瑞大夫的儿子李英。他神秘兮兮地小声对我说：“我爸说了，包不了就交代出来，他有下家。”我听了非常生气，突然感到这位李大夫把我当成什么人，猛地冲着李英吼道：“你爸是谁？我不认识！”

李英把我的回话告诉了他父亲，这李大夫心领神会，微笑着对儿子说：“我知道了！”

9月9日下午4时，全国的广播都在播送毛泽东逝世的消息，接着听到中央发布《告全党全军全国各族人民书》。

大约十天以后，全国同一时间开追悼会。那天秋雨连绵，时紧时松，下个不停。上级指示参加追悼会的群众，不许打伞，不准穿雨衣。我爱人给我在内衣的前心后背缝了两块塑料布，穿上这铠甲似的衣服，上面再罩件外衣，谁也看不出来。再大的雨从肩膀流下来，湿不了胸背。这倒少害一场病。人人淋得像落汤鸡，我比众人强一点。我们的队伍指定地点在邮电大楼那条街，蹚水路过广场，只见戒备森严，主席台西边保卫部的楼上架着机枪。等候时间，超过一个小时。我和阿洪也结伴而行，顺便躲在避雨的地方，抽口烟，暖和暖和。阿洪小声对我讲：他听见旁边队伍里有人说广场某单位的一位女同志领口露出红毛衣，当即被抓上去了。本来就浑身冷得发抖，听见这种事，更加心寒。

人常说，物极必反，否极泰来。真的山穷水尽时，也许前面即是柳暗花明。

一天下午，我坐车从农场回家。在楼门口碰上一楼一家住户，甘南藏族自治州的采购刘先生。他笑嘻嘻地对我说：“买螃蟹了吗？仨公一母。”莫名其妙，此人该不是神经病。我实在没在意他说这话啥意思。到了晚上，王起雷来了，进门就要酒喝，很反常。他大腔大气地说：“‘四人帮’被抓起来了！”这句话真吓死人，我马上意识到，万一是谣言，就会全家掉脑袋的。

人多少年来一直是在提心吊胆、担惊受怕中过日子，真的有时来运转的好消息，也宁愿信其无，不敢信其有！

消息越来越多，“四人帮”真正垮台了。人们欢呼雀跃，我心情的喜悦，胜过抗日战争胜利的那一刻。我九死一生之后，总算活着盼到了这一天。广播里播送着郭兰英歌颂华国锋的歌曲：“交城的山，交城的水……”豫剧演员常香玉也在唱郭沫若写的打倒“四人帮”的歌词。我们在农场的师生自发地排练文娱节目。有张绪昌副校长和一位女老师演的《父女逛新城》，有我和一位女老师演的《夫妻识字》；还有洪友生和我排演的马季的相声，男女同学则由张克明老师排练教唱20世纪五六十年代的革命歌曲。欢欢乐乐热热闹闹地凑了一台像模像样的文娱晚会，给农场师生演，给米家台的群众演。后来党校农场、当地驻军也纷纷上门请我们去演出。整整十年的“文化大革命”，文艺也枯竭了，除了那几个江青炮制的样板戏，群众什么也看不到、听不到。一个学校业余排演的这一台老节目，倒能令人振奋，方圆十里八村的都来请喝酒吃肉，盛情款待我们。也不过是借此大家同乐，宣泄一下粉碎“四人帮”的高兴劲儿。

# 后　记

苏东坡的诗《和子由渑池怀旧》云："人生到处知何似，应似飞鸿踏雪泥。泥上偶然留指爪，鸿飞那复计东西。"后人用这"鸿爪雪泥"比喻往事留下的痕迹。

我把这本记录往事的东西，名为《鸿爪雪泥》，实际是想给后人留下点什么，让后来者记住我们这代人走过的路。这段血和泪的苦难历程，千万不能忘记！"忘记了过去，就意味着背叛！"

古之人，按一般人的年龄成长分为"而立……不惑……知天命……耳顺……"。我认为一个人"七十八十，粗识天命"就不错了。"知"也好，"识"也罢，其意为"理解、认识"。"天命"者，自然规律也。一个人活到老，能认识客观世界和主观世界真的可称其谓圣人了。

人贵有自知之明。我承认我还远没有达到。写下我前半生的这点东西，实在有点不自量。我深知，这不过是一介书生的一孔之见。我不是政治家，也不是史学家，所见所闻、见解思考难免狭隘。但我写出来的东西都是我的亲身经历，是真实的。至于如何评价，则全在读者诸君了。